신박물관학 시대의
큐레이터

신박물관학 시대의 큐레이터

배은석 지음

북코리아

PROLOGUE

신박물관에 대한 논의는 다양한 각도에서 이루어져왔으며 거대한 담론을 형성하고 있다. 전통적인 박물관은 유물의 수집과 보존을 중심으로 그 성격과 위상이 결정되었기에 유물의 수집과 보존에 열중해왔다. 그러나 이러한 전통적인 박물관의 한계점을 극복하려는 노력이 이루어지고 다양한 실험과 시도가 시행되면서 신박물관학에 대한 논의가 대두되고 있다. 그렇다면 신박물관학이란 '시대의 변화에 따라 등장한 새로운 박물관에 대한 연구'인가 아니면 '전통박물관에 대한 새로운 시각의 연구'인가? 정확하게 구분 지을 수는 없지만 이 두 가지 질문의 어느 하나를 충족시키거나 둘 다를 충족시키는 것이라 볼 수 있을 것이다.

이 책은 '신박물관학, 전시, 큐레이터'라는 세 가지 키워드에서 출발한다. 내용은 총 3부로 구성되는데, 1부 '신박물관학 시대의 전개', 2부 '전시의 기획에서 실행까지', 3부 '큐레이터의 이해'로 이루어진다.

구체적인 내용을 살펴보면, 1부 '신박물관학 시대의 전개'에서는 신박물관의 논의와 이를 실천한 전시 사례를 연구한다. 프랑스에서 시작된 신박물관에 대한 논의 가운데 실천적 사례로, 크뢰조몽소 에코뮤지엄에 대해 연구한다. 프랑스 박물관학자 조르주 앙리 리비에르

(George Henri Rivière)는 산업유산 지역 전체가 박물관이 되는 것에 대한 의견을 제시하고, 위그 드 바린(Hugues de Varine)이 에콜로지와(ecology) 뮤지엄(museum)을 합성해 에코뮤지엄(ecomuseum)이라는 용어를 만들어 낸다. 이렇게 탄생한 새로운 개념의 박물관, 즉 에코뮤지엄이라는 용어는 1971년 제9회 국제박물관협의회(ICOM: International Council of Museums) 총회에서 그 이념이 소개된 이래로 끊임없는 도전과 실천을 통해 발전하고 좌절하고 다시 도전하면서 오늘에 이르고 있다. 이 책에서는 2016 밀라노 아이콤(ICOM) 총회의 '에코뮤지엄과 커뮤니티뮤지엄 포럼'에서 발의된 2016 밀라도 협력 헌장 "에코뮤지엄과 문화경관"을 소개한다. 그리고 포럼에서 발표된 각국의 에코뮤지엄 연구자 혹은 관계자들의 현황에 대해 간략하게 알아본다. 그중에서도 특히 에코뮤지엄의 초기 사례인 부르고뉴(Bourgogne) 지역의 '크뢰조몽소 에코뮤지엄'을 다루었다. 특히 창시자 가운데 한 사람이며 명명자인 위그 드 바린의 안내로 지역을 답사하면서 새롭게 알게 된 사실에 대해서도 서술했다.

다음으로는 '테크놀로지의 급속한 발전과 대중이 예술에 직접 참여하기를 원하는 시대에 큐레이터 지망생은 어떤 미래를 준비해야 하는가?'라는 관점에서, 테크놀로지와 결합한 전시에 대해 연구한다. 큐레이터는 전시라는 미디어를 통해 대중과 만나고 대화하는 직업이다. 그들이 전시의 소재로 삼는 것은 오래된 시간의 켜를 간직한 유물일 수도 있고, 예술 그 자체일 수 있으며, 테크놀로지와 결합한 상상력의 산물일 수도 있다. 테크놀로지와 결합한 예술은 시간과 공간의 한계를 극복하기 위한 실험을 끊임없이 시도하면서 창작자와 향유자와의 소통의 폭을 한층 확장시켜나가고 있다. 컴퓨터와 디지털이라는 21세기 새로운 기술의 생성은 아날로그와 디지털 사이에서의 새로운 미학을 구성할 것을 요구하고 있다. 이러한 전시의 변화를 감지하는 방법으로 반 고흐의 전시 사례를 연구했다. 그리고 프랑스 남부 레보드프로방스

(Les Beaux de Provence)의 멀티미디어 아트 전시공간 '빛의 채석장(Carrières de lumières)'을 탐색했다. 또한, 무형유산을 디지털 전시로 구현한 사례로 프랑스 보르도(Bordeaux)의 '와인의 도시(La Cité du Vin)'를 주목한다. 이곳은 상호작용을 촉진하고 몰입(Immersion) 경험을 제공하며 문화유산 및 와인 세계에 대한 방문자의 접근을 용이하게 하는 것을 목표로 한다. 첨단 테크놀로지로 무장한 '와인의 도시'는 몰입으로 가득 찬 신 박물관이다. 이에 대해 연구하고 전시의 미래에 대해 논의했다.

2부 '전시의 기획에서 실행까지'에서는 전시의 실제를 이해하도록 구성했다. 영감에서 아이디어, 그리고 전시로 탄생하기까지의 과정을 전반적으로 소개했다. 큐레이터의 다양한 역할 가운데 전시를 중심으로 기획, 개발, 홍보 등에 대해 기초적인 지식을 습득할 수 있도록 했다. 사례로는 먼저, 무형문화유산의 가치에 주목한 아시아 8개국 음식 전시《어머니의 고향노래》를 다루었다. 이는 유형문화유산에 집중되어 왔던 기존의 박물관 전시와는 조금 다른 양상으로 '음식'이라는 무형문화유산에 집중한 전시를 보여준다. 다음으로 한국의 현실에 에코뮤지엄을 적용하고 실험하고자 했던《익선동 마을박물관》의 준비과정과 전시 실행, 그리고 사후 평가에 대해 다룬다. 에코뮤지엄이라는 이상을 현실에 적용하면서 느낀 한계점과 절망감, 그리고 그 가운데 품은 소망 등이 나타난다.

3부 '큐레이터의 이해'에서는 큐레이터의 개념과 역할, 종류, 준비 방법과 직업 전망에 대해 서술했다. 큐레이터는 '뮤지엄의 꽃'이라고 표현되는 매우 중요한 직군이다. 현대사회에서 매력적인 직업으로 인식되는 큐레이터의 세계로 들어가보고자 했다. 큐레이터들은 박물관, 상업 갤러리, 아트페어, 박람회 등 다양한 현장에서 자신들의 창조적 역량과 기량을 발휘하고 있다. 그 가운데 가장 중심적인 '뮤지엄(museum)'은 박물관, 미술관, 전시관, 과학관, 체험관, 동·식물원, 역사유적,

자연보존지역 등 다양한 소재를 보존·연구하고 또한 대중들에게 공개하는 기관이다. 이 책에서는 뮤지엄 큐레이터들이 무엇을 위해 어떻게 일하고 있는지를 소개하고자 했다. 특히 '큐레이터와의 대화'에서는 현업에 종사하고 있는 큐레이터들과의 인터뷰를 통해 그들이 어떻게 자신의 꿈을 현실로 만들어가고 있는지를 알아보았다.

이 책이 나오기까지 많은 분들의 도움이 있었다. 기획과 집필이 있기까지 도움을 주신 한국외국어대학교 김인철 총장님, 대학 인문역량 강화사업(CORE: initiative for COllege of humanities' Research and Education) 단장 윤석만 교수님, 세계문화예술경영연구소장 장은수 교수님께 감사드린다. 2016 밀라노 ICOM 총회 '에코뮤지엄과 커뮤니티뮤지엄 포럼'에 초대하여 발표의 기회를 주신 위그 드 바린 님, 발표문을 같이 작성하면서 함께 고민하고 토론하고 동행해주신 이종오 교수님, 임동욱 박사님께도 감사드린다.

미완성의 원고를 읽고 좋은 의견을 주신 최종호 교수님, 이관호 학예연구관님, 홍인국 박사님, 박윤옥 박사님, 새로운 도전을 응원하고 격려해주신 떡박물관 윤숙자 관장님, 최정환 회장님, 학문하는 길을 가르쳐주신 한국외국어대학교 대학원 글로벌문화콘텐츠학과 은사님들과 선배·동학 여러분께 머리 숙여 감사의 뜻을 전한다.

현장의 목소리를 생생하게 담아서 인터뷰에 응해주시고 사진을 보내주신 한수, 이관호, 허홍범, 박정영, 박진선, 이지선, 주선, 김예진, 김상덕, 박현수, 황규진, 최보경, 언제나 그 자리에서 변함없이 큐레이터의 길을 가는 열두 분의 큐레이터께도 존경을 담아 깊이 감사드린다. 자료조사를 도와준 제자 김슬아와 큰딸 박혜원에게도 한없는 사랑을 담아 감사를 표하고, 강건하고 멋진 미래를 기원한다. 원고와 싸우느라 늘 엄마 노릇을 소홀하게 수행한 것에 용서를 구하며 사랑하는 막내딸 박혜진에게도 무한한 축복과 행운을 기원한다. 그리고 평생 헌신하시고 지금도 도와주시는 어머니 김왕자 님과 말없이 지켜보면서 응원해주는 남편 박중돈에게도 감사의 마음을 전한다.

끝으로 거친 생각을 정리하고 글을 완성하기까지 기다려주시고 이 책의 탄생을 함께 기대하면서 출판을 맡아주신 북코리아의 이찬규 사장님, 꼼꼼하게 편집을 진행해주신 김수진 선생님께도 진심으로 감사드린다. 모쪼록 미래의 큐레이터들에게 조금이라도 도움이 되길 바라는 마음을 간절히 담아 서문을 마무리한다.

2018년 8월

무더위 가운데 가을을 기다리며

저자 배은석

CONTENTS

2부 전시의 기획에서 실행까지

3부 큐레이터의 이해

Table Contents

Picture Contents

1부
신박물관학 시대의 전개

1 신박물관학의 담론

신박물관에 대한 논의는 다양한 각도에서 이루어져왔으며 거대한 담론을 형성하고 있다. 사실 신박물관학에 대한 주장은 20세기에 이미 제기된 문제이다.

피터 버고(Peter Vergo)는 "박물관은 연구, 교육, 오락의 공간보다는 더 많은 의미가 있는 공간"이라고 주장하면서 수집이나 전시에 담긴 사회문화적 맥락을 강조한다. 수집이라는 행동이 가지는 정치적이고 이념적이고 미학적인 부분은 간과할 수는 없다는 점을 이야기한다. 어떤 기준으로 예술을 아름답다고 하거나 역사적으로 중요하다고 할 것인가? 어떻게 어떤 물건이 후대를 위해 보존할 가치가 있다고 할 수 있는가? 이러한 가치 판단은 다분히 사회문화적 맥락 안에서 작용한다. 수집뿐만 아니라 전시도 사회문화적 맥락 안에서 무엇인가를 건설하는 것을 의미한다. 캡션과 패널과 카탈로그에는 이를 넘어서는 무수히 많고 다양한 숨은 의미가 존재한다. 버고는 예술감독과 큐레이터, 학자, 디자이너와 스폰서 등 박물관 관계자들의 소망과 야망, 지적이거나 정치적이거나 사회적이거나 교육적인 열망, 그들의 대화의 방법과 기술, 경제적 안

정, 그들의 성공, 그들의 한계점 등이 신박물관학의 주제라고 했다.[1]

사실 이 시점까지도 박물관은 소수 엘리트들의 전유물이며 대중은 이들이 펼쳐놓은 전시를 통해 예술 혹은 유물과 만나게 된다는 의식이 강하게 작용했던 시기이다.

새로운 세기를 맞이해 급변하는 사회문화적 현상에서 우리는 다시 신박물관학에 대해 이야기한다. 그렇다면 신박물관학은 무엇인가? 자넷 마스틴(Janet Marstine)은 『신박물관학과 실천』(*New Museum Theory and Practice*)의 서문에서 신박물관에 관한 이론은 때때로 비판적인 박물관학 또는 신박물관학이라고 명명된다고 했다. 또한 박물관 종사자들이 전문가로서 역량을 갖고 있지만 그들이 소속된 기관의 내러티브(narrative) 방식에 따라 기호화된 가치 시스템의 한계에 처해있다는 점을 지적한다.[2]

그는 현대 박물관의 위상을 검토해 몇 가지 논리를 제시한다. 첫째, 박물관은 유물과 유적을 담고 있는 성채인데, 그 성채는 기관의 권위 선언문에 귀속된다는 것이다. 즉 건물은 박물관의 정체성을 보여주는 중요한 단서라는 것이다. 둘째, 과거의 박물관은 그들이 처한 환경에서 순수하게 소장품을 자리매김할 수 있었지만, 오늘날 모든 박물관은 운영을 위해 재원을 끌어와야 하는 요구를 받고 있으며, 시장의 논리에 지배당한다는 것이다. 셋째, 많은 논자들이 박물관을 선택된 민족의 분류 체계에 따라 속박되어 식민지화된 공간이라고 인식한다는 것이다. 특히 유럽의 박물관들은 그들이 지배한 지역의 역사를 고스란히 보관하고 있다고 비판한다. 넷째, 포스트뮤지엄에 대한 희망이다. 포스트뮤지엄은 관람객을 더 이상 수동적인 소비자로 인식하지 않으며, 지

1 Peter Vergo, *The New Museology*, London: Reaktion, 1989, p. 3.
2 Janet Marstine, *New Museum Theory and Practice*, Australia: Blackwell, 2011, p. 5.

역공동체와 함께하며, 대중과 소통하고 담화할 수 있는 지혜를 갖고 있는 박물관이라고 주장한다.[3]

구체적으로 박물관 전시에 나타난 남성 중심적인 시각에 대한 비판[4], 박물관과 건축에 대한 논의[5], 포스트모던 시대의 예술과 보존의 문제[6] 등은 전통박물관에 대한 문제를 제기하면서 새로운 시도를 모색한다. 전통적인 박물관에 대한 문제 제기와 박물관이 처한 급변하는 사회의 흐름은 새로운 변화를 요구하고 있다.

그렇다면 신박물관은 어떤 특징을 갖는가? 이 문제에 대한 정확한 답을 내리기는 어렵겠지만 미흡하게나마 몇 가지로 정리하자면, 먼저 전시 주체의 변화이다. 기존의 전문가에 의해 행해지던 유물의 보존·전시의 기능을 넘어 적극적인 교육과 체험과정이 도입되고, 관람객이 직접 참여하는 입체적인 전시방법은 기존의 단순 관람에 비해 높은 전시 효과를 이끌어낼 수 있게 되었다. 니나 사이먼(Nina Simon)은 그의 저서에서 관람객이 참여하는 전시방법에 대해 연구하면서 지속적인 실험을 펼치고 있다.[7] 전시와 체험의 경계가 허물어지고 대중이 전시의 일부로 작용하는 사례는 최근 박물관 전시의 동향이기도 하다.

두 번째로, 무형문화유산에 대한 관심과 문화유산 개념의 확장이다. 박물관은 그동안 눈에 보이는 유형의 문화유산에 관심을 갖고 수집, 관리, 보존, 조사, 연구, 전시하고 교육하는 기관이었다. 그러나 최근에는 인류문화의 증거물로 무형문화유산이 대두되면서 박물관에서

---

3 *Ibid.*, pp. 8-21.

4 Katy Deepwell, "Feminist Curatorial Strategies and Practices since The 1970s," *New Museum Theory and Practice*, Australia: Blackwell, 2011, pp. 64-84.

5 Michaela Giebelhusen, "The Architecture is The Museum," *New Museum Theory and Practice*, Australia: Blackwell, 2011, pp. 41-63.

6 Rachel Barker & Patricia Smithen, "Conservation in The Twenty-First Century," *New Museum Theory and Practice*, Australia: Blackwell, 2011, pp. 85-105.

7 Nina Simon, *The Participatory Museum*, California: Museum2.0, 2010.

다루는 유산의 개념도 계속 발전하고 있는데 미셸 L. 스테파노(Michelle L. Stefano)는 이에 대해 다음과 같이 말한다. "최근 수년간 무형유산 보호의 중요성에 대한 인식이 국제적으로 확산되면서 박물관의 참여에 대한 요구도 매우 강해졌다. 사실 이러한 관심은 상당 부분 2003년에 채택되어 현재 110개국이 비준한 2003년 유네스코 무형문화유산보호협약(UNESCO 2003 Convention for the Safeguarding of the Intangible Cultural Heritage)의 직접적인 결과였다."[8]

유네스코의 무형유산의 중요성과 보호에 대한 인식은 인류문화의 증거물의 개념을 유형의 물질유산뿐만 아니라 무형유산에까지 확장시켰다. 이러한 개념의 확장은 박물관 소장품 개념의 확장을 가져오게 된다. 그렇다면 무형의 유산을 어떻게 수장고 안에 보관할 수 있을까? 이러한 고민의 결과, 기존의 박물관을 넘어서는 새로운 박물관을 필요로 하게 된다.

세 번째로, 박물관의 기능에 대한 다양한 지역사회 및 사회문화적 요구들이 발생하게 된다. 수집, 관리, 보존, 조사, 연구, 전시, 교육의 기능 이외에도 더 세분화되고 심층적인 프로그램이 요구되며, 지역사회가 안고 있는 문제에 대한 문화적 관점에서의 해결책이 요구되기도 한다. 에코뮤지엄은 이러한 건물을 전제 조건으로 이루어지던 박물관 활동에 다른 각도의 활동을 시작하게 했다. 에코뮤지엄의 기원이라 할 수 있는 스칸센 야외박물관은 스웨덴의 각 지역의 다양한 자생 동식물과 생활문화를 야외에 전시해 오픈 에어 뮤지엄으로 그 개념이 발전되기도 했다. 이러한 전시방법은 기존 박물관의 영역을 넘어서는 파격적인 것으로 또한 유산에 대한 깊이 있는 연구는 유산의 개념을 기존의 시

8 미셸 L. 스테파노, 「무형유산 보호: 잉글랜드 동북부의 박물관들이 처한 다섯 가지 주요 난관」, 『국제저널 무형유산』 4권, 2009, 87쪽.

각에서 확대된 개념을 가져온다. 이후 1971년 에코뮤지엄이란 용어가 국제박물관협의회(ICOM: International Council of Museums)에서 소개되었으며, 1972년 박물관의 사회적 역할과 개념이 정립되면서 이론적인 체계가 정립되고 발전을 거듭하게 되었다.

네 번째로, 박물관의 사회적 역할의 증대이다. 박물관은 영감과 휴식을 주는 장소여야 한다는 것이다. 박물관은 가족 동반 또는 개인적으로 방문해 여가를 즐기고 영감을 얻을 수 있는 장소가 되어야 한다는 내·외부적인 압박도 받고 있다. 그래야 다른 여가시설로 향하는 관람객을 발길을 잡을 수 있기 때문이다. 박물관의 사회 포용[9]이 부각되고 있다. 박물관과 지역의 문제에 있어 박물관이 사회 통합의 기능을 수행하게 되는 경우도 있고, 소수민족의 보호에 관여하기도 한다. 이렇게 다양한 사회적 요구들을 반영하기 위해 박물관은 다양한 도전과 응전을 통해 스스로 변모하기 시작한다.

다섯 번째로, 디지털과 결합한 새로운 개념의 박물관의 등장이다. 최근에는 신박물관의 조류 가운데 하나인 디지털박물관에 대한 논의가 활발하게 전개되면서 흥미로운 실험이 시도되고 있다. 시대의 변화에 따라서 박물관 전문가들이 이러한 현상을 직시해야 한다는 주장이 제기된다.[10] 급변하는 디지털 환경에서 박물관 전문가들이 처한 어려움은 다양한 테크놀로지를 박물관 내에서 구현해 대중과 만날 수 있어야 한다는 점이다.[11] 또한 미래의 박물관에서는 박물관 자료의 통합과 활용이 더 중요한 문제가 될 것이며, 박물관 자료를 이용자에게 어떻게

---

9 박윤옥, 「박물관과 사회적 역할: 사회 포용」, 『박물관학보』 19권, 한국박물관학회, 2010, 67-86쪽.

10 Herminia Din Phyllis Hecht, "Preparing the Generation of Museum Professionals," *The Digital Museum*, Washington, DC: American Association of Museum, 2007, pp. 9-17.

11 배은석 · 송희영, 「몰입형 전시로서 '빛의 채석장(Carrière de lumière)'에 대한 연구: 〈클림트와 비엔나〉를 중심으로」, 『인문콘텐츠』 43호, 인문콘텐츠학회, 2016, 205쪽.

효율적으로 제공할 것인가에 박물관의 미래가 달렸다고 보고, 박물관 자료의 맞춤형 정보 제공을 위한 디지털 기기의 활용을 제안하기도 한다.[12] 이제 이러한 시대적 변화에 적응하면서 스스로 변모하고 대중에게 더 가깝게 다가가기를 원하는 박물관의 사례들을 찾아보고자 한다.

12 천진기, 「박물관 자료와 박물관 미래」, 『박물관학보』 28권, 한국박물관학회, 2015, 92-94쪽.

2
에코뮤지엄과 지역공동체: '크리조몽소'에서 에코뮤지엄을 배우다

1) 신박물관학으로서 에코뮤지엄에 대한 논의

신박물관에 대한 논의 가운데 '박물관이 지역사회와 어떻게 관계맺기를 할 것인가?'는 1970년대 이래 지금까지 중요한 논제로 부각되어왔다. 그 가운데 에코뮤지엄은 이러한 '새로운 박물관'의 선두에서 박물관의 변화와 새로운 도전에 대한 실천을 이끌어내고 있다.

에코뮤지엄(ecomuseum)이란 본래 생태 및 주거환경을 뜻하는 '에코(eco)'에 박물관이란 뜻의 '뮤지엄(museum)'이 결합된 단어이다. 하지만 지역의 문화특색과 환경에 따라 여러 가지 모습으로 나타나기 때문에 생태박물관, 환경박물관, 지역박물관, 민속박물관, 에코뮈제(écomusée), 지역공동체박물관 등 여러 가지 유사한 이름으로 혼용되어 불리고 있다. 전통적인 박물관과는 다른 개념의 새로운 박물관으로 지역의 전통문화유산과 자연유산, 그리고 그 지역에 오랫동안 유지되어온 전통과 생활양식 등을 계승하면서 이를 발굴, 보존, 조사, 연구하는 과정에 지역의 주민들이 정체성을 찾고, 지역을 찾은 관람객에게 지역의 삶을 알리고 직접 체험해볼 수 있도록 한다.

다시 말해 에코뮤지엄은 인간을 포함한 자연·생태와 산업을 포함한 문화·유산을 모두 아울러서 특정 유산 지역을 뮤지엄의 범주로 지정하고 지역 전체가 유기적으로 구성되며 주민이 자발적으로 운영에 참여한다는 특징을 갖고 있다.[13]

이러한 에코뮤지엄이 태동해 용어로 정리되고 실험적 모험을 시도해 탄생된 나라는 프랑스이다. 프랑스 박물관학자 조르주 앙리 리비에르(George Henri Rivière)는 1891년 개장된 세계 최초의 야외민속·문명사박물관인 스웨덴의 스칸센 야외박물관(Skansen open air museum)[14] 개념을 프랑스에 적용시키는 것에 대해 고민을 했다. 지역의 전통가옥과 지역의 생태환경과 전통까지 박물관의 영역으로 흡수할 수 있다는 생각에 기초해 지역 전체가 박물관이 되는 것에 대한 의견을 제시하고, 프랑스 박물관학자 위그 드 바린(Hugues de Varine)이 에콜로지와 뮤지엄을 합성해 만든 새로운 개념의 박물관이 에코뮤지엄이다. 이 용어는 1971년 제9회 국제박물관협의회(ICOM: International Council of Museums) 총회에서 그 이념이 소개된다.[15]

에코뮤지엄 이념의 발명 배경에는 1960년대 말 프랑스의 사회적 분위기가 작용하는데, 1960년대 후반 프랑스는 급격히 도시화되고 한편으로는 농촌의 과소화가 가속되었다. 권위와 독선으로 군림해온 드골 체제에 대한 반발과 전후 경제 번영이 가져온 소비 만연의 사회풍조에 대한 거부, 인간의 존재 자체에 대한 반문 등 급진적인 사상운동이 일어난 시기이기도 하다. 1968년 5월에는 학생들에 의한 '이의제기', 이른바 5월 혁명이 일어나 기성세대의 가치에 반기를 들었는데,

13 배은석, 『에코뮤지엄: 지속 가능한 농촌 희망 프로젝트』, 북코리아, 2013, 6쪽.

14 스칸센야외박물관, http://www.skansen.se, 검색일: 2017년 12월 6일.

15 오하라 가즈오키, 『마을은 보물로 가득 차 있다』, 김현정 옮김, 아르케, 2008, 58쪽.

당시 학생들의 슬로건은 "금지하는 것을 금지한다"였으며 그동안 일상생활에서 보이지 않는 억압으로 작용한 모든 것들로부터 벗어나려는 움직임이 강하게 작용했다.[16] 이 시대에는 환경유산의 보전의식, 도시와 농촌의 균형관계 유지를 위해, 루소에 기원을 둔 자연보호사상과 반공해운동과 같은 환경보호, 자연건강법이나 동양의학과 같은 자연적인 것에 대한 옹호, 반전운동 등이 전개된다.[17] 이처럼 프랑스에서의 에코뮤지엄 운동은 사회적, 문화적, 정치적, 환경적 논의와 현상들이 복합적으로 작용해 새로운 발상의 전환으로 제시되었다.

2) 에코뮤지엄의 정의와 특징

에코뮤지엄의 정의와 내용은 명확하게 규정지을 수 없을 만큼 다양하고 지역의 특성과 상황을 배려하며, 시간이 지나면서 새로운 발견이 추가되면서 정리되고 있다.

(1) 조르주 앙리 리비에르의 정의(1980)

리비에르는 에코뮤지엄의 정의를 세 번에 걸쳐서 수정했는데, 1973년, 1976년, 1980년에 걸쳐서 발전적인 정의를 발표한 바 있다. 이를 '에코뮤지엄의 발전적 정의'라고 한다. 이 가운데 제일 마지막의 완성본이라고 할 수 있는 1980년의 정의를 살펴보면 다음과 같다.

---

16 서울대학교 불어문화연구소, 『프랑스 하나 그리고 여섯』, 강, 2008, 524쪽.

17 오하라 가즈오키, 앞의 책, 2008, 43쪽.

▷ 에코뮤지엄은 행정당국과 주민이 같이 구상하고 만들어 활동하는 수단이다. 행정당국은 전문가와 함께 편의를 도모하고, 재원을 제공한다. 주민은 각자의 흥미에 따라서 자신들의 지식과 대처능력을 제공한다.

▷ 에코뮤지엄은 이러한 주민이 스스로를 인식하기 위해 서로를 바라보는 거울이다. 거기에서 주민은 자신들이 살아왔고, 살고 있고, 또 살아갈 지역을 세대의 연속성이나 비연속성을 통해 이전 세대 주민의 설명에 이어서 설명을 하려고 노력한다. 에코뮤지엄은 이처럼 주민이 자신들을 좀 더 알리기 위해 자신의 일과 행동 그리고 내면성에 자부심을 갖고 방문자에게 내미는 거울이다.

▷ 에코뮤지엄은 사람과 자연의 표현이다. 그래서 사람은 자연적 생태의 일부로 해석된다. 그리고 자연은 전통적 사회와 산업사회가 자신들이 가지고 있는 이미지에 자연을 맞추도록 하는 그 원초상태로 해석된다.

▷ 에코뮤지엄은 시간의 표현이다. 사람이 출현한 시대 바로 이전까지 거슬러 올라가서 사람이 살았던 선사시대·역사시대를 통해 확대되고, 사람이 살고 있는 현대에 이른다. 미래에도 에코뮤지엄은 결정기관의 역할을 맡으려 하지 않고, 지금과 같이 정보전달과 비평적 분석의 역할을 맡는다.

▷ 에코뮤지엄은 공간의 해석이다. 그곳은 걸음을 멈추게 하거나, 산책하고 싶게 만드는 특권적 공간이다.

▷ 에코뮤지엄은 보존기관이다. 그 주민의 자연유산·문화유산의 보존과 활용을 지원한다.

▷ 에코뮤지엄은 연구소다. 외부 연구기관과도 협력해 주민과 그 환경계의 역사적·동시대적 연구에 공헌하고, 이 분야의 전문가를 양성하는 것을 장려한다.

▷ 에코뮤지엄은 학교다. 주민을 연구·보존 활동에 참가시키거나, 주민 스스로 미래에 관한 여러 문제를 좀 더 파악할 수 있도록 촉구한다. 이러한 연구소, 보존기관, 학교는 공통 원리에서 착상되었다. 그 기관들이 증거로 내세우는 문화는 가장 넓은 의미로 이해되어야 하며, 그 기관들은 어떠한 주민층에서 나온 표명이든 간에 예술적 표현이나 문화를 존중하도록 노력해야 한다. 다양성에는 한계가 없다. 하지만 그렇게 다양화되기까지 자료는 표본마다 달라진다. 기관들은 그 안에서만 머무르지 않고 수용하고 의미를 부여해가야 한다.[18]

18 위의 책, 24-25쪽 참조.

리비에르의 발전적 정의를 분석해보면 정의가 점점 더 확장되면서 그 비중이 지역의 주민과 주민의 활동으로 옮겨가고 있음을 발견하게 된다. 전통적 박물관과의 차별성을 언급하면서 주민이 스스로 지역의 유산을 보존하고, 연구하고, 배우는 보존기관이자 연구소이며, 학교임을 명시하고 있다. 또한 주민의 예술적 표현이나 문화를 존중하도록 노력해야 하며, 그 다양성에는 한계가 없다는 것을 서술하고 있다. 여기에 한마디로 정의되지 않는 에코뮤지엄의 모호성이 있으며, 또한 끝없는 가능성이 있는 것이다.

(2) 르네 리바르의 정의

르네 리바르(René Rivard)는 에코뮤지엄과 전통박물관에 대한 비교 그림을 통해 에코뮤지엄을 정의하고 있다.[19] 〈그림 1-1〉의 전통박물관은 건물과 소장품, 전문가, 특정한 기술로 구성되어 정의된다.

이는 전통적 박물관이 건물을 전제로 관장을 비롯한 전문가 집단인 큐레이터, 에듀케이터, 전시 디자이너, 보존전문가 등에 의해 전시와 교육 프로그램이 기획되고 진행되며, 소장품이 매우 정교하게 관리되고, 지역의 주민이나 관광객으로 구성되는 관람객은 단지 방문자로 박물관을 찾는 것으로 표현된다.

반면 이와 대별되는 지점에 있는 에코뮤지엄은 일정한 지역에 거주 또는 체류하는 주민을 주인으로, 그들 스스로 지역의 유산을 발굴하고, 조사하고, 연구하고, 기획하고 실행하면서 지역 전문가로서의 소양을 축적시켜가는 과정에 의미가 있다. 〈그림 1-2〉의 에코뮤지엄은 지역, 유산, 집단기억, 주민, 자연, 정체성, 건축물, 전통, 방문객, 연장자,

---

19 Peter Davis, *Ecomuseums: A Sense of Place*, London: Continuum, 2011, pp. 82-83.

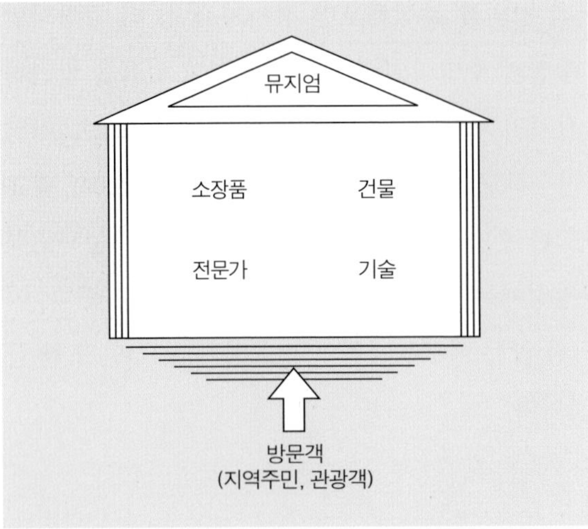

그림 1-1 ::
전통박물관 개념도
(René Rivard, 2011)

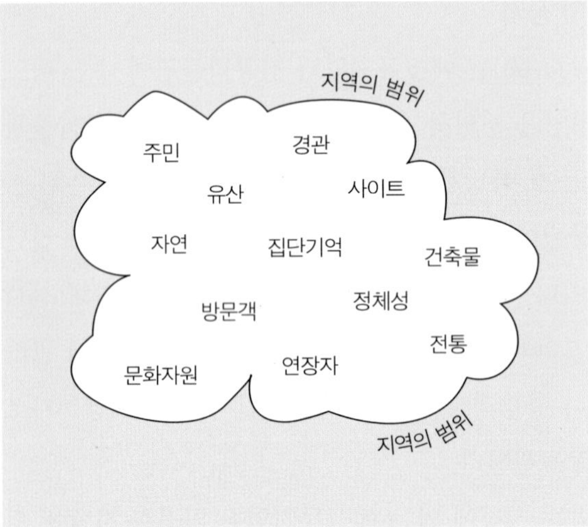

그림 1-2 ::
에코뮤지엄 개념도
(René Rivard, 2011)

사이트(site)[20], 경관, 문화자원 등으로 이루어진다고 정의 내리고 있다. 그는 또한 에코뮤지엄과 자연사박물관, 생태만을 다루는 박물관과는 구별되는 개념임을 강조한다.

20 에코뮤지엄을 구성하는 지역의 위성박물관으로, '안테나, 새틀라이트' 등으로 불린다.

(3) 피터 데이비스의 목걸이 모델

피터 데이비스(Peter Davis)는 이러한 에코뮤지엄의 특징을 목걸이 모델로 표현한다. 그는 에코뮤지엄이란 한정된 지역 내에서 지역의 경관, 각 사이트, 영토, 기억, 자연, 전통, 유산, 지역공동체 등이 서로 유기적으로 연결되는 구조를 갖는다고 생각했다. 그의 이러한 생각을 제인 브라운(Jane Brown)이 〈그림 1-3〉의 목걸이 모델로 표현했다.

이 원리는 지역의 각 사이트를 연결해 서로 유기적으로 활동할 수 있도록 하는 것에도 적용이 된다. 즉 지역의 의미 있는 사이트들을 연결하는 역할 그 자체가 에코뮤지엄을 성립시키는 요건이 되는 것이다. 지역의 사이트들을 연결하는 실은 지역의 활동가들을 의미한다.[21]

우리나라 속담에 '구슬이 서 말이라도 꿰어야 보배'라는 표현이

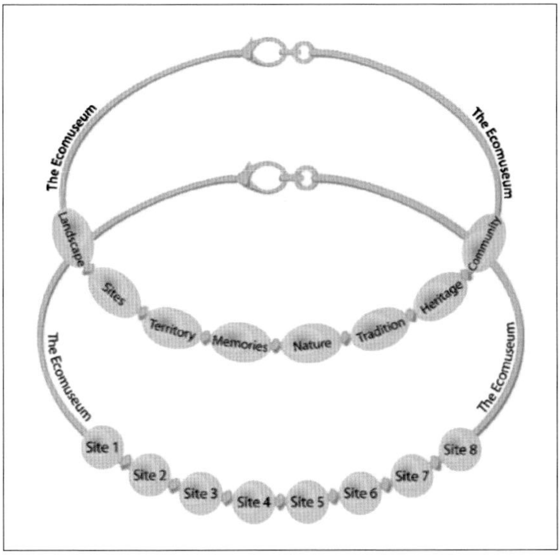

그림 1-3 :: 에코뮤지엄의 목걸이 모델 (Peter Davis & Jane Brown, 2011)

21 *Ibid.*, pp. 89-90.

있는데, 에코뮤지엄은 지역에 흩어져있는 자원들을 꿰는 행위를 통해 구현되는 것이다. 즉, 특정 지역사회 내에 있는 유산들을 그 장소에서 보존되어야 한다고 하는 생각에 기반을 두고, 지역공동체가 지역사회 발전과 지속성에 기여하기 위해 네트워크를 통해 실현하는 과정 속에 에코뮤지엄의 설립 요건이 있다고 할 수 있다. 에코뮤지엄은 지역을 기반으로 한 네트워크를 연결하는 소프트웨어적인 요소를 갖고 있다.

(4) 오하라 가즈오키의 정의

오하라 가즈오키(大原一興)는 에코뮤지엄의 개념을 세 가지 요소의 작용으로 설명한다. 에코뮤지엄 이념에서 우선 중요한 것은 어느 특정의 '지역(territory)'을 중요한 대상으로 지정한다는 점이다. 그 위에 지역 유산의 보존(Heritage), 주민의 참여(Participation), 박물관 활동(Museum)의 세 가지 요소가 이상적인 구조로 상호작용할 때 에코뮤지엄이 유지되는 것이라고 본다.[22]

그렇다면 지역의 유산은 무엇을 의미하는가? 그것은 지역의 자연환경, 문화유산, 산업유산, 기억의 수집 등을 현지 보존하는 것이다. 다음으로 주민 참여는 주민 스스로 정체성을 발견하면서 능동적으로 참여하는 것이다. 마지막으로 박물관 활동은 발굴, 전시, 보존, 조사, 연구 등의 일련의 활동이다. 이 세 가지 요소의 균형이 잘 맞고, 밀접한 네트워크가 짜여 있는 것이 가장 이상적인 모습이다.

예를 들어 프랑스 방데의 페모로 광산센터는 지역의 산업유산인 광산을 보존하고 살아있는 광부들을 보호하고 후손들에게 광산의 역사를 알리기 위해 광산센터를 건설하고 박물관을 만들어 광산의 역사

22 오하라 가즈오키, 앞의 책, 2008, 51-52쪽.

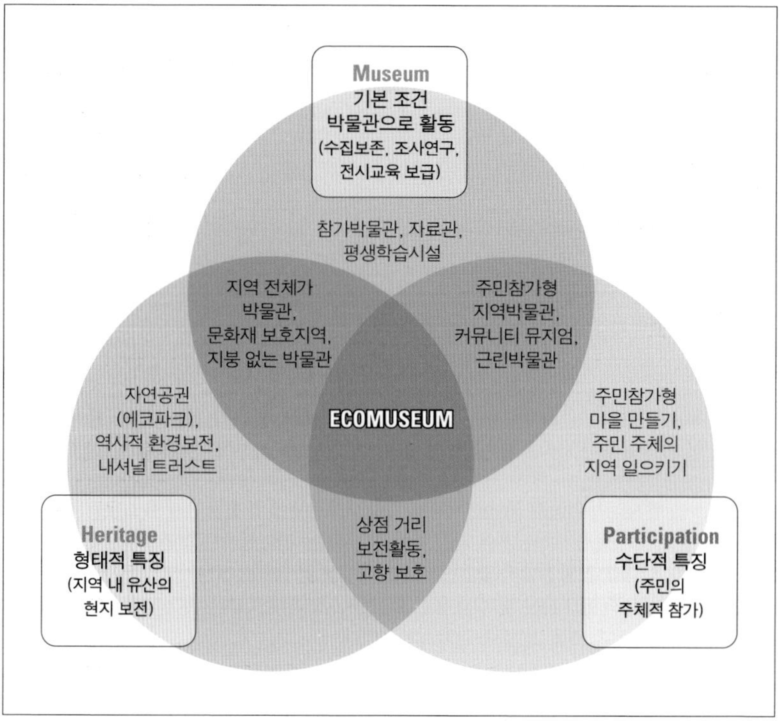

그림 1-4 :: 에코뮤지엄의 개념 (오하라 가즈오키, 1996)

를 보여 주는데, 이것은 박물관 활동(Museum)이다. 이 광산센터는 광부 공동체의 기금을 바탕으로 주민들의 참여로 실현되어, 주민 참여(Participation) 요건을 만족시킨다. 광산센터는 지역에 남아있는 광부들의 성당, 광산을 연결하고, 광부들의 기억을 수집하는 등 지역 유산의 보존(Heritage)을 위해 노력한다. 또한 다양한 프로그램을 만들어 관람객을 초대하고 학교 교육과도 연계하고 지역사회 교육의 일환을 담당한다. 이렇게 지역에 놓여있는 사이트를 주민 참가에 의해 운영하고 지속적으로 관리해간다면 이것이 에코뮤지엄의 요건을 충족하게 되는 것이다.

(5) 제라드 코세인의 에코뮤지엄의 이상

제라드 코세인(Gerard Corsane)은 전통적인 박물관과 에코뮤지엄의 차이를 기본적으로 이해하려면, 에코뮤지엄이 가진 철학과 관행에 대해 더 깊이 알아야 한다고 주장한다. 먼저 '에코뮤지엄의 이상'이 가진 철학의 중심축에 다음 세 가지가 포함되어 있다는 것을 피력한다.[23]

표 1-1 :: '에코뮤지엄의 이상'의 중심축 세 가지

1.	'에코뮤지엄의 이상'은 **장소가 가진 느낌과 혼**에 집중한다. — 이때 원래의, 혹은 다층적인 물리적, 자연적, 경제적, 문화적, 사회적, 정치적 환경 내에서 자연과 문화의 유형 및 무형 유산 자원을 통합적으로 관리하기 위해 전체적인 접근방식을 활용한다.
2.	'에코뮤지엄의 이상'은 **'이해관계자'의 개입**과 프로세스 및 상품의 공동 소유권을 촉진시킨다. — 이때 이해관계를 가진 이해관계자에는 다양한 수준의 정부 기관, 지역의 단체 및 대표(전통 전달자 및 전수가 포함), 유산 및 박물관 전문가와 실무자, 기업, 비정부기관, 학계의 자문 및 학생 등이 포함된다. 또 다른 이해관계자의 종류에는 에코뮤지엄 사용자 그룹, 방문자, 관람객이 있다.
3.	'에코뮤지엄의 이상'은 절대적인 모델이 아니라 **'가변적이면서 유연한 시각'**이며, 특정한 지역의 맥락과 필요에 대응하고, 그에 의해 형성되어야 한다. — 에코뮤지엄은 절대 서로 똑같을 수 없는데, 박물관은 각자의 이해관계자의 요구에 대응해 특성을 갖게 되기 때문이다.

이러한 철학은 〈표 1-2〉에서 설명하는 21개의 특성으로 변형이 가능하다. 1번부터 6번까지는 에코뮤지엄의 본질이 참여에 있다는 것을 보여준다. 7번부터 12번까지는 에코뮤지엄의 범위, 즉 에코뮤지엄이 무엇을 포함하고 있는가를 설명한다. 13번부터 21번까지는 에코뮤지엄학의 접근방식과 방법에 대해 서술한다.

23 이하 내용은 제라드 코세인, 「에코뮤지엄의 이상이 가진 특성: 작은 박물관이 지역의 참여 증진과 미래를 위한 지속 가능성을 바라야 할까?」, 『2017 영월 국제박물관포럼: 지역사회 상생과 박물관의 미래상』 1권, 영월군청, 2017, 244-246, 254-257쪽의 내용에서 발췌해 정리한 것임.

표 1-2 :: '에코뮤지엄의 이상'의 21가지 특성

1.	'에코뮤지엄의 이상'의 개념이 유산 및 박물관 실무자나 정부기관 등 외부 기관에 의해 소개되더라도, 지역단체가 다른 이해관계자의 지원과 인풋을 받아 직접 **시작 및 운영**하는 것이 좋다.
2.	**모든 이해관계자와 이해관계 단체가 의사결정 과정 및 활동에 민주적인 방식으로 공개적으로 참여할 수 있도록** 허용한다. 가능한 경우, '에코뮤지엄의 이상'은 이해관계자 및 이해관계가 있는 단체가 모든 의사결정 과정 및 활동에 참여하도록 촉진 및 허용한다.
3.	**다수의 공동 소유권과 관리 시스템을 촉진시키고, 지역 단체, 유산 관리 전문가, 지역의 실무자, 지역 기업, 지역 당국, 정부 및 학계의 자문을 받아들여야 한다.** 모든 이해관계자 단체는 프로세스, 활동, 상품에 대한 공동의 소유권을 느껴야 한다.
4.	에코뮤지엄에서는 **단순한 소비를 위한 상품보다 유산 관리의 과정을 강조해야 한다.** 이때 유산의 요소, 자원, 관행, 문화상품, 맥락 관련 정보를 확인, 범위 설정, 기록, 문서화 보호, 전달, 커뮤니케이션하기 위한 프로세스가 최종 문화 및 유산 상품의 프로모션만큼이나 중요하다.
5.	'에코뮤지엄의 이상'은 다양한 이해관계자 단체의 파트너 네트워크와의 **협력을 촉진한다.** 여기에는 **지역의 공예가, 예술가,** 작가, 연기자, 음악가가 참여하는 협력 프로젝트 등을 포함할 수 있다.
6.	에코뮤지엄의 운영은 지역 이해관계자의 상당히 활동적인 자발적 노력에 의존하는 경우가 많으며, 특히 지역단체 사람들의 노력에 자주 의존한다. 에코뮤지엄은 일반적인 삶과 일상 속에서 유산과 문화를 드러내는 사람들에 관한 것이어야 하며, 방문자의 소비를 위해 만들어진 추가적인 활동에 참여하려는 사람들이 주가 되어서는 안 된다.
7.	에코뮤지엄은 **지역의 정체성과 지역의 개념을 확인하고** 만드는 데 집중한다.
8.	여기에는 **지리적 영역이 포함되는 경우가 많으며, 이는 다양한 공동의 특성으로 결정되곤 한다.** 이런 특성은 예를 들어 다양한 인종적 배경이나 문화유산, 다양한 종교적 신념, 특정한 경제적 삶의 방식 등을 공유하는 특정 지역 사람들이나 특정 산업에 종사하는 사람들에 의해 정의될 수 있다.
9.	**에코뮤지엄은 공간 및 시간적인 면을 모두 다루는 것이 이상적이다. 시간적인 면과 관련해서는 단순히 시간 속에서 대상을 정지시키는 것보다는 과거로부터 현재를 거쳐서 이어지는 연속성과 변화에 주목한다. 따라서 그 접근방식은 공시적이기보다는 통시적이다.** 이런 특성은 아래에서 소개될 14번째 특성과 긴밀한 관련이 있다. 이상적인 에코뮤지엄은 문화적인 유산 자원, 관행, 상품을 특정 기간이나 시간 속에 동결하려고 노력하는 것이 아니다.

10.	**에코뮤지엄은 다양한 지역에 위치하는 '분산된 박물관'의 형태로,** 서로 연결된 다양한 장소, 공간, 위치, 성과 지역, 건물의 **중앙 허브와 안테나가 있는 네트워크로** 구성되어 있다. 에코뮤지엄은 하나로 집중된 '정보센터'(전통적인 박물관일 때도 있다)가 있는데, 이는 유산의 요소나 자원을 연결하는 허브 혹은 진입로로 활용된다. 여기에서 사람들은 지역을 이해하고(8번 특성), 사람들을 좀 더 전반적으로 이해하기 위한 정보를 얻을 수 있다. 이곳에서 다양한 공간, 위치, 장소, 성과 지역, 건물의 안테나를 방문할 수 있다. 지역의 현지보존으로 자연 및 문화, 무형 및 유형의 유산 요소와 자원을 활용할 수 있다(11번 특성).
11.	'에코뮤지엄의 이상'은 유형과 무형의 요소, 관행, 표현 자원, 상품을 원래의 맥락을 벗어나서 바라보는 게 아니라(전통적인 박물관과 아카이브가 이런 경우가 많다), **원래의 지역 환경 속에서 인식, 기록, 문서화, 연구, 보호, 보전하는 것을 중시한다.** 원래의 지역 환경을 고려할 때는 이들이 물리적, 자연적, 경제적, 사회적, 문화적, 정치적인 환경과 유기적으로 서로에게 연계되어 있어서, 그 결과 현실적으로 결합되고 서로에게 영향을 미친다는 사실을 기억해야 한다.
12.	에코뮤지엄의 이상에서는, **이동이 가능하거나 불가능한 유형의 유산과 무형의 문화유산 자원 및 표현에 대해 동일한 관심을 표한다.** 이동이 불가능한 유형 유산에는 자연적이고 향토적이거나 도시적인 문화 경관, 교통체계, 다리, 댐 등의 고정된 자산, 고고학적 지역, 건축 환경, 정원, 기념물 등이 포함된다. 이동이 가능한 유형의 문화에는 기록문서, 책, 인공물, 서체, 장식적인 공예품, 미술품 등이 포함된다. 무형의 문화유산에는 세계관, 신념, 언어 및 방언, 세대를 걸쳐서 내려오는 구전 전통, 구전 기록 및 역사, 전설, 시, 노래, 음악, 축제, 의식, 관계, 전통적인 공예, 식문화 등이 있다. 유형과 무형 자산의 구분은 인공적이다. 서로 떨어뜨려서는 생각할 수 없으며, 단독으로 볼 수도 없다. 예를 들어 문화적 신념이나 전통적 공예 기술과 같은 무형문화유산 요소는 유형문화유산 자원을 생산하는 바탕이 된다. 또한 음악이나 춤 같은 무형 요소는 악기나 의상 같은 유형문화유산에 의존한다.
13.	에코뮤지엄은 **지속 가능한 개발을 촉진시키고, 유산 자원의 활용을 검토한다.** '에코뮤지엄의 이상'의 특성이 존재하는 곳에서는 유산을 보호하면서 동시에 경제적인 재활 및 개발을 촉진시키는 것 사이의 균형을 발견할 가능성이 높다.
14.	**더 나은 미래를 위한 변화와 개발을 허용한다.** 9번의 특성을 고려했을 때 에코뮤지엄은 문화를 특정 시간에 동결시키는 것이 아니라, 지속시켜야 한다. 지역 사람들이 시간에 갇힌 환경에서 살아가도록 놔두려고 해서는 안 된다. 지역 사람들이 그 환경을 낙후됐다고 여기거나 전반적인 발전 및 개발에 뒤처졌다고 생각할 때 특히 그렇다.

15.	**과거와 현재의 삶, 사람들과 모든 환경(물리, 경제, 사회, 문화, 정치적)과의 상호작용을 문서화하는 지속적인 프로그램을 장려한다.** 15번의 특성은 유형과 무형의 문화유산 요소 및 상품을 포함한 유산 자원을 보호하고 홍보하기 위한 **핵심**이다. 만약 에코뮤지엄이 시간 속에 유산을 동결하려고 노력하지 않고(9번 특성) 지역공동체를 위한 더 나은 미래를 위해 변화와 개발을 허용하길 바란다면(14번 특성), 이해관계자들이 지속적인 기록, 문서화, 연구 프로그램에 참여하도록 격려해야 한다. 시간의 흐름에 걸쳐서 무형 및 유형의 유산 요소와 자원에 주목하고, 그에 대한 변화를 설명하기 위해서이다.
16.	**다양한 단계에서 연구를 촉구해야 한다.** 지역의 특별한 전통전수자에 대한 연구와 이해부터 유산 전문가 및 학계가 진행하는 연구까지 모두 포함되어야 한다.
17.	**문화유산 연구를 위해 다양한 분야, 각 분야의 심층적인 내용, 분야 간의 연계를 촉진시켜야 한다.** 에코뮤지엄은 모든 자연, 문화, 무형 및 유형의 유산 자원을 물리적, 자연, 경제, 사회, 문화, 정치적 환경 속에서 통합적으로 고려하며, 어떤 연구 분야든 관심이 있는 모든 사람들의 연구를 권장한다. 에코뮤지엄은 더욱 총체적인 연구 프로젝트를 촉구하고, 지식의 공동 생산과 유산 자원의 공동 큐레이션을 육성한다.
18.	**자연/문화 관계, 무형/유형의 유산 요소 및 자원의 커뮤니케이션과 이해에 대한 전체적인 접근방식을 권장한다.** 에코뮤지엄은 다양한 유산 요소 및 자원의 커뮤니케이션과 이해에 대한 종합적인 접근방식을 촉구한다. 이런 접근방식이 가능한 이유는 에코뮤지엄이 해당 환경 내에서 지역의 다양한 유산 요소 및 자원과 협력할 방법을 찾기 때문이다. 한편 디지털 기술을 이용해 가상현실에서 유산과 커뮤니케이션하고, 유산을 이해할 수 있다.
19.	**자연/문화, 과거/현재, 개인의 수공예/상업화된 기술의 연관관계를 활용**하려고 노력한다. 17번 및 18번 특성에서 언급한 것처럼 에코뮤지엄은 다양한 유산 요소 및 자원에 관한 연구 및 커뮤니케이션 기회를 제공한다. 또 이들 간의 상호연계성을 보여주는 데도 도움이 된다.
20.	**또한 유산 관리 과정과 책임 있는 관광 간의 긍정적인 상호관계를 제공할 수 있다.** 유산 관광은 경제적 개발을 촉진시키고, 경제적인 혜택을 가져올 수 있는 막대한 잠재력을 가지고 있다고 생각된다. 하지만 관광은 불균형이 발생하고, 유산 보호가 아니라 관광객의 소비를 위한 상품 개발로 중심이 이동되면 부정적인 영향을 가져올 수도 있다. 이런 부정적인 영향은 사람과 그 문화가 객관화되고, 문화가 상품화되면 더욱 분명하게 나타난다.
21.	**지역 단체에 혜택을 줄 수 있다.** — 예를 들어, **정체성, 자부심, 사회적인 재생과 부활, 경제, 사회, 문화, 지식 자본의 교환을 가능하게 한다.** 본 목록에 포함된 특성을 보이는 에코뮤지엄은 장기적으로 지역 단체에 혜택을 가져올 확률이 높다. 이러한 접근방식을 따른다면, 유산을 보전 및 보호하면서 동시에 문화 요소가 창의적 및 문화적 산업의 자원으로써 효율적으로 활용되도록 만들 수 있을 것이다.

그에 따르면 '에코뮤지엄의 이상'은 세 가지 중심축을 핵심으로 한다. 각 에코뮤지엄은 특정한 지역의 맥락에 대응해야 한다는 제안으로 귀결된다. 에코뮤지엄은 살아있는 유기체와 같으며, 시작부터 특정한 지역의 환경, 경제, 사회, 문화, 정치적인 요구에 대응하도록 발전되어야 한다고 주장한다.

(6) 에코뮤지엄의 운영 특징

필자는 에코뮤지엄의 단계별 운영 특징을 발견했다. 에코뮤지엄의 성립과 운영에 있어 공통적으로 나타나는 양상은 먼저 지역의 주민들이 자각하는 과정이 필요하고, 지역의 하드웨어적인 요소를 발굴하고 파악해 그 가운데 지역의 정체성을 보여주는 요소를 갖고 있는 사이트를 선별하는 것이다. 그렇게 형성된 사이트를 바탕으로 네트워크가 형성되고 주민들은 자신의 모습을 방문객에게 보여줄 수 있는 단계까지 발전하는 것이다.

이것을 세 가지 단계로 나누어 생각할 수 있다. 1단계는 태동기로 지역공동체의 가치 발견과 사람 간의 네트워크를 형성하는 것으로 능동적 지역공동체의 자각이 이루어지면서 지역주민이 지역의 자원을 조사, 발굴하면서 지역의 정체성을 찾고 지역민으로서 자긍심을 갖는 단계이다. 2단계는 형성기로 지역의 사람과 자원이 연합하는 과정으로 지역공동체와 지역 자원의 네트워크를 형성하면서 지속적으로 학습하는 단계이다. 3단계는 성숙기로 에코뮤지엄이 외부와 관계 맺기를 하는 과정이다. 지역을 찾은 방문객 또는 각국에 존재하는 에코뮤지엄협회에 회원으로 가입하거나 같은 취지를 갖는 단체들과 연합하면서 활동을 하는 등 외부와의 네트워크를 형성하는 단계이다. 이 세 가지 단계의 전제조건은 주민과 지역공동체가 에코뮤지엄을 설립해 살기 좋은 지역을 만들고자 하는 수단으로 정했을 때 성립되는 것이다. 이를

표 1-3 :: 에코뮤지엄의 단계별 운영 특징

단계	명칭	운영 특징
1단계	태동기	지역공동체의 가치 발견과 사람 간의 네트워크를 형성하는 것으로 능동적 지역공동체의 자각이 이루어지면서 지역주민이 지역의 자원을 조사, 발굴하면서 지역의 정체성을 찾고 지역민으로서 자긍심을 갖는 단계
2단계	형성기	발굴된 자원의 가치 부여를 통해 자원 간의 네트워크를 형성하면서 사람과 자원이 연합하는 과정으로 지역공동체와 지역 자원의 네트워크를 형성하면서 지속적으로 학습하는 단계
3단계	성숙기	에코뮤지엄이 외부와 관계 맺기를 하는 과정으로, 지역을 찾은 방문객 또는 각국에 존재하는 에코뮤지엄협회에 회원 가입하거나 같은 취지를 갖는 단체들과 연합하면서 활동을 하는 등 외부와의 네트워크를 형성하는 단계

정리하면 〈표 1-3〉과 같다.[24]

이처럼 태동기, 형성기, 성숙기를 거치면서 에코뮤지엄이 생명력을 갖고 운영될 수 있는 것이다.

3) 2016 밀라노 아이콤 총회의 '에코뮤지엄과 커뮤니티뮤지엄 포럼'

2016년 7월 3일부터 9일까지 이탈리아 밀라노에서 제24회 아이콤(ICOM) 총회가 개최되었다. 이 총회에서는 특별히 '에코뮤지엄과 커뮤니티뮤지엄 포럼'이 개최되어 각국의 에코뮤지엄과 커뮤니티뮤지엄 관계자들과 연구자들이 각국의 상황을 발표하고 교류하는 기회가 있

24 배은석, 앞의 책, 2013, 91-92쪽.

었다. 이탈리아의 에코뮤지엄 투어와 주제 발표가 다채롭게 진행되었다.

7월 6일 밀라노 MiCo(Milano Congressi, 학술대회센터)에서 개최된 포럼의 주제 발표는 위그 드 바린에 의해 주도되었다. 이번 포럼에서 주최국인 이탈리아의 안드레아 델 듀카(Andrea Del Duca)가 「이탈리아 에코뮤지엄 전략 선언문」이라는 발제로 포럼을 시작했다. 내용은 1990년대부터 시작된 이탈리아 에코뮤지엄의 현황과 발전 역사에 대해 다루었다. 이탈리아는 2004년에 에코뮤지엄과 연구자들을 중심으로 실천공동체 'Local Worlds'를 결성했다. 이 단체는 지역의 문화와 환경, 보존, 지역의 정체성과 관광을 개발하는 것을 주제로 한다. 그리고 에코뮤지엄의 효율성을 향상시키기 위해 전국 네트워크 설립하고 아젠다 2016/17을 발표해 활발하게 활동하고 있다.[25]

브라질의 경우는 ABREMC(Associaçã Brasileira De Ecomuseus E Museus Comunitários, 브라질에코뮤지엄과 커뮤니티뮤지엄협회)를 대표해 야라 마토스(Yara Mattos)가 「커뮤니티 에코뮤지엄과 뮤지엄의 사회적 기술」이라는 제목으로 발표했다. ABREMC는 리우데자네이로의 산타크루즈에서 2004년에 개최된 제3차 국제에코뮤지엄과 커뮤니티뮤지엄 회의에서 탄생했다. 이 단체는 에코뮤지엄, 커뮤니티뮤지엄, 지역박물관 및 이와 유사한 박물관들을 결속하게 하는 것을 목표로 한다. 이 단체의 사명은 신생단계의 박물관들이 무엇을 어떻게 해야 할지에 대한 경험을 공유하는 것이다.[26] 발표자는 학습 콘텐츠와 교육에 있어 혁신적인 사회적 기술을 활용함으로써 커뮤니티 에코뮤지엄과 뮤지엄에서 이루어지는 학습 프로그램에 대한 발표했다. 지역 학교와 연계해 진행된 마

25 Andrea Del Duca, "The Strategic Manifesto of Italian Ecomuseums," *Forum of ecomuseums and community museums*, 2016, p. 2.

26 Yara Mattos, "The social technologies of community ecomuseums and museums," *Forum of ecomuseums and community museums*, p. 6.

랑과페(Maranguape) 에코뮤지엄의 교육 프로그램 사례를 분석했다.

프랑스의 FEMS(Fédération des écomusées et des musées de société, 에코뮤지엄과 사회적 박물관 연대)는 「미래를 상상하기 위한 풍요로움의 네트워크 형성」이라는 제목으로 알렉산드르 뒤라지(Alexandre Delarge)가 발제했다. 프랑스에서는 신박물관학의 흐름에 입각해 FEMS가 발전해왔는데 이 기관은 회원 간의 교류와 대내외적인 활동을 지원하고 있다. 그 연혁을 살펴보면 1989년 대중에게 에코뮤지엄을 알리기 위해 에코뮤지엄협회가 창설된다. 1991년에는 그 지경을 넓히면서 '에코뮤지엄과 사회적 박물관[27] 연대'로 거듭나는데, 이를 위해 기술유산박물관, 산업유산박물관, 인류학박물관, 미술관, 민속학박물관, 고고학박물관에 대해 협회의 문호를 개방한다. 2004년에는 종합박물관, 통역센터, 문화유산의 가치를 추구하는 것을 목적으로 하는 모든 비영리기관에 대해 네트워크를 확대한다.

이 기관은 비영리의 사회적 경제 연대에 참여하고 지역의 지속 가능한 발전에 기여하는 혁신적인 문화유산기관 연계조직이다. 이는 또한 인간과 지역을 사업의 중심에 두고, 농촌의 발전, 도시 문화, 지역의 구조 조정, 지속 가능한 발전 등과 같은 사회문제에 관심을 갖는 현존하거나 앞으로 생겨날 조직을 연합할 것을 규정하고 있다. 이들은 문화시설 네트워크의 활성화, 새로운 박물관의 실천에 대한 성찰과 형성에 기여, 에코뮤지엄과 사회적 박물관의 철학에 대한 인식 증대 노력, 에코뮤지엄과 사회적 박물관에 대한 철저한 자료 수집과 상호 간의 교류 협력 등을 사명으로 하고 있다.[28] 이러한 현상은 박물관이 적극적으로

27 '사회적 박물관'이라고 번역한 이 용어는 프랑스어로는 musées de société, 영어로는 society museums라고 표기된다. Alexandre Delarge, "Network a Wealth to imagine the future," *Forum of ecomuseums and community museums*, p. 4.

28 FEMS, http://www.fems.asso.fr/, 검색일: 2016년 9월 1일.

지역사회의 문제에 개입하게 됨을 보여준다.

일본의 경우는 오하라 가즈오키가 21세기 초에 「일본 에코뮤지엄이 직면하게 된 도전들」이라는 제목으로 발표했다. 일본 에코뮤지엄과 JECOMS(Japan Ecomuseological Society, 일본에코뮤지엄학회)의 발전과 현황, 어려운 점에 대해 설명했다.[29] 최근 일본 에코뮤지엄이 직면하고 있는 문제와 경제성의 문제에 대한 발표했다.

포르투갈 발표자는 아이다 레세나(Aida Rechena)였고, MINOM(Mouvement International pour la Nouvelle Muséologie, 국제신박물관학운동)의 활동에 대해 소개했다. MINOM은 사회적 박물관학(Social Museology)을 연구하고, 전파하고, 사회적 박물관학에 대한 훈련 기회를 제공하는 것을 목적으로 하며, 사회와 박물관학, 그리고 박물관들의 변화와 변형을 이해하려고 한다. MINOM은 신박물관학에서 사회적 박물관학(Social Museology)과 사회박물관학(Sociomuseology)으로 발전했으며, 박물관학(Museology)에 대해 학제 간 접근을 한다. MINOM은 박물관을 그 커뮤니티와 커뮤니티의 발전을 위해 봉사하는 기관이라고 여긴다. 박물관을 지역과 커뮤니티의 해석을 위한 공간으로 보는 것이다.

필자는 「한국의 에코뮤지엄 현황과 미래 조망」이라는 주제로 발표했다. 한국에서 '에코뮤지엄'이라는 명칭을 사용하기 시작한 것은 2000년대 들어서다. 이후 에코뮤지엄의 개념, 발전과정, 해외사례, 국내적용 등이 활발히 논의되고 있다. 현존하는 한국의 에코뮤지엄이나 에코뮤지엄의 유사 사례들을 구분하면 역사문화유산형, 산업유산형, 테마파크형, 도시재생형, 자연환경형, 농어촌형, 예술공동체형 등 일곱 가지로 요약되며 40여 개의 사례를 찾을 수 있다.[30] 그러나 한국에는 아

29 Kazuoki Ohara, "Challenges of Japanese ecomuseums in the beginning of 21st century", *Forum of ecomuseums and community museums*, p. 7.

30 Eun Sok Bae, Dong-uk Im, and Jong Oh Lee, "The status and perspective of Korean

그림 1-5 :: 2016 밀라노 아이콤 총회에서 발표 중인 필자 (자료: 임동욱)

직까지 에코뮤지엄협회가 없으며 이를 위한 지속적인 관심과 상호 협력을 위한 장치가 필요하다고 주장했다. 〈그림 1-5〉는 한국의 에코뮤지엄에 대해 발표하는 필자의 모습이고, 사진 전면의 가장 오른쪽에 회의를 주재하는 위그 드 바린의 모습이 보인다.

파비앙 반 게르트(Fabien Van Geert)는 「카탈루냐 뮤지엄 네트워크」라는 제목으로 발제했다. 지역사회 및 지역경제와 연계해 지역의 유산을 보존하기 위한 방안의 예시로서 아누계곡(Aneu valleys)에코뮤지엄의 사례를 분석하고 카탈루냐의 에코뮤지엄학, 지역, 그리고 영역박물관

Ecomuseums," *Forum of ecomuseums and community museums*, p. 8.

(Territory Museums)의 이해를 돕기 위한 발표를 했다.[31]

카렌 브라운(Karen Brown)은 「EU와 LAC에서의 장소성: 에코뮤지엄 경관의 역할」이라는 제목으로 발표했으며, ICOM EU[32]과 ICOM LAC[33]가 함께 제안한 'EU-LAC 관계의 문화적·과학적·사회적 차원'에 대해 소개했다.[34] 아울러 박물관에 있어 장소성의 중요성에 대한 논의도 함께 전개했다.

ICOFOM(국제박물관학위원회)의 브루노 브륄롱 소아레스(Bruno Brulon Soares)는 「박물관학과 에코뮤지엄학(Museology and Ecomuseology)」이라는 제목으로 발표했다. 1983년부터 ICOFOM은 에코뮤지엄과 커뮤니티뮤지엄의 새로운 경험으로부터 나온 이론에 대한 새로운 접근법에 대해 수용할 수밖에 없었다. 지역공동체와 연계한 박물관을 건설하는 과정에 커뮤니티의 발전도 포함한 실험적 모델로서 에코뮤지엄은 박물관학이 스스로 사회학적이고 인류학적인 관점을 갖게 했다. 즉 박물관과 박물관 연구방법론에 동시성의 차원을 추가한 것이다. 에코뮤지엄은 그동안의 박물관 규율에 대한 새롭고 근본적인 의문을 제기했고, 학자(철학자나 사상가)로 하여금 그들의 이론을 수정하도록 했다는 것을 내용으로 한다.

ICOMOS Italie(이탈리아 국제기념물유적협의회)를 대표해 피에트로 라우레아노(Pietro Laureano)가 발표했고, 내용은 ICOMOS를 소개하고

31 Fabien Van Geert, "The Catalan Museum Networks," *Forum of ecomuseums and community museums*, p. 9.

32 ICOM-Europe은 국제박물관협의회(International Council of Museums)의 지역기구이다. 유럽 국가위원회(유네스코가 정의한 유럽 지역, 캐나다 제외) 간의 정보 교환 및 협력을 위한 지역 동맹이다.

33 ICOM LAC는 국제박물관협의회의 지역기구로, 스페인어를 사용하는 라틴아메리카 및 카리브 지역 국가위원회 간의 정보, 지식, 경험 및 협력의 교환을 위한 지역 동맹이다.

34 Karen Brown, "A Sense of Place in EU and LAC. The Role of Landscape for Ecomuseums," *Forum of ecomuseums and community museums*, p. 8.

활동 내용을 알리는 것이었다. ICOMOS는 세계의 기념물과 유적을 보호하는 데 힘쓰는 비영리 국제기관이다. ICOMOS는 UN의 포스트-2015 아젠다와 주택과 지속 가능한 도시 개발에 관한 제3차 UN 컨퍼런스를 위한 문화유산과 지속 가능한 개발에 대한 모색을 하고 있다.

피나 사르델라(Pina Sardella)는 「책임관광의 정체성과 행동(Identity and actions of responsible tourism)」이라는 제목으로 발표해, 이탈리아책임관광협회(IART: Italian Association of Responsible Tourism)를 소개했다. 이 단체는 1998년 조직되었으며 유럽 네트워크 및 다른 파트너와 협업 관계를 맺고 있다. 발표자는 협회의 목적과 활동을 소개하고, 이주민을 가이드로 유적과 유산을 통해 지역의 이문화성을 드러내는 이주민 투어(Migrantour)에 대해 비중 있게 다루었다.

이 포럼을 통해 〈2016 밀라노 협력 헌장〉이 채택되었다. 이 헌장에는 에코뮤지엄과 커뮤니티뮤지엄의 현장과 학문적 연구가 실제적이며 상호작용적인 국제적 플랫폼을 설립해 서로 교류하고 경험을 공유하고자 한다는 의지가 표명되어 있다. 또한 이러한 플랫폼을 통해 이미 존재하고 있거나 앞으로 설립될 모든 에코뮤지엄과 커뮤니티뮤지엄 네트워크를 연결해야 하며, 여타 유산 및 경관 NGO를 포함하는 방식으로 확장되어야 한다는 점을 피력한다. 이 플랫폼은 에코뮤지엄과 커뮤니티뮤지엄 포럼에서 발표되었거나 고안된 쌍방향적이고 다각적이며, 지역적인 협력 프로젝트가 에코뮤지엄과 커뮤니티뮤지엄 간의 이해와 협력을 증가시킬 수 있는 최적의 매개체가 될 것임을 선언한다.

〈2016 밀라노 협력 헌장〉은 실천적 노력을 낳았다. 현재 이들은 온라인 플랫폼을 구축하고 있으며, 전 세계 에코뮤지엄 현장의 목소리를 담은 도서 『에코뮤지엄과 문화경관』(*Ecomuseums and cultural landscapes*)을 출간했다. 이 책은 서론, 본론, 결론으로 이루어지며 본론은 총 4장으로 구성된다. 부록으로 〈2016 밀라노 협력 헌장〉을 담고 있다. 본론

1장은 '환경 향상에 대한 에코뮤지엄적 접근: 이론적 고려와 실험', 2장은 '문화경관 강화를 위한 에코뮤지엄과 커뮤니티뮤지엄 프로젝트: 사례 분석과 제안', 3장은 '문화적 환경과 지역 발전: 활동과 최선의 실행', 4장은 '네트워킹 실행과 에코뮤지엄과 커뮤니티뮤지엄의 특성'으로 구성된다. 한국의 에코뮤지엄 현황에 대한 발표문을 논문으로 확장시킨 「한국의 에코뮤지엄 현황과 전망: 한국형 에코뮤지엄 평가지수를 제안하며」[35]라는 글은 4장에 실려있다.

편집자 라파엘라 리바(Raffaella Riva)[36]는 추천사에서 이 책이 2016년 밀라노에서 개최된 제24회 ICOM 총회, 에코뮤지엄과 커뮤니티뮤지엄 포럼에서 시작된 논의를 다루었음을 밝힌다. 1970년대 프랑스에서 처음 시작된 에코뮤지엄은 새로운 차원에서의 개발 국면을 보여준다. 이는 참여 모델의 개발, 경쟁력과 전문성의 강화, 공간적·학문적·전략적 차원에서의 확장, 특히 네트워크 모델과 학제 간 및 초국가적 협력·강화, 성공적인 실행과 효율성의 향상을 포괄한다. 글로벌화된 사회에서 에코뮤지엄은 도시적 영토적 개발 과정에서의 혁신을 의미한다. 따라서 도시 환경 디자인에 있어서도 참고가 될 수 있다. 인식 개선, 정보, 교육, 연구와 실험 캠페인을 통해, 에코뮤지엄은 지역 커뮤니티를 대상으로 공동의 유산과 그것을 변화시키기 위해 계획 기술을 개발하는 것에 대해 교육할 수 있다고 피력한다.

---

35 Eun Sok Bae, Dong-uk Im, and Jong Oh Lee, "The Status and Perspective of Korean Ecomuseums: Suggestion for a New Korean Ecomuseum Evaluation Index," *Ecomuseums and cultural landscapes*, Santarcangelo di Romagna: Maggioli Editore, 2017, pp. 385-391.

36 건축가. 밀라노 국립건축대학(Politecnico di Milano) 건축기술 조교수. "문화유산 디자인과 기술"과 관련해 박사학위를 취득했으며 「Il metaprogetto dell ecomuseo」라는 논문을 집필해 2008년 Maggioli가 출판한 Politecnica-Studi e Progetti 시리즈에 실렸다. 환경 디자인, 거버넌스, 정착 시스템의 재개발, 환경 향상, 지역 개발을 위한 문화유산에 관련된 연구를 진행하고 있다. Mondi Locali-Local Worlds 커뮤니티 활동에 참여했으며, 현재 국립이탈리아에코뮤지엄조직(National Coordination of Italian Ecomuseums)에서 활동하고 있다.

4) 크뢰조몽소 에코뮤지엄의 이해

필자는 2010년 한국외국어대학교 대학원 글로벌문화콘텐츠학과 이재영 교수 답사팀의 일원으로 크뢰조몽소 에코뮤지엄을 1차 조사한 바 있다.[37] 이후 2015년에 에코뮤지엄의 창시자 가운데 한 명이며 명명자인 위그 드 바린의 안내로 크뢰조몽소를 방문할 기회가 있었다. 크뢰조몽소 에코뮤지엄은 산업유산형 에코뮤지엄이다. 산업유산형 에코뮤지엄은 지역의 지나간 시대의 산업유산과 관련된 지역자원을 복원하고 재생하는 것을 목적으로 하면서 지역의 활성화를 위해 운영되는 방식의 에코뮤지엄이다.

크뢰조몽소 에코뮤지엄은 본격적인 형식을 갖추고 출범한 실험적 에코뮤지엄의 초기 사례로, 초기에는 하나의 중핵박물관과 4개의 위성박물관으로 구성되어 시작되었다. 즉 베르리성의 '사람과 산업박물관'이 중핵적인 역할을 하면서 나머지 관들과 유기적으로 연관되었는데, 오늘날은 크뢰조(Le Creusot)에 위치한 베르리성, 에퀴스(Ecuisses)에 위치한 운하박물관, 블랑지(Blanzy)에 위치한 광산박물관, 몽소레민(Montceau-les-Mines)의 학교박물관, 시리르노블(Ciry-le-Noble)의 벽돌공장 등이 각기 고유한 활동을 통해 대등한 관계로 연합해 다양한 활동을 벌이고 있다.

초기에는 중핵박물관인 베르리성을 중심으로 운영되었다. 최근에는 중핵박물관과 위성박물관의 구조가 아니라 각각이 중핵박물관으로서의 요건을 갖추고 동등하게 활동하는 양상으로 나타나고 있다. 각 박물관은 서로 동등하게 연결되어 있으며, 그들을 연결하는 발견의 길이

---

37 이하 내용은 배은석, 「기억의 보존과 상처의 치유를 통한 창조적 모험 크뢰조-몽소 에코뮤지엄」, 『박물관학보』 24권, 한국박물관학회, 2013의 내용을 참조하여 새롭게 구성함.

각 관을 서로 연결하고 있다. 발견의 길을 따라서 만나게 되는 지역의 모든 문화, 유산, 자연, 사람, 생활양식 등이 에코뮤지엄을 이루게 하는 요소인 것이다.

부르고뉴 지역의 크뢰조, 몽소레민, 시리르노블을 잇는 이 지역은 주요 산업활동이 유리 제조업, 벽돌 제조업 등에서 광산에서의 석탄채굴, 철강산업 등으로 이어지면서 집중적으로 발달되었으나 현대에 와서는 관련 산업이 사양산업으로 전락하면서 지역 전체가 침체의 위기를 맞은 곳이다. 그러나 지역의 주민들은 과거의 산업유산을 폐기하지 않고 그대로 보존하면서 광산과 철강산업의 거점 도시였기에 지역의 정체성과 특수성을 살리기 위해 연구하면서, 노력과 새로운 시도로 지역을 차별화하는 데 성공했다.

(1) 크뢰조몽소 에코뮤지엄의 사이트

각 사이트에 대한 소개는 위그 드 바린이 우리 팀[38]을 안내한 순서에 따르고자 한다. 크뢰조는 파리에서는 가르드리옹(Gare de Lyon)에서 테제베(TGV: Train à Grande Vitesse)[39]를 탔을 경우 도착하기까지 1시간 20분 정도 소요된다.

일행이 크뢰조역에 도착한 시간은 오전 9시였다. 역 앞에서 위그 드 바린과 에코뮤지엄 관계자가 우리를 맞아주었고, 우리는 바린의 차

38 덕성여대 법학과에 재학 중인 강서윤 외 3명의 학생이 교내 공모전에 프랑스의 에코뮤지엄 가운데 크뢰조몽소 에코뮤지엄 답사 계획을 제출하게 되어, 2016년 4월경에 한국외국어대학교로 필자를 찾아와 질문을 해서 몇 가지 사항에 대해 자문을 해주었다. 학생들은 박물관학보에 게재된 논문을 읽고 영감을 얻었다고 했다. 결과적으로 이들은 교내 공모전에서 최고점을 득점해 최우수상을 획득하게 되고, 그해 7월에 크뢰조몽소 에코뮤지엄을 답사할 기회를 갖게 된다. 마침 그 무렵에 파리의 하수도박물관 답사 차 프랑스에 가게 된 필자는 이들과 합류해 에코뮤지엄을 답사하게 된다.

39 프랑스 GEC 알스톰사가 제작한 고속전철.

와 에코뮤지엄의 자동차를 타고 오후 5시 30분까지 하루 종일 바린의 안내를 받으면서 크뢰조몽소 에코뮤지엄을 관람했다.

① 벽돌공장(La Briqueterie)

강을 따라서 달려서 처음 도착한 사이트는 시리르노블 벽돌공장이었다. 광활한 공장 터에 벽돌로 만든 공장 건물이 여러 채 있고, 공장 내외부에는 카트로 짐을 실어 나르기 위한 레일이 놓여있다. 〈그림 1-6〉의 ①은 크뢰조몽소 에코뮤지엄의 벽돌공장의 모습이다.

에코뮤지엄의 큐레이터는 우리 일행의 일부가 탈 수 있도록 에코뮤지엄 소유의 소형 자동차를 갖고 안내했으며, 공장 터를 돌면서 자세한 설명을 통해 지역의 역사를 설명해주었다. 에코뮤지엄 사무실에는 리플릿과 책자 등이 있고, 작은 진열장에 공장의 역사를 보여주는 단서를 진열해두었다(〈그림 1-6〉 ②). 1893년에 건축된 베레보도(Vairet-Bau-

그림 1-6 :: 벽돌공장 전경과 에코뮤지엄 사무실 및 전용 자동차

그림 1-7 :: 벽돌 생산 과정을 보여주는 공장 내부

그림 1-8 :: 도자기산업 전시실

dot) 벽돌공장은 지역의 산업에 이바지했고 1967년에 작업을 멈추고 폐쇄된다. 이곳에는 아직도 생산 기계, 운송 레일, 벽돌을 굽던 가마와 굴뚝 등이 남아 있다. 현재는 전시를 통해 벽돌과 타일의 생산 공정, 기술 및 노하우, 공장의 역사에 대해 보여준다. 체험 및 전시회의 다양한 프로그램을 통해 관람객을 맞이하며, 특히 현대 예술가들과 연계한 활동을 활발하게 전개한다.

19세기 말엽부터 20세기 초에 이 지역의 실제 특산품으로 공장에서 만들었던 철분이 들어간 흑벽돌(brique noire de fer)이 거푸집에 담기고 완제품이 되기까지 제작 과정을 볼 수 있다(그림 1-7).

몽소와 블랑지의 광산에서 채굴한 석탄은 이 벽돌 공장을 가동하는 연료가 되었으며, 이 벽돌 공장에서 생산된 벽돌은 운하를 타고 각지로 판매되어나갔다. 이렇게 지역의 산업은 서로 연계하면서 지역경제에 이바지했다.

2015년 방문 당시 《방수로의 보물》이라는 제목으로 기획전시가 진행되고 있었다(그림 1-8). 시리르노블 인근의 푸이우(Pouilloux)에 있던 랑제롱(Langeron) 도자기 회사 방수로에서 발굴작업 수행 중에 발굴된 도자기 전시회이다. 이 전시회는 티에리 보노(Thierry Bonnot), CNRS의 연구원들과 컬렉터 자크 고디오(Jacques Gaudiau)가 협력해 탄생했다.

② 학교박물관(Musée de la Maison d'Ecole)

이 건물은 1880년 몽소레민의 소녀들을 수용하기 위한 공립학교로 건축가 뒬락(Dulac)에 의해 설계되었다. 그 후 1882년에 공립학교가 개교하게 된다. 당시 몽소레민 지역에 처음 세워진 학교로 광부를 위한 직업교육이 아니라 시민 교육을 위해 설립된 매우 뜻깊은 건물이다.[40]

---

40 2015년 7월 17일 학교박물관 방문 시 교장 선생님 인터뷰.

그림 1-9 :: 학교박물관 전경과 내부 모습

크뢰조몽소 에코뮤지엄의 하나의 사이트이며, 학교박물관이라고 표기되거나 불리기도 한다. 학교박물관은 1988년 역사적 건축물 리스트에 등재되었다. 5개의 교실 중 2개는 19세기 말에서 1950년대의 교실 모습을 재현해 전시되어 있다. 그 외에 현재는 20세기 전문적인 학교 교육과 교사에 대한 기획전시가 진행되고 있으며 다양한 박물관의 활동으로 출판과 전시가 진행되고 있다.

〈그림 1-9〉의 ①이 학교박물관 외관이고, ②는 1층 전시실 모습이

그림 1-10 ::
위그 드 바린과의 대화

다. 과거의 교육자료들을 한눈에 볼 수 있다. ③은 2015년 7월 17일 공립학교 방문 시에 선물로 받은 사진으로 1890년대 수업 장면이 담겨있다. ④는 당시의 교실을 그대로 재현한 전시실로 교구들과 칠판, 책걸상이 그대로 남아 있다. 우리를 맞이해 전시실을 설명해주는 학교박물관 교장선생님의 모습이 보인다.

학교박물관 관람을 마치고 일행은 바린의 안내로 철도 위의 육교를 지나서 몽소레민 중심 시가지에 있는 '바 보데가(Bar Bodega)'라는 카페에서 점심 식사를 했다(그림 1-10).

식사 중에 위그 드 바린은 1970년대 초반에 에코뮤지엄이라는 명칭을 ICOM에 승인받게 된 경위와 부르고뉴 지역의 폐산업 지역에 에코뮤지엄 운동을 진행하면서 겪은 어려움에 대해 이야기했다. 그는 당시에는 정말 '아무 것도 없었다.'고 회상하면서, 에코뮤지엄이 용어로 탄생하기까지의 과정을 설명했다. 에코뮤지엄을 실현하는 과정에 당시 환경청 고문인 세르주 앙투안(Serge Antoine)의 관심을 이끌어낼 수 있었고, 당시 ICOM 디렉터였던 바린은 1971년 9월에 열리는 ICOM 제9회 총회의 테마로 '박물관과 환경'이라는 주제를 제안했다. 그때 그가 고민해 고안해낸 것이 에콜로지와 뮤지엄을 합성한 새로운 용어 '에코뮤지엄'이다.

그 결과 9월 3일 디종의 ICOM 총회에서 환경장관인 로베르 푸자르(Robert Poujade)에 의해 그 용어가 소개되었다. 당시 그 자리에는 500여 명의 박물관 학자들이 있었고, 이후로도 이 용어는 실천을 담보로 하는 매우 참여적인 박물관의 형태로 자리 잡기까지 끊임없는 논쟁과 토론의 장이 된다.

바린은 우리 일행이 동양의 한국에서 이곳 프랑스 부르고뉴로 에코뮤지엄을 답사하러 온 것을 매우 높게 평가했다. 자신도 1970년도에 한국을 방문했던 사실이 있는데 그 당시만 해도 아직 개발이 많이 되지 않았던 것을 기억하고 있었다. 그런데 그 먼 한국에서 에코뮤지엄을 연구하는 학자가 있고, 이를 공부하는 학생들이 있다는 것을 뜻깊게 생각하는 듯 보였다. 무엇보다도 자신이 40여 년 전에 발명한 새로운 개념의 박물관과 그 용어가 아직도 생명력을 갖고 세계로 전파되고 있고, 실천적 노력을 이끌어내고 있다는 점에 대해 놀라워했다.

③ 광산박물관(Musée de la Mine)

블랑지에 위치한 광산박물관에는 채굴을 하면서 살아온 지역민의 삶과 산업 현장의 자취를 볼 수 있다. 이곳에는 탄광촌의 삶을 주제로 한 상설전시가 준비되어 있다.

광산박물관은 '광산 · 광부협회(l'association La Mine et les Hommes)'라는 고고학 연구협회와 블랑지시가 결연을 맺어 탄생했다. 이 협회의 노력으로 블랑지의 탄광을 허락받아 사닥다리와 90명의 광부가 일했던 광산의 작업현장인 채굴물 집적장 등의 시설을 되찾았다. 건물로 들어가서 우선은 〈그림 1-11〉 ②와 같은 영상시설이 있어 탄광산업을 이해할 수 있는 설명과 비디오 등의 영상자료를 볼 수 있다. 또한 에코뮤지

그림 1-11 :: 광산박물관 외부 모습과 영상실, 광산 채굴장

엄 직원의 안내를 받아 광산 안으로 들어갈 수 있다(〈그림 1-11〉 ③). 이곳에는 석탄을 나르던 수레와 레일, 사고 방지를 위한 알람시설 등이 있다.

석탄 채굴을 하는 모든 나라에서 산업시대, 특히 19세기 후반부터 1950년 때까지의 시기는 광산마가 광부들의 노동을 도왔던 시기이다. 이 시기에 광산 갱내로 내려간 말들과 조랑말들은 광부들의 조수가 되어 광산차를 견인했다. 이 말들은 너무 늙고 약해져 더 이상 일할 수 없게 되어야만 다시 지하터널 위로 올라갈 수 있었다. 말들은 광부들의 보살핌을 받았으나 고된 작업환경으로 사람과 마찬가지로 다치거나 수많은 위험에 노출되곤 했다.[41] 블랑지에서는 1800년대부터 광산마가 광부들의 고된 노동을 도왔는데 마지막 광산마는 라도(Rado)라는 말이었다. 광산박물관에는 라도의 마구간이 그대로 보존되고 있다(그림 1-12).

그림 1-12 :: 블랑지의 마지막 광산마 '라도'의 마구간

이곳의 소장품은 크리스털 결정, 1881년의 사진 앨범, 세고(Segaud)의 데생, 뒤프티(Dupetit)의 데생, 회화류, 안전에 관한 벽보, 세라믹 등이 있다. 광산박물관 설명글에는 '주민들이 이 석탄 광산 유적지에서 발견하고자 하는 가치는 무엇일까? 그것은 고된 노동과 갱내의 가연성가스, 희생자들, 그뿐만 아니라 여러 축제들, 석탄광부들 간의 동지애와 연대감, 탄광촌 경영자의 가족적인 경영을 기억하는 자손들'이라고 표현되어 있다. 국가경제에 중요한 몫을 담당했던 이곳에서 1810년부터 2000년까지 2억 톤의 석탄을 블랑지의 광산에서 채굴했다고 기록되어 있

---

41 배은석, 「유럽 말의 시대별 기능」, 『세계의 말문화 V』, 한국마사회 말박물관, 2013, 81쪽.

다. 과연 다음 세대에도 이러한 활동이 계속될까? 그들은 스스로 묻고 대답한다. 지금은 물론 나중에도 찾아볼 수 없을 것이다. 마지막 수직갱도는 1992년에 문을 닫았고, 석탄채굴은 2000년에 마감했다.

그러한 현실을 잘 알고 있기에 에코뮤지엄은 이러한 지역의 역사를 통해 자신을 비추어보는 거울의 역할을 해주는 것이다. 그리고 그들은 이 거울로 관람객에게도 비추어볼 수 있도록 허락하는 것이다. 현재 이곳에는 에코뮤지엄 직원이 있어 상설전시실과 광산체험 관리를 하고 있었고, 생존한 광부는 광산 기계를 작동하는 시연을 통해 광산업의 이해를 돕고 있었다.

④ 운하박물관(Musée du Canal)

에퀴스(Ecuisses)에 위치한 운하박물관은 손강(Saone 江)과 루아르강(Loire 江)을 연결하는 18세기 말엽에 건축된 운하를 보존하고, 상설전시로 이 지역의 산업 발달에 기여한 운하를 주제로 한 역사 및 기억을 보여주고 있다. 1990년에 이 지역주민들에 의해 자발적으로 '중부지역 운하협회(Canal du Centre Association)'가 결성되어 크뢰조몽소 에코뮤지엄에 합류했다. 체험 프로그램으로는 배를 타고 강을 돌면서 지역을 유람하는 프로그램이 있는데, 1994년에 협회는 60인승 배를 구입해 강을 타고 수문들을 통과하면서 유람할 수 있도록 했다. 처음에는 이 배의 조종을 협회의 자원봉사자들이 했으나 이후에는 배의 조종 및 조수 역할을 위한 직원을 고용하고, 박물관에도 직원을 두어 관리를 도모하게 된다. 에코뮤지엄의 요건 가운데 가장 중요한 주민의 자발적인 참여로 이루어진 박물관이라 할 수 있다. 지역을 가장 잘 이해하는 주민들의 힘이 있었기에 방문객이 지나간 시대의 중요한 운송과 교통수단인 운하를 타고 마을을 관광하는 체험을 할 수 있는 프로그램이 발현된 것으로 보인다.

그림 1-13 :: 운하박물관 전경과 내부 모습

운하박물관은 강가에 있는 작은 집을 활용해 전시실을 운영하고 있다. 건물 안에는 소박한 전시장이 있어 지역 운하의 역사를 보여주는 사진과 운하의 흐름을 보여주는 디오라마, 당시 작업할 때 사용했던 도구 등이 전시되어 있다. 건물 밖으로 나와 바로 옆에 있는 배도 전시장으로 활용되고 있다. 그 배의 내부에는 배의 운항과 운하의 역사를 보여주는 사진이 벽면 가득히 전시되어 있다. 그리고 배에서 사용했던 다양한 유물들도 전시장 안에 놓여있다(그림 1-13).

바린은 이 배의 입수 과정에 대해 설명하면서 이 지역의 산업과 운송을 위해 운하가 얼마나 중요한 역할을 했는지를 설명했다.

⑤ 베르리성(Château de la Verrerie)

그림 1-14 :: 크뢰조의 산업을 상징하는 탑
(자료: 위키피디아)

크뢰조로 들어서니 이 지역의 산업을 상징하는 탑이 우람하게 서 있는 모습이 보였다. 이 탑은 엔지니어인 프랑수와 부르동(François Bourdon)이 개발했다. 21m 높이에 100톤 무게로 제작되었으며, 오늘날 도시의 남쪽 입구 교차로에 세워져 있다. 이 거대한 탑은 크뢰조 사람들이 자랑스러워하는 '작은 에펠탑'이다.

설립 초기에 크뢰조몽소 에코뮤지엄의 중핵박물관의 역할을 했던 베르리성이 위치한 곳이 바로 이 지역이다. 성에는 크뢰조의 산업과 사람들을 포함해 건물에 대한 역사가 전시되어 있다. 이 건물은 1786년부터 1832년까지는 유리 제조 공장이었고, 1837년부터 당시 철강산업을 이끌었던 슈네데르(Schneider) 가문의 저택으로 사용되었다. 그러나 철강산업의 쇠퇴로 슈네데르 가문은 쇠락의 길을 걷게 된다. 그러다가 1969년 크뢰조에서 이 건물을 사게 되고, 에코뮤지엄이라는 새로운 시도로 1973년 대중에게 공개된다. 성 안에는 가장 중앙에 슈네데르 가문의 저택으로 사용되었던 흰 외벽의 삼층 건물이 길게 있고, 원래 유리 공장의 굴뚝이었던 원추형 건물이 두 개 있으며, 별채에 철강산업을 주제로 한 단층 규모의 전시장 건물이 있다.

원래 이 성은 슈네데르 가문의 저택으로 사용되기 전에는 왕비의 크리스털 제조 공장으로 지정된 성이었다. 1787년부터 왕실 소유의 크

그림 1-15 :: 베르리성의 전경 (자료: 크리조몽소 에코뮤지엄)

그림 1-16 :: 19세기 초반에 제조된 크리스털 유물의 전시 모습

리스털 제조 공장으로 가동되었기에 현재도 진귀한 크리스털 유물들이 보존되고 전시되어 있다.

베르리성에는 슈네데르 가문의 생활사를 엿볼 수 있는 가구 및 거실이 재현된 공간도 있다. 전시실은 과거의 저택을 그대로 보존한 상태로 전시공간으로 활용되고 있다. 슈네데르가(家)의 초상화, 유리 공예품 등이 전시되어 있다(그림 1-17).

19세기 이후 크뢰조 지역과 주민의 역사를 그림, 판화, 사진, 유물, 기록, 마을 디오라마, 건축물을 통해 보여주고 있다. 또한 광산노동자들의 생활과 작업을 보여주는 유물, 포스터 등도 전시되어 지역산업의

그림 1-17 :: 슈네데르 저택을 활용한 전시실 (자료: 김나윤)

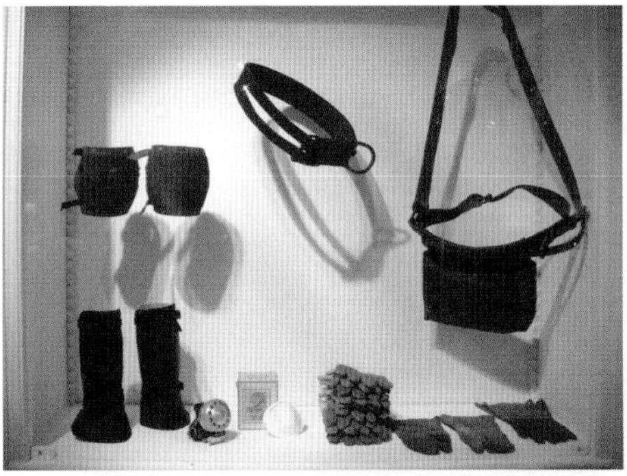

그림 1-18 :: 크뢰조의 산업의 역사를 증거하는 전시물 (자료: 김나윤)

그림 1-19 ::
《강철, 기계 그리고 사람들》
전시 모습 (자료: 김나윤)

역사를 보여주고 있다(그림 1-18).

건물 1층의 안내데스크에서는 크뢰조몽소 에코뮤지엄의 다양한 활동을 안내하는 직원이 있어 관람객의 편의를 돕고 있다. 안내데스크 옆의 도서 판매대에는 크뢰조몽소 에코뮤지엄에서 발행한 출판물과 지역의 역사와 산업, 문화를 보여주는 다양한 도서 판매대가 있다.

그리고 별채는 프랑소와 부르동 아카데미라는 제목이 있는 공간에 전시장이 있다. 건물 입구 양쪽에 강철로 된 사람의 동상이 있다. 철을 녹여서 산업에 활용할 수 있는 기계를 만드는 인간의 모습을 상징한다고 할 수 있을 것이다. 전시 제목은《강철, 기계 그리고 사람들》인데, 증기기관차 모형을 비롯해 다양한 철강산업 유물들이 전시되어 있

그림 1-20 :: 원추형 굴뚝의 외관과 소극장으로 사용되는 내부 천장과 무대 모습

다. 패널에는 광산 갱도의 구조도 및 철강산업의 발전사 등이 기록되어 있으며, 철강산업 시대 크뢰조의 모습을 재현한 디오라마가 전시되어 있다. 그리고 철강산업을 일으켜서 지역에 이바지한 슈네데르 가문의 인물들도 소개되어 있다.

그리고 과거 크리스털 공장의 굴뚝으로 사용되던 원추 모양의 건물 두 채는 각기 다른 용도로 활용되고 있다. 하나는 슈네데르 가문이 사용했던 소극장의 원형을 그대로 보존한 전시실이고 다른 하나는 예술품을 전시하는 갤러리로 활용되고 있다(그림 1-20).

최근 자료에 따르면 베르리성은 2018년 음악축제를 위한 조명 쇼를 준비하고 있다. 크뢰조시는 베르리성의 공원에 LED 조명을 배치해

그림 1-21 :: 베르리성의 조명 쇼 시연
(자료: 크리조 정보)

슈네데르 동상과 성벽 외관 등에 조명을 실시한 결과 만족할 만한 결과를 얻었다고 보고하고 있다. 이 프로젝트에는 1단계에서 13만 유로의 투자가 투입되었다고 문화 담당인 제레미 핀토(Jérémy Pinto) 부시장이 밝혔다. 이 프로젝트는 비토리오 스파르타(Vittorio Sparta)가 이끄는 팀이 수행했으며, 아름다운 밤을 지속하기 위해 준비되었다.[42]

지금까지 크뢰조몽소 에코뮤지엄을 구성하고 있는 박물관들의 전시 및 활동 내용을 알아보았다. 이 밖에도 다양한 기획전시와 출판물

42 크뢰조 정보, "르크뢰조: 베르리성의 조명에 주목", http://www.creusot-infos.com/news/vie-locale/le-creusot/le-creusot-pleins-feux-sur-la-mise-en-lumiere-du-chateau-de-la-verrerie.html, 입력일: 2018년 6월 21일, 검색일: 2018년 7월 2일.

간행, 지역의 교육 프로그램 개발 및 참여 등이 이루어지고 있다. 지역과 유기적으로 연합하고 주민이 자발적으로 만들어가는 진정한 에코뮤지엄의 사례라고 할 수 있을 것이다. 이러한 에코뮤지엄의 근본적인 사상은 타인을 위한 보존과 활용이 아니라 주민 스스로 자신을 거울로 비춰보기 위한 일련의 과정으로 협력하고 새로운 모험을 시도한다는 것에 있다.

(2) 크뢰조몽소 에코뮤지엄의 단계별 운영 특징

에코뮤지엄의 성립과 운영에 있어 공통적으로 나타나는 양상은 먼저 지역의 주민들이 자각하는 과정이 필요하고, 지역의 하드웨어적인 요소를 발굴하고 파악해 그 가운데 지역의 정체성을 보여주는 요소를 갖고 있는 사이트를 선별하는 것이다. 그렇게 형성된 사이트를 바탕으로 네트워크가 형성되고 주민들은 자신의 모습을 방문객에게 보여줄 수 있는 단계까지 발전하는 것이다.

이것을 태동기, 형성기, 성숙기의 세 가지 단계로 나누어 생각할 수 있다.

① 1단계 태동기

1단계는 크뢰조몽소의 경우는 조르주 앙리 리비에르와 위그 드 바린이 에코뮤지엄이라는 이상적 모델을 만들면서 지역에 도입하는 시도를 함으로써 태동하게 되는데 이 과정에 이 지역의 산업유산에 대해 깊이 연구하고 고민하면서 시작된다. 초기에 크뢰조 지역의 주민들은 네트워크를 형성하면서 지역공동체의 가치를 발견하는데, 관심의 대상은 사양산업이 되어버렸으나 과거 이 지역의 핵심적 산업활동이었던 철강산업, 크리스털 제조, 벽돌이나 타일 생산 등과 관련된 지역의 유산을 조사하고, 연구하고, 지속적으로 수집하면서 시작되었다. 철강산업의 쇠퇴로 슈네데르 가문이 쇠락의 길을 걷게 되면서 대저택을 포기하게 되자 이를 사들이면서 1973년 '사람과 산업박물관'이라는 이름으로 베르리성을 중핵으로 에코뮤지엄이 시작된다. 이 과정에 지역의 정체성을 찾고 지역민으로서 자긍심을 갖게 되었다고 볼 수 있다.

② 2단계 형성기

2단계는 발굴된 자원의 가치 부여를 통해 중핵박물관과 위성박물관의 네트워크를 형성하면서 주민과 각 사이트가 연합하는 과정을 갖는다. 시간이 지나면서 당초 크뢰조의 베르리성이 중심이었으나 블랑지에 있는 광산박물관, 몽소의 학교박물관, 시리르노블의 벽돌공장, 에퀴스의 운하박물관 등이 각각의 중심적인 역할을 하면서 독립적인 역할을 할 수 있는 단계로 성장한다. 이 과정에 주민들은 자발적으로 협회를 조직하고 자치단체를 설득해 에코뮤지엄의 영역을 확보하고 자원봉사자들의 활동으로 에코뮤지엄이 운영되는 단계를 맞는다. 에코뮤지엄의 지역의 연구자들과 연계해 학술적인 활동을 지속적으로 하고, 지역의 예술가들과 연계하면서 출판물을 발간하고 시즌별로 기획전시를 시행하면서 박물관 활동을 적극적으로 하게 된다.

③ 3단계 성숙기

3단계는 에코뮤지엄이 외부와 관계 맺기를 하는 과정이다. 프랑스에서는 에코뮤지엄과 사회적 박물관 연대(Fédération Nationale des Ecomusées et des Musées de Société)가 발전해왔는데 이 기관은 회원 간의 교류와 대내외적인 활동을 지원하고 있다. 크뢰조몽소의 경우 이 연대에 가입해 활동하고 있으며 새로운 시도를 통해 세계적인 관심을 모으며 에코뮤지엄의 활동을 계속하고 있다. 또한 기획전시와 출판물을 통해 방문객과 소통하고 있으며, 에코뮤지엄의 취지와 활동을 자세하게 홈페이지에 소개하고 있다. 이 외에도 세계 여러 나라에 크뢰조몽소의 사례가 소개되어 퍼져나가고 있다.

(3) 기억과 치유의 공간으로서 크뢰조몽소 에코뮤지엄이 갖는 창조력

산업시대의 크뢰조몽소는 유리, 철강, 광산, 벽돌공장 등 다양한 산업의 동력 구심점에 있었으며, 지역의 주민들은 노동과 헌신으로 자신들의 삶을 영위해왔다. 산업시대가 막을 내리자 지역의 경제는 침체일로를 걷기 시작했으며, 젊은이들은 고향을 떠나 새로운 일자리를 찾아 도시로 향하게 된다. 더 이상 광물을 캐지 않는 광산을 비롯한 산업시대의 유산은 지역의 쇠퇴를 말해주는 상처로서의 기억이었다. 그러나 용도 폐기된 산업유산에 의미를 부여하고 네트워크함으로써 주민 스스로 지역의 상처를 극복하는 치유의 과정을 발견하게 되었다.

크뢰조몽소 에코뮤지엄은 그 창조적인 행보로 '크뢰조의 모험'이라는 찬사와 함께 전 세계의 관심을 받고 있다. 그들이 만약 용도 폐기된 산업시대의 유물을 철거하고 지역의 역사와 함께해온 집단의 기억을 부인했다면 이러한 성과를 얻기 힘들었을 것이다. 과거의 영광과 함께 그 영광을 위해 희생된 노동자들의 영혼을 기억하고, 지역경제의 쇠락으로 더 이상 희망이 없어 떠나간 젊은이들을 기억하려는 것은 에코뮤지엄의 요소 가운데 유산(Heritage)에 해당한다. 또한 주민 스스로 지역의 어려움을 극복하려는 자발적인 노력(Participation)이 일어났을 때 크뢰조몽소는 스스로 치유의 과정을 겪게 된다. 이러한 치유는 자기 정체성의 발견이며 자존감의 회복이다. 그 바탕 위에 사람과 사람 간의 네트워크, 유산과 유산 간의 네트워크, 사람과 유산 간의 네트워크가 형성되면서 박물관 활동(Museum)을 전개하게 되는 것이 바로 지역을 구원할 수 있는 창조력인 것이다.

3 아날로그에서 디지털로: 반 고흐 전시에 나타난 전시의 두 가지 양상

1) 고흐를 만나기 위하여

전시란 무엇인가? 전시는 '시각적으로 보여주는 행위'이다. 특히 박물관이나 갤러리에서 행해지는 전시는 목적을 갖고 보여주는 것으로, 보여주고자 하는 대상에 대한 해석을 바탕으로 기획되고 연출되어 수용자에게 무엇인가 영향을 미치는 것을 의도한다. 그러므로 전시는 큐레이터나 기획자에 의해 의도된 '보여주기'이며, 수용자는 전시를 관람함으로써 정보, 지식, 예술적 감동, 즐거움 등을 얻게 된다.

전시는 과학, 교육, 정보를 전달하는 것 이외에도 심미적인 감상의 기능이 있다. 예르지 스비침스키(Jerzy Swiecimski)는 예술적으로 연출된 전시는 과학적인 내용뿐만 아니라 미적인 완성도를 통해 문화적 창조물이 되어 수용자의 감성적·인지적 감각에 작용한다고 보았다. 따라서 뛰어난 예술적 완성도를 지닌 전시는 극적임(dramatism), 서정성, 평화로움, 조화로움 등을 함유하고 있다. 그러므로 전시는 매체적인 속성을 갖는다. 맥루한(Herbert Marshall Mcluhan)의 '매체가 곧 메시지이다'

라는 주장은 전시에도 유의미한 명제이다.[43]

그렇다면 대중은 전시를 통해 무엇을 보고 싶어 하는가? 지구의 오래된 역사를 간직한 공룡 화석과 뼈를 통해 자연과 우주의 신비로움을 발견하기를, 지나간 시대의 역사와 민속이 담긴 손때 묻은 연장을 통해 인류 지혜의 발전사를 마주하게 되기를, 권력과 부를 누린 지난 시절 절대 권력자의 호화로운 삶을 엿보기를, 위대한 예술가의 작품 감상을 통해 예술적 카타르시스를 경험하기를 원하는 등 인간이 전시를 통해 보기 원하는 것은 헤아릴 수 없이 다양하다. 이 가운데 이 절에서 논의하고자 하는 것은 예술적 카타르시스를 경험하고 싶은 현대인이 즐겨 찾는 전시 가운데 단연 으뜸이라고 할 수 있는 빈센트 반 고흐(Vincent van Gogh, 1853-1890)의 작품을 소재로 한 '전시' 즉 '보여주기'의 두 가지 양상이다. 하나는 아날로그적인 방식의 보여주기로 박물관의 전시와 작가의 사연이 깃든 유적지가 품고 있는 전시이다. 다른 하나는 디지털로 해석되고 표현된 예술로, 멀티미디어 영상전시이다. 이 절에서는 이러한 전시가 갖는 메시지의 전달방식과 수용자의 태도에 대해서도 생각해보고자 한다.[44]

'네덜란드 출신의 프랑스 화가'로 기억되는 고흐는 네덜란드에서 출생해 주로 프랑스에서 활동했으며, 프랑스의 오베르쉬르우아즈(Auvers-Sur-Oise)에서 사망했다. 그는 생전에 단 한 번도 자신이 사랑하는 여인의 사랑을 받지 못했으며, 임신한 채 버려진 창녀와의 동거를 통해 스스로를 구원하려고 했으나 그 여인하고도 결별하고 혼자 남아야 했다. 어느 누구하고도 친구가 될 수 없었고 오로지 동생 테오만을 평생

43 마이클 벨처, 『박물관 전시의 기획과 디자인』, 신자은 · 박윤옥 옮김, 예경, 2013, 68-69쪽.

44 이하 내용은 배은석, 「아날로그에서 디지털로, 전시의 두 가지 양상에 대한 연구: 반 고흐 전시를 중심으로」, 『글로벌문화콘텐츠』 25호, 글로벌문화콘텐츠학회, 2016의 내용을 참조해 재구성함.

의 친구로 여기면서 예술에 헌신했던 그는 스스로도 감당하기 어려운 격정과 열정으로 삶을 불태우면서 작품을 이어갔다.

그렇게 자신의 영혼과 힘겨운 싸움을 하면서 남긴 작품들은 당대의 대중은 물론이고 미술계에서도 이해하지 못하는 비판의 대상이었다. 한 작품을 완성하기 위해 한두 해가 족히 걸려서 그려내던 동시대 전통적인 화파의 화가들은 "반 고흐는 오후 한나절 만에 물감을 마구 처발라서 해 지는 모습을 그려내는데, 그게 무슨 예술 작품인가?"라며 그의 작품을 인정하지 못했다. 그러나 오늘날 그는 현대미술의 중요한 위치를 차지하고 있다. 반 고흐를 현대미술의 출발점으로 여기는 사람 가운데 하나인 피카소는 "반 고흐 이래, 우리는 모두 독학생들이다."[45] 라고 표현해 정형화된 틀을 거부하면서 자신만의 독특한 화풍을 일구는 것의 어려움을 토로한 바 있다.

비참한 죽음과 외로운 삶으로 기억되는 고흐는 기이하게도 그가 죽은 지 100여 년이 지난 오늘날 현대인들의 영혼을 위로하는 위대한 예술가로 기억되고 있다. 반 고흐라는 존재는 그의 사망으로부터 세 세대가 지난 후, 바로 오늘날 다양한 형태의 대중문화로 표현되는 양상을 보인다. 그의 삶과 작품을 주제로 한 영화는 1948년부터 1990년에 이르기까지 82편에 이른다.[46] 그리고 현재에 이르러 대중은 그의 자화상을 비롯해 가슴에 깊이 남은 그의 작품을 보기 위해 박물관을 찾는다. 그리고 마치 순례지를 찾는 순례자처럼 그가 자살하기 직전까지 70여 점의 작품을 남기고 소멸한 바로 그 장소 오베르쉬르우아즈를 찾는다. 이 절에서는 인상파 화가들의 작품과 함께 전시된 고흐의 작품을 만날

45 정의진, 「반 고흐의 예술적 모더니티」, 『한국프랑스학논집』 62권, 한국프랑스학회, 2008, 243쪽.

46 나탈리 에니히, 『반 고흐 효과: 무명 화가에서 문화 아이콘으로』, 이세진 옮김, 아트북스, 2006, 184쪽.

수 있는 오르세미술관과 오베르쉬르우아즈를 아날로그적인 예술 향유 방식의 전시 형태로 보고 논하고자 한다.

2) 아날로그적 예술 향유로서 전시

(1) 근대의 유산, 오르세미술관[47]에 전시된 원작

전시에 대한 논의에 앞서서 오르세미술관의 특이한 이력을 살펴볼 필요가 있다. 1800년대 초반 이곳은 기갑 부대 병영과 오르세궁으로 쓰이고 있었다. 1830년 이후 외무성에서 증권거래소, 참사원 등으로 사용되다가 1871년 파리 코뮌에 의해 불에 타게 된다.

그 후 오르세궁의 복원에 대한 다양한 논의가 전개된 결과 오를레앙철도주식회사가 제시한 '궁전-역사(gare-palais)'로 개조하는 것이 수용된다. 오르세 역사는 1900년 7월에 완공되고, 만국박람회가 열리는 7월 14일에 준공식을 갖는다. 오르세 역사는 호텔과 역사를 갖추고, 주변에 위치한 튈르리궁과 루브르 박물관과의 조화를 고려해 완공된다. 이렇게 해서 1900년부터 1930년까지 파리와 지방을 이어주는 역으로서 기능했다.

그러나 플랫폼과 선로를 확장할 수 없는 구조적인 제약사항 때문에 1929년 오를레앙주식회사 이사회는 오르세역을 포기하는 것으로 결정한다. 1939년 오를레앙주식회사가 모든 철도를 오르테리츠역으

47 프랑스 파리 센 강변에 위치한 뮤제 도르세(Musée d'Orsay)는 영어로는 오르세 뮤지엄(Orsay Museum)이라고 표기된다. 우리나라에서는 오르세미술관이라고 불리고 있다. 우리나라에서는 박물관과 미술관을 서로 분리된 개념으로 보고 있으나, 사실 박물관은 미술관을 포함하는 개념이다. 이 책에서는 박물관의 개념을 미술관을 포함하는 개념으로 본다. 이에 대해서는 이 책의 226-228쪽의 내용을 참조하기 바란다.

그림 1-22 :: 오르세미술관

로 옮긴 후, 1940년부터 약 40년간 이곳은 2차 세계대전 전범 수용소, 오손 웰스의 영화촬영 장소 등으로 사용된다. 이 기간 중 오르세를 다른 용도로 활용하자는 제안이 있었으나 프랑스 정부는 이를 박물관으로 활용할 것으로 결정한다. 박물관의 전시 내용에 대해 의견이 분분했으나 다양한 논의를 거쳐서 1848년부터 1914년까지의 예술작품을 전시하는 것으로 결정된다.[48] 1979년에 현재의 미술관 형태로 실내 건축과 박물관 내부가 변경되어 1986년 12월 '오르세미술관'이라는 이름으로 개관한다. 오르세미술관에는 2월혁명이 일어난 1848년부터 제1차 세계대전이 일어나기 전인 1914년까지의 회화는 물론이고, 조각·공예

48 윤학로, 「산업유산과 오르세미술관: 절충과 전환의 문화공간」, 『프랑스문화예술연구』 32권, 프랑스문화예술학회, 2010, 569-580쪽을 참조해 정리.

등이 집대성되어 있다.

이렇게 근대산업의 상징인 철도역사를 개조한 오르세미술관은 독특한 인테리어를 갖추고 있다. 더불어 파리의 센 강변에 위치하고 있어 아름다운 풍광으로도 세계인의 관심과 사랑을 받고 있다.

특히 인상주의를 대변하는 클로드 모네(Claude Monet), 에드가 드가(Edgar De Gas), 폴 세잔(Paul Cézanne), 오귀스트 르누아르(Pierre-Auguste Renoir), 폴 고갱(Paul Gauguin) 등 인상파 거장들의 작품을 다수 소장하고 있어, 일명 '인상파 미술관'으로 불리기도 한다. 근현대미술의 살아있는 교과서로서 사실주의에서 인상주의, 상징주의 등 근대에서 현대로 넘어가는 가장 중요한 작품들이 수장되어 있다. 현재는 전시뿐 아니라 교육·토론 및 공연의 장소로도 활용되면서 문화의 중심적 역할을 수행하고 있다.

명작들이 즐비하게 전시된 이 특별한 공간에서 고흐와 고갱의 작품은 나란히 전시되어 있다. 이곳에 전시된 고흐의 작품은 〈자화상〉, 〈아를의 반 고흐의 방〉, 〈의사 가셰의 초상〉, 〈아를의 별이 빛나는 밤〉, 〈오베르의 교회〉 등으로 오르세미술관에서도 가장 많은 관람객이 몰리는 장소이다. 오르세미술관이 수장하고 있는 작품 가운데 세 가지 작품에 대해 살펴보고자 한다.

먼저, 1888년에 그려진 〈아를의 별이 빛나는 밤〉은 유화로, 세로 72.5cm, 가로 92cm의 크기이다.[49] 이 그림은 밤의 풍경을 화폭에 담기 위해 어두움 가운데서도 작품을 남긴 일종의 예술적인 도전의 결과물이다. 그는 론 강가에서 밤의 빛, 그리고 빛이 투영된 물그림자를 그리는 것에 성공한다. 그 은은한 별빛 아래 팔짱을 끼고 론 강가를 걷고 있는 연인의 모습도 보인다.

49 Guy Cogval, *Orsay Museum*, Paris: artlys M'O, 2015, p. 93.

그림 1-23 :: 빈센트 반 고흐, 〈아를의 별이 빛나는 밤〉, 1888년 作
(자료: 오르세미술관)

지도에서 도시나 마을을 가리키는 검은 점을 보면 꿈을 꾸게 되는 것처럼, 별이 반짝이는 밤하늘은 늘 나를 꿈꾸게 한다. 그럴 때 묻곤 하지. 왜 프랑스 지도 위에 표시된 검은 점에게 가듯 창공에서 반짝이는 저 별에게 갈 수 없는 것일까?

타라스콩이나 루앙에 가려면 기차를 타야 하는 것처럼, 별까지 가기 위해서는 죽음을 맞이해야 한다. 죽으면 기차를 탈 수 없듯, 살아있는 동안에는 별에 갈 수 없다. 증기선이나 합승마차, 철도 등이 지상의 운송 수단이라면 콜레라, 결석, 결핵, 암 등은 천상의 운송 수단일지도 모른다.

늙어서 평화롭게 죽는다는 것은 별까지 걸어간다는 것이지.[50]

편지를 쓴 시점은 1888년 6월, 별에 가고 싶다는 고흐의 소망은 죽음을 갈구하는 의도를 품고 있음을 알 수 있다. 사실 이 편지글의 앞부분에는 가난, 못 이룬 사랑과 결혼, 발기부전, 야심 등에 대한 복잡한 심경이 서술되어 있다. 그는 절망 속에서 별이 반짝이는 밤하늘을 꿈꾸

50 빈센트 반 고흐, 『반 고흐, 영혼의 편지』, 신성림 엮음, 예담, 2016, 190쪽.

그림 1-24 ::
〈아를의 반 고흐의 방〉을
감상 중인 관람객

면서 가장 평안한 회귀로 죽음을 염두에 두고 있는 듯하다. 열정과 죽음 사이에서 방황하는 그의 영혼은 별을 그리는 작업을 통해 스스로를 구원하는 방법을 모색하고 있다.

한편, 〈아를의 반 고흐의 방〉은 1888년 10월 중순에 아를에서 그려진 것으로, 그는 이 작품을 통해 '절대 휴식'을 표현하고자 했다.

> 벽은 창백한 보라색이고, 바닥에는 붉은 타일이 깔려 있다. 침대의 나무 부분과 의자는 신선한 버터같은 노란색이고, 시트와 베개는 라임의 밝은 녹색, 담요는 진홍색이다. 창문은 녹색, 세면대는 오렌지색, 세수대야는 파란색이다. 그리고 문은 라일락색.
>
> 그게 전부다. 문이 닫힌 이 방에서는 다른 어떤 일도 일어나지 않는다. 가구를 그리는 선이 완강한 것은 침해받지 않는 휴식을 표현하기 위해서이다. 벽에는 초상화와 거울, 수건, 약간의 옷이 걸려 있다. 그림 안에 흰색을 쓰지 않았기 때문에 테두리는 흰색이 좋겠지.
>
> 이 그림은 내가 강제로 휴식을 취할 수밖에 없었던 데 대한 일종의 복

수로 그렸다.[51]

이 최초의 작품은 현재 암스테르담의 반 고흐 뮤지엄에서 수장하고 있다. 이 무렵에 고흐는 화가 공동체를 만들어 회원들의 생계와 지속적인 활동을 보장할 수 있는 방안에 대해 모색하고 싶어 한다. 이 계획의 일환으로 고갱을 아를에 초대해 함께 생활하게 되는데, 불행하게도 고갱과 고흐는 서로 심하게 다투게 되고 자신의 귀를 잘라서 고갱에게 보내는 등 기이한 행동을 하게 된다. 결국 이 둘은 결별하게 되고, 고흐는 생레미(Saint Rémi) 정신병원에서 생활하게 되었다. 이후 1889년에 정신병원에서 나온 그는 자신의 방을 주제로 두 점의 작품을 더 그렸다. 이 중 하나는 시카고뮤지엄에 보존되어 있으며, 나머지 하나는 현재 오르세미술관에 소장되어 있다.

고흐의 다른 작품들과 함께 2층 전시장에 전시되어 있는 〈자화상〉은 푸른색의 바탕에 푸른색 양복을 입은 강렬한 고흐의 시선이 인상적이다. 이 작품은 1889년에 제작된 유화 작품으로, 세로 65cm 가로 54.2cm의 크기이다.[52] 고흐가 가장 본받길 원했던 렘브란트처럼 그는 생전에 자화상 그리기를 즐겨해 많은 작품을 남겼다. 그 자화상은 각 시기별로 그의 심리상태를 대변해주는 역할을 한다.

이 작품은 그가 끊임없는 망상과 발작에 시달려 생 레미의 정신병원에 입원했을 때 그린 자화상 6점 가운데 하나이다. 고흐는 1880년부터 1890년의 화가 활동 기간 중에 40여점에 가까운 자화상을 제작했다고 추정된다. 19세기 당시 화가들은 자화상을 그리기 위해 자신의 모습이 담긴 사진을 활용했으나, 고흐는 자신의 모습을 거울을 통해 보

51 위의 책, 214쪽.

52 Guy Cogval, *op. cit.*, 2015, p. 91.

는 방법으로 자화상을 그렸다. 그 이유는 초상화에는 사람의 삶과 영혼이 들어 있어야 하는데 사진은 여기에 도달할 수 없으니 인물의 본성과 진실을 성찰하기 위해 실물을 보고 그려야 한다는 신념 때문이었다. 한편, 그가 자화상을 그린 이유는 모델을 구할 만한 경제적 여유가 없었기 때문이기도 하다. 또한 다른 사람들과의 원만한 관계를 유지하기 힘든 자신의 상황을 자기에게 관심을 돌려서 표현하고자 하는 심리가 반영된 것이기도 하다.

그림 1-25 :: 빈센트 반 고흐, 〈자화상〉, 1889년 作 (자료: 오르세미술관)

오르세미술관에서 고흐의 작품을 감상하는 관람객들은 모습은 매우 진지하다. 이들에게 고흐 원작과의 만남은 특별한 시간이다. 관람객은 한동안 그 자리에서 작품을 감상하면서 고흐와 교감을 하게 된다. 이렇게 박물관에서 현대인은 원작의 감동을 통해 고흐와 만나게 된다.

(2) 예술 향유를 위한 성지 순례

정신병원과 현실을 오가며 작업을 이어가던 고흐는 1890년 오베르쉬르우아즈라는 작은 마을에서 휴양하면서 그의 후원자이자 주치의였던 폴 가셰(Dr. Paul Gachet)의 돌봄을 받게 된다. 이곳은 파리에서 북서쪽으로 약 27.2km 정도 떨어져 있으며, 19세기 중엽에는 인구가 2천 명도 채 안 되는 마을이었다. 이 마을은 폴 세잔(Paul Cézanne), 샤를 프랑수아 도비니(Charles-François Daubigny), 카미유 피사로(Camille Pissarro) 등과 같은 화가들이 이주해 예술 활동을 했던 것으로 유명하다. 고흐는 여기 머무는 동안 〈의사 가셰의 초상〉, 〈아들린 라부의 초상〉, 〈오베르의 교회〉, 〈까마귀가 있는 밀밭〉 등을 그렸다. 특히 〈아들린 라부의 초상〉에서 파란 원피스를 입고 파란 바탕을 배경으로 그려진 아들린 라부는 당시 13살이었던 라부 여인숙 주인의 딸이었다. 그녀의 초상화가 그려진 때로부터 66년이 지난 후 그녀의 증언에 따르면 반 고흐의 일상은 매우 규칙적이었다. 아침식사가 끝나는 9시쯤에 입에 파이프 담배를 물고 이젤과 화구 상자를 들고 들판으로 나가 그림을 그리고, 정오가 되면 다시 여인숙에 딸린 레스토랑에서 점심을 먹었으며, 오후 시간에는 보통 자신의 방에서 그림 작업을 했다.[53] 그렇게 고흐는 이곳의 라부 여인숙에 머물면서 많은 작품들을 그려냈다. 자신도 제어할 수 없는 병마와 싸우면서도 작품 활동을 왕성하게 하던 고흐는 1890년 7월 27일 오베르의 성 뒤쪽에 있는 밀밭에서 스스로 가슴에 총을 쏜다. 이 소식을 듣고 달려온 테오와의 짧은 만남을 끝으로 7월 29일 새벽 1시 30분 동생의 품에 안겨 "이 모든 것이 끝났으면 좋겠다."[54]는 말을 남긴 채 고흐는 불꽃 같은 생을 마친다.

그로부터 100년이 지난 후 암스테르담과 오테를로에서 열린 《반 고흐 서거 100주년 기념전》은 130만 명의 관람객이 찾을 정도로 대성공을 거두었다. 극소수의 특권층이 경매를 통해 원작을 소유하고 향유하는 방식이 아니라 수많은 대중이 그의 작품을 보기 위해 직접 찾아오는 시대가 열린 것이다. 이것은 이제 더 이상 예술가에 대해 돈으로 경의를 표하는 게 아니라 시간을 내어 직접 관람을 함으로써 경의를 바치게 되었음을 의미한다.[55] 작품의 경이로운 경매 가격은 물론이고 작품을 직접 보기 위해 몰려든 군중의 규모가 작품의 가치를 증명하는

53 프레드 리먼 · 알렉산드라 리프, 『고흐의 다락방』, 박대정 옮김, 마음산책, 2011, 83쪽.

54 빈센트 반 고흐, 앞의 책, 2016, 296쪽.

55 프레드 리먼 · 알렉산드라 리프, 앞의 책, 2011, 206쪽.

시대가 온 것이다.

이러한 군중의 행렬은 그가 마지막까지 사력을 다해 작품을 쏟아 놓은 오베르쉬르우아즈로도 이어진다. 마을 전체가 고흐를 기억하고 추모하는 이 마을은 에코뮤지엄적 속성을 보인다.

오하라 가즈오키는 에코뮤지엄의 특성에 대해 논의하는 과정에 에코뮤지엄은 어느 특정의 영역 또는 지역을 대상으로 삼는다는 것을 규정하면서 이것은 두 가지 측면에서 고려되어야 한다고 보았다. 하나는 지역사회와 주민의 일체화로 '주민의 주체적 참가'를 위한 '수단적 특징'을 갖고 있다는 것이다. 또 하나는 지역에 존재하는 다양한 '유산의 현지 보전'이라는 '형태적 특징'을 갖고 있다는 것이다. '영역'이라는 개념 아래서 양자를 겸비하고 통합한 존재가 에코뮤지엄이라고 할 수 있다는 것이다.[56]

이 마을은 고흐의 흔적을 복원하기 위해 라부 여인숙을 복원하고 보존했으며, 그의 무덤을 가꾸고, 그의 그림이 그려진 장소에는 그림에 대한 설명과 함께 원작을 복제한 팻말을 달아 관람객을 안내한다. 마을 주민들의 이러한 노력 덕분에 종교적인 순례처럼 예술 성지를 찾은 관람객은 손에 지도를 들고 고흐의 자취를 찾아다니면서 고흐의 흔적을 발견할 수 있다. 라부 여인숙의 고흐의 방을 둘러보고, 〈오베르의 교회〉가 그려진 각도에서 고흐가 얼마나 탁월한 재능으로 성당의 각도를 잡아냈는가를 확인한다. 이 마을 사람들은 고흐의 흔적이 남아있는 모든 공간에 복제된 그의 그림과 해설을 적은 표지판 세워두어 고흐를 찾은 이방인들을 안내한다.

다시 관람객은 밀밭 길로 향한다. 고흐가 매일 아침을 먹고 들판에서 그림을 그리던, 그리고 마지막에 자신을 향해 총을 겨누었던 그

56 오하라 가즈오키, 앞의 책, 2008, 31쪽.

◀ 그림 1-26 :: 〈오베르의 교회〉 실물과 고흐의 그림을 복제해 세워놓은 표지판

▲ 그림 1-27 :: 고흐와 테오의 무덤

밀밭을 돌아보게 된다. 고흐는 여기서 〈까마귀가 있는 밀밭〉을 그리는데 이 그림을 두고 죽음을 예시하는 불길한 징조라고 여기는 샤피로(Schapiro, M.)의 견해[57]와 예술가로서 순례의 길을 마치고 죽음, 즉 해방에 이르는 영원성을 의미하는 부활과 영생을 함유하고 있다는 에릭슨(Erickson, C.)의 견해[58]가 있으나, 이 두 가지 견해는 모두 고흐가 이 그림을 통해 삶과 영혼 그리고 죽음을 표현하고 있다는 것을 인정한다고 볼 수 있다.

고흐가 죽음을 번뇌하면서 그렸던 밀밭 길을 지나 마을 공동묘지에 다다르면, 동생 테오와 나란히 묻혀있는 고흐의 무덤을 발견할 수 있다. 그의 무덤에는 누군가 먼저 온 사람이 추모의 뜻으로 헌화한 해바라기가 꽂혀있다. 이렇게 이어지는 예술 순례는 현대인의 무거운 삶

57 배철영, 「반 고흐의 회화에서 영적 차원: 하이데거, 샤피로, 그리고 윌버를 중심으로」, 『철학논총』 55권 1호, 새한철학회, 2009, 176-178쪽.

58 위의 글, 179-180쪽.

의 무게를 정화해주는 역할을 한다. 한편, 이 마을은 오베르쉬르우아즈라는 지역 전체가 '고흐'라는 유산을 보존하고 전승하기 위해 노력하는 점과 이를 통해 지역의 지속적인 발전 가능성을 모색한다는 점, 관람객도 지역의 일부가 되어 고흐를 추모하게 된다는 점에서 에코뮤지엄적인 요소를 갖고 있다고 볼 수 있다.

지금까지 오르세미술관과 오베르쉬르우아즈를 통해 전통적인 박물관 전시와 에코뮤지엄적 속성을 보여주는 전시의 사례를 연구했다. 이 두 가지의 사례는 모두 아날로그적인 특성을 갖고 있다. 즉 관람객이 직접 현장을 방문해야만 원작을 볼 수 있고, 원작의 배경이 된 마을을 볼 수 있는 것이다. 원작을 감상하거나 원작이 탄생한 배경이 된 장소를 방문하는 것은 감상의 깊이를 더하는 좋은 경험을 제공한다. 그러나 긴 일정과 비용을 소비해야 하는 점에 있어 한계점을 갖고 있다. 그렇다면 멀티미디어 시대를 살아가는 오늘날의 대중이 좀 더 가벼운 방식으로 원작의 감동을 향유할 수 있는 방법은 없을까? 이에 대해서는 디지털 테크놀로지와 결합해 출현한 멀티미디어 영상전시에 대해 연구하면서 살펴보고자 한다.

3) 디지털과 예술의 결합: 멀티미디어 영상전시

(1) '빛의 채석장'의 《고갱과 반 고흐, 색채의 화가들》

최근의 전시는 다양한 테크놀로지와 결합해 가상현실(virtual reality)로 구현되어 관람객과 상호작용하거나, 몰입 체험을 제공하기도 하면서 전시의 영역을 넓히고 있다. 또한 뉴미디어와 결합한 전시 양상은

그림 1-28 :: 알피유 산맥

미래의 박물관에 대한 다양한 성찰을 제공한다.[59] 신체의 일부처럼 밀착된 모바일 기기로 세계와 소통하고, 인공지능 로봇으로 신의 영역에 도전하는 오늘날의 인류는 고흐를 어떻게 만나고 있는가? 이제 멀티미디어 영상전시를 통해 버려진 채석장으로 초대하는 레보드 프로방스(Les Baux de Provence)의 사례를 살펴보고자 한다.

알피유(Alpilles) 산맥의 중심부에 위치한 이 계곡은 기괴한 바위산으로 이루어진 험준한 산맥과 석회암을 채굴하느라 형성된 채석장을 보유해 독특한 풍광을 겸비한 장소로 오랫동안 예술가들에게 영감을 제공한 신비한 장소이다. 이러한 예술적 영감의 발현은 1977년 이 지역 발전 도모를 위한 새로운 프로젝트의 창설로 이어졌다. 채석장의 거대한 암벽을 배경 삼아 빛과 소리를 이용한 새로운 종류의 쇼로써 관

59 Michael Mouw and Daniel Spock, "Immersive Media: Creating Theatrical Storytelling Experiences," *The Digital Museum*, Washington, DC: American Association of Museum, 2007, pp. 45-46.

그림 1-29 :: '빛의 채석장' 입구 및 내부

객들이 완전히 몰입하게 하는 방식이다. 조제프 스보바다(Joseph Svoboda)에 의한 이 멀티미디어 쇼는 30년간 이어져왔다. 그 후, 2011년 레 보드 프로방스로부터 지옥의 채석장 쇼의 관리를 의뢰받은 퀼튀르에스파스(Culturespaces)는 이 공간을 새롭게 해석해 2012년 3월 30일에 '빛의 채석장(Carrières de lumières)'으로 새롭게 탄생시킨다.

지안프랑코 이안누치(Gianfranco Iannuzzi), 레나토 카토(Renato Gatto), 그리고 마시밀리아노 시카르디(Massimiliano Siccardi)에 의해 만들어진 멀티미디어 영상전시 《고갱과 반 고흐, 색채의 화가들》이 탄생한다. 이 새로운 전시를 기획한 지안프랑코 이안누치는 대중들의 욕구 증가는 새로운 방식의 예술 향유를 필요로 한다는 점을 예견하고 멀티미디어를 활용한 새로운 방식의 전시기획의 필요성을 제기한다.[60] 그리고 2012년 3월 새로운 시도의 첫 번째 타이틀을《고갱과 반 고흐, 색채의 화가들》이라고 정하고 '빛의 채석장'에 고갱과 고흐의 삶과 작품을 소개하는 자리를 만든다.

기괴하고 광대한 동굴 가득히 울려 퍼지는 음악과 함께, 최고 높이 14m에 이르는 벽면을 가득 채우고 바닥까지 연결되어 이어지는 영상은 고갱과 고흐의 작품과 삶을 보여주면서 관람객을 압도했다. 그가 시도한 새로운 형태의 전시는 흥행에 성공하면서 안착한다. 이렇게 해서 2013년에는《모네, 르누아르, 샤갈… 지중해로의 여행》을, 2014년에는《클림트와 비엔나: 황금과 색채의 세기》, 2015년에는《르네상스의 거장들》, 2016년에는《샤갈: 한여름 밤의 꿈》을 기획해 채석장으로 관람객을 초대한다. 디지털 테크놀로지와 결합한 멀티미디어 영상 전시는 해마다 50만 명의 관람객을 초대하면서 그 명성을 높이고 있다.

《고갱과 반 고흐, 색채의 화가들》의 영상 구성은 7개의 시퀀스로 이루어진다. 첫 번째 시퀀스는 '반 고흐, 북쪽에서의 서곡'으로 빗줄기가 쏟아지는 어두운 배경에 비극적인 음악이 깔리면서 고흐 초기의 어두운 작품들을 중심으로 영상이 전개된다. 〈감자를 먹는 사람들〉과 그 남루한 집, 초라한 등불, 인물 하나하나를 클로즈업시킨 장면은 울퉁불퉁한 벽과 기둥을 가로질러서 관람객을 응시한다.

두 번째 시퀀스는 '퐁 타방(Pont Aven)에서의 고갱, 새로운 화풍의 그림'이라는 주제로 눈이 내리는 브르타뉴(Bretagne) 마을을 보여주면서 장면이 전환되어 고갱의 자화상이 보인다. 브르타뉴의 퐁 타방에서 그렸던 고갱의 작품들이 보인다. 이 시기의 고갱은 인상파의 화풍에서 벗

60 퀼튀르에스파스, http://www.culturespaces.com, 검색일: 2017년 10월 20일.

어나 스스로의 화풍을 정립하게 된다.

세 번째 시퀀스는 '고갱과 고흐 — 서간문'이다. 이 장면에서는 고갱을 기다리던 〈아를의 반 고흐의 방〉이 작은 의자, 액자, 침대 등의 단서들의 등장으로 시작된다. 고갱과 고흐의 자화상이 클로즈업되어 보이고 고갱이 그린 〈해바라기를 그리는 고흐〉 등이 보인다. 생전에 아무하고도 친구가 될 수 없었던 고흐가 동생을 기다리면서 주고받은 편지가 화면 가득히 펼쳐지는 장면에서는 잔잔하게 고흐의 내레이션이 흐른다.

네 번째 시퀀스는 '아를에서의 만남'으로, 고갱이 1888년 10월 23일에 남프랑스의 태양이 가득한 아를에 도착하면서 고흐를 만나게 되던 시기를 다루고 있다. 고흐의 〈아를의 노란 집〉, 〈밤의 카페〉 등이 벽면 가득히 펼쳐진다. 또한 고갱이 아를에 머물면서 그린 〈밤의 카페〉 등이 펼쳐진다. 이 당시 고흐는 정신병이 점점 더 악화되는 상황이었고 결국 고갱과 다투게 되고 결별해 다시는 만나지 못하게 된다.

다섯 번째 시퀀스는 '타히티섬의 고갱'으로, 고갱이 타히티섬으로 가서 그린 작품들로 구성된다. 〈타히티의 여인들〉, 〈타히티 풍경〉, 〈부채를 든 여인〉, 〈해변의 말 탄 사람들〉이 화면 가득한 타히티 풍경과 함께 펼쳐진다. 원시의 북소리와 함께 불꽃이 번지는 장면이 연출되고 〈우리는 어디서 와서 어디로 가는가〉가 거대하게 채석장의 온 벽을 메운다.

여섯 번째 시퀀스는 '생 레미, 남부의 태양 아래에 있는 고흐'이다. 생 레미 정신병원에 있으면서 작품 활동을 했던 시기를 다루는 이 시퀀스에서는 론강의 〈별이 빛나는 밤〉, 사이프러스가 있는 〈별이 빛나는 밤〉, 〈사이프러스〉 시리즈 등 고흐가 남긴 일련의 명작들을 볼 수 있다.

일곱 번째 시퀀스는 '슬픔의 오베르쉬르우아즈'로, 〈오베르의 교

그림 1-30 :: '슬픔의 오베르쉬르우아즈'의 장면 (자료: 퀼튀르에스파스)

회〉, 〈의사 가셰의 초상화〉 등 오베르쉬르우아즈에서 남긴 작품들과 그가 권총으로 자살을 시도했던 밀밭을 그린 〈까마귀가 있는 밀밭〉 등이 펼쳐진다.

음악과 함께 펼쳐지는 영상 속의 〈까마귀가 있는 밀밭〉은 원작을 마주할 때나 원작이 탄생한 마을을 방문했을 때와는 다른 방식으로 감동을 준다. 공간의 광대함과 분절된 그림들의 이어붙이기와 반복은 현실감을 더해 관람객이 마치 고흐가 그린 그 밀밭에 있다거나 그림 속의 일부라는 착각을 일으키기에 충분하다.

이렇게 고흐의 명작을 한꺼번에 모아놓은 감동적인 전시를 가능하게 하는 것은 예술의 해석을 담보로 한 디지털테크놀로지에 있다. 100대의 영사기가 수많은 그래픽 서버에 의해 작동되면서 14m에 이르는 채석장 벽에 이미지를 투사하는데, 바닥에도 완전히 투사되어 마치 거대한 이미지의 카펫을 보는 것 같은 착각을 일으킨다. 각각의 서버가 프로그램 된 이미지를 해당 영사기에 전송하고 그것은 전체 장비를 모두 관리하는 프로덕션 컴퓨터에 의해 동기화 된다. 3D 오디오는 공간을 고려한 맞춤형으로 설계되었으며, 각각의 스피커는 관객이 어디에 있건 균질한 사운드를 제공하도록 설치되어 있다. 광섬유 케이블을 설치해 보다 부드러운 이미지 전송이 가능하게끔 했는데, 각각의 영상 신호는 광섬유 기술을 사용한 빛으로 변환되어 고화질 멀티미디어 전시를 가능하게 한다. 이 채석장의 표면적은 7천m^2이고, 높이는 6~14m에 이르는 불규칙한 면을 갖고 있다. 멀티미디어 영상전시가 상영되는 시간은 35분이고, 약 3천 개의 이미지가 활용되었다. 멀티스크린 프로덕션과 사운드 그리고 조명의 완벽한 자동관리체계는 관람객에게 공감각의 새로운 체험을 제공한다.[61] 음악과 함께 두 화가의 작품을 대비시키거나 조화롭게 배치하면서 장면의 전환을 이루고 영상미를 추구하는 디지털 영상전시를 통해 관람객은 영혼 깊숙이 두 화가의 작품세계를 체험하는 기회를 갖는다.

영상 속 그림들은 특정 부분을 확대하거나 음악을 결합한 시도, 화면 내용이 움직이는 등의 역동적인 편집으로 재구성되었다. 이러한 시도 덕분에 관람객들은 박물관을 방문해 실제로 명화를 바라보는 것보다 더 강렬하고 지속적인 감상을 할 수 있다.[62] 이것은 테크놀로지를 활용해 구현한 연속성에 기반한 몰입형 전시(immersive exhibition)이다.[63]

'빛의 채석장'의 사례는 박물관의 기획전시처럼 해마다 새로운 전시를 기획해 관람객을 모으고 있다. 이 멀티미디어 영상전시는 원작과 함께 작가의 삶을 관조할 수 있는 기회를 짧은 시간에 집약적으로 보여주되 공감각을 수반한 감동과 몰입을 이끌어내는 전시이다.

---

61 빛의 채석장, http://carrieres-lumieres.com, 검색일: 2017년 7월 1일.

62 임동욱, 「프랑스 송에뤼미에르 전통을 계승한 몰입형 미술 전시: 레보드프로방스의 '빛의 채석장'을 중심으로」, 『박물관학보』 28호, 한국박물관학회, 2015, 326쪽.

63 임동욱, 「'빛과 소리의 쇼'를 통한 역사유적의 장소성 극대화: 프랑스 '송에뤼미에르' 콘텐츠의 발전 과정」, 『글로벌문화콘텐츠』 23호, 글로벌문화콘텐츠학회, 2016.

(2) '문화역서울284'의 《반 고흐 인사이드: 빛과 음악의 축제》

《반 고흐 인사이드: 빛과 음악의 축제》가 실험적인 전시를 펼친 '문화역서울284'는 우리나라 근현대사의 중심지이자 교통과 교류의 구심점이었던 구(舊) 서울역이 있던 공간으로, 대국민 공모를 통해 역사적 · 공간적 · 도시적 상징성을 결합한 복합문화공간으로 변신을 꾀했다. '문화역서울 284'는 옛 서울역의 사적번호 284를 문화공간이라는 콘셉트와 접목했다는 의미를 담고 있으며, 근대 건물의 원형을 보존하면서 현시대의 다양한 문화가 교차되는 소통의 공간으로서의 의미를 담고 있다.

구 서울역은 1900년 7월 경인철도가 개통되면서 세워진 약 10평 규모의 목조건물로, 염천교 부근에 위치했으며 명칭은 '남대문역'이었다. 1925년 9월 남만주 철도주식회사에서 르네상스식 건물을 신축하면서, 명칭도 '경성역'으로 변경한다. 붉은 벽돌로 외벽을 마감하고, 1층 중앙 홀의 바닥을 화강암으로 깔고 중벽은 석재, 벽에는 인조석을 활용한 구 서울역은 당시로서는 매우 획기적인 기획의 건축물이었다. 신축된 건물은 그 규모도 상당했지만 지붕의 돔과 독특한 외관으로 관심을 모았다. 1960년대에는 남부 서부 역사를 신설해 본 역사와 연계해 교통 및 물류에 활용되었다. 이렇게 60여 년의 세월 동안 서울의 관문 역할을 해온 구 서울역은 2004년 1월 새로운 민자 역사가 신축되면서 폐쇄되었다.[64] 이후 폐쇄된 역을 어떻게 활용할 것인지에 대한 다양한 논의가 진행되어, 2011년 원형 복원 공사를 마친 후, 복합문화공간으로 활용 중이다.

《반 고흐 인사이드: 빛과 음악의 축제》는 2016년 1월 8일부터 4월 17일까지 진행된 멀티미디어 영상전시로 원형이 복원된 1층 대합실,

---

64 문화역서울284, http://www.seoul284.org/, 검색일: 2017년 10월 13일.

중앙 홀, 2층 대합실 등을 전시의 공간으로 활용했다. 전시는 제1관 '뉘넨의 또 다른 해돋이', 제2관 '파리의 화창한 어느 날', 제3관 '아를의 별이 빛나는 밤에', 제4관 '오베르의 푸른 밀밭', 이렇게 네 개의 공간으로 구성된다. 반 고흐 작품의 시대적 분류는 보통 보리나주 시대, 헤이그 시대, 뉘넨 시대, 파리 시대, 아를 시대, 생 레미 시대, 오베르 시대의 일곱 시기로 나눈다. 이번 전시는 이 가운데 초기인 보리나주와 헤이그 시대를 제외한 나머지 시대를 보여주고 있다.

제1관 '뉘넨의 또 다른 해돋이'에서는 모네, 르누아르 등 인상파 화가들의 그림과 〈감자를 먹는 사람들〉을 비롯해 뉘넨에서 그린 그의 작품들을 보여주는 것을 주제로 했다. 여러 장의 슬라이드 판에 빔 프로젝터를 활용해 빛을 쏘는 방식으로 전개된다.

다음으로 제2관 '파리의 화창한 어느 날'은 고흐가 파리에서 인상파 화가들의 작품, 일본의 풍속화 우키요에 등 다양한 화풍과 작품을 접하며 자신의 화풍을 발견해나가는 시기이다. 이 시기에 그에게 영향을 주었던 작품들이 그의 자화상과 오버랩된다. 장소는 중앙홀로 천장고가 높은 돔 형식의 천장과 옆면의 커튼에 투사해 화려한 색감과 함께 매우 강렬한 효과가 연출되었다. 제2관의 뒤쪽에 있는 체험존 1에는 고흐의 그림이 작은 액자에 담겨 전시되어 있다. 관람객이 전시된 액자 가운데 하나를 선택해 비치된 스마트 기기의 애플리케이션을 작동하면 고흐가 그림을 그렸던 장소의 풍경이 초기 화면으로 나오고, 그림이 완성된 모습과 그 장소에 대한 설명이 구현된다. 이것은 증강현실 체험으로 예술과 테크놀로지의 결합을 통해 관람객의 흥미를 유발하는 데 매우 효과적이며, 어린이들은 물론이고 성인들도 즐겁게 체험하는 모습을 볼 수 있다.

제3관 '아를의 별이 빛나는 밤'은 고흐가 남프랑스의 아를과 생 레미의 정신병원에 머물던 시기에 그린 작품들을 보여준다. 특히 론 강가의 밤하늘을 보면서 그린 〈별이 빛나는 밤〉은 천장과 벽면, 중앙에 돌출된 기둥까지를 모두 감싸면서 펼쳐져서 관람객을 몰입의 경지로 이끈다. 아쉬운 점은 면과 면이 이어지는 부분에 검은 선이 나타나거나 벽면의 굴곡이 그대로 노출되는 물리적인 한계를 드러낸다는 것이다. 이는 기술과 연출력의 한계를 보여주는 것으로 향후 보완되어야 할 점이다.

이어지는 체험존 2에는 '빛의 팔레트'라는 체험을 할 수 있는 공간이 있다. 이것은 고흐가 즐겨 그린 빛깔의 작은 기둥을 활용해 홈이 파인 판에 끼워 넣어 그림을 다시 조합하는 방식으로, 색감에 대한 훈련을 할 수 있다. 체험존 3은 기기를 활용한 몰입형 전시체험으로 HMD (Head Mounted Display)를 끼고 고흐가 그린 〈밤의 카페〉의 속으로 들어가는 것이다. 사용자는 마치 손님처럼 카페 의자에 앉아 고흐와 같은 공간에 머물며 몸과 시선의 방향을 바꾸면서 다양한 면을 볼 수 있는 체험을 통해 고흐가 그린 밤의 카페를 체험하게 된다. 이러한 체험이 가능한 것은 다양한 센서 기술과 무선 기술을 통해 한 차원 높은 기기로 발전한 HMD 기기를 사용했기 때문이라고 볼 수 있다. 이러한 방식은 사용자의 움직임을 인식하고 화면에 이를 반영한다. 즉 HMD를 착용한 사용자의 움직임을 포착해 이를 조작에 반영하는 방식으로, 방향감과 공간감각을 동시에 표현해 사용자의 몰입감을 높이는 데 기여한다.

제4관 '오베르의 푸른 밀밭'에서는 〈오베르의 교회〉 등 고흐가 생의 마지막을 보낸 시기인 오베르쉬르우아즈에서 완성한 작품을 만나게 된다.

이러한 전시에서 유의할 점은 전시를 구현하는 공간이나 테크놀로지의 한계성을 극복하지 못할 경우 원작의 감동을 해칠 수 있는 문제점을 안고 있다는 것이다. 〈그림 1-31〉에서 보듯이 낮은 천장고와 천장에 달린 전등이 그대로 노출되고, 영사기의 몸체가 드러나는 상황

그림 1-31 :: 〈오베르의 교회〉가 구현된 장면

에서 영상전시를 하는 것은 관람객의 몰입을 방해하는 요소로 작용한다.

이 공간에서는 〈까마귀가 있는 밀밭〉을 애니메이션으로 제작해 까마귀들이 나는 모습이 구현되는데, 장면이 전개되는 도중에 고흐의 자살을 의미하는 권총 소리가 들린다. 검은 화면에 '고통은 영원하다'라는 글귀를 끝으로 그의 별로 떠난 고흐의 삶과 작품을 보여준《반 고흐 인사이드: 빛과 음악의 축제》는 대단원의 막을 내린다.

하지만 이 전시는 낮은 천장고 등 다소 조악한 환경이 관람객의 감동을 헤치는 요소로 작용했고, 영상전시의 기획 의도나 제작 과정, 작품 해설, 장면 해석과 구현 등에 대한 안내서나 도록이 없어 관람객의 지적 호기심을 충족시켜주지 못했다. 전시가 메시지를 담고 있고, 기획자의 의도를 바탕으로 대중과 대화하는 것이라는 점을 환기할 때, 전문적 정보 제공이 미흡한 부분은 향후 이러한 멀티미디어 영상전시가 극복해야 할 과제라 하겠다.

공간 해석의 한계성에도 불구하고 관람객의 반응은 매우 긍정적이라고 볼 수 있다. 고흐에 대한 아니 미술에 대한 지식이 그리 깊지 못한 대중이나 어린이들도 전시를 관람하고 체험하는 시간 동안 흥미와 집중을 보인다. 그동안 자세히 알지 못했던 고흐와 그의 작품에 대해 관심과 흥미를 갖게 되거나, 이후에 원작을 볼 기회가 있다면 좋겠다는 반응도 보인다. 또한 자신이 소유한 모바일 기기를 활용해 다양한 장면을 촬영하는 관람객도 쉽게 볼 수 있는데, 이것은 원작을 소유하고 싶은 욕구 혹은 멀티미디어 전시를 공유하고 싶은 욕구를 보여주는 태도라고 판단할 수 있다.

4) 다시, 고흐를 만나기 위하여

불운하게 세상과 등지고 힘겹게 살면서 예술에 헌신한 반 고흐는 현대인에게 하나의 문화예술 아이콘으로 부상했다. 이제 그는 다양하게 해석되고 다양한 장르로 표현되고 있다. 그가 이러한 평가를 받게 된 원인에는 네트워크 속에 살면서도 철저하게 객체로서의 고독을 감내해야 하고, 복잡한 사회 환경 가운데서 순수함을 그리는 현대인의 상황이 작용했을 것이다. 또한 경이로운 가격에 경매되는 유작들의 경제적 가치 평가는 고흐라는 인간에 대한 호기심과 그의 작품에 대한 경외감을 갖게 하는 데 일조하고 있다. 또한 세계 도처에서 진행되는 전시는 고흐와 대중이 만나는 교류의 장을 마련해주기도 한다.

지금까지 반 고흐를 주제로 다루는 전시의 두 가지 양상에 대해 생각해보았다. 하나는 아날로그적인 방식의 예술 향유이다. 즉, 박물관의 전시 관람과, 작가의 사연이 깃든 유적지 방문이다. 오르세미술관에 전시된 원작을 보는 것은 그동안 박물관과 관람객이 교류하는 전형적인 방식이라고 볼 수 있다. 원작을 감상하고 싶은 욕구는 예술품의 전시와 함께 영원할 것이다. 오베르쉬르우아즈를 방문하는 일종의 예술 성지 순례는 좀 더 적극적인 방식의 예술 감상이라고 할 수 있다. 또한 오베르쉬르우아즈의 지역민 활동을 통해 위대한 예술가를 기억하고 추모하고 기리는 에코뮤지엄적 요소를 발견했다. 이러한 전시의 주요한 전제는 유물 혹은 원작을 보유하고 있어야 가능하다는 점이다.

한편, 테크놀로지와 예술이 결합하는 디지털 시대가 도래하면서, 전시에 있어 새로운 문제가 제기된다. 원작의 아우라(Aura)를 능가하는 몰입형 전시가 가능할까? 이러한 전시의 사례로 '빛의 채석장'《고갱과 반 고흐, 색채의 화가들》과《반 고흐 인사이드: 빛과 음악의 축제》를 연구했다. 이들은 창의적인 상상력을 기반으로 하고, 테크놀로지를 활용해 관객을 몰입으로 이끌고 공감각을 활용한 체험의 기회를 제공한다는 점에서 공통점을 보인다. 한편, 다른 점은 빛의 채석장은 폐산업시설인 채석장에 해마다 다른 주제의 기획전시가 열린다는 점이다.

이에 반해《반 고흐 인사이드: 빛과 음악의 축제》는 고흐를 주제로 장소를 옮기면서 같은 주제와 구성을 반복한다. 주어진 공간을 해석해 적용하되, 그 구성은 같다는 것이다. 이 영상전시는 제주도의 중문단지 제주부영호텔리조트에서 진행되었다. 같은 제목과 내용을 반복적으로 활용할 수 있다는 것은 얼마든지 복제가 가능한 현대 테크놀로지의 힘을 보여준다.

그러니까 해마다 새로운 전시를 기획하고 해석해야 하는 '빛의 채석장'의 경우보다《반 고흐 인사이드: 빛과 음악의 축제》는 좀 더 가벼운 방식의 진행 과정을 갖는다고 볼 수 있다. 관람객의 경우도 좀 더 손쉽게 접근이 가능하다. '빛의 채석장'이 해마다 새로운 주제로 남프랑스의 레보드 프로방스로 관람객을 모으고 있다면, 《반 고흐 인사이드: 빛과 음악의 축제》는 서울에서, 제주도로, 그 다음은 또 다른 어느 도시로든 이동이 가능하다.

전시에 나타나는 이러한 현상을 어떻게 해석할 것인가? 원작의 아우라와 복제의 가벼움에 대한 논의는 이후로 미루더라도 좀 더 많은 사람들이 좀 더 가깝게 고흐를 비롯한 예술가들의 작품을 만나고 향유하면서 한 걸음이라도 더 친밀하게 예술가의 삶을 느끼게 된다면 그것은 전시의 미래에 기여하는 것이 아닌가? 이러한 몰입형 전시에 매료된 대중은 원작의 감동을 외면할 것인가? 아니면 몰입형 전시로 인해 감동을 받은 대중이 고전적인 예술 향유를 위한 긴 여정을 떠날 것인가? 아마도 양자는 서로 견제하고 보완하면서 새로운 방식의 예술 향유 문화를 도출해낼 것이다.

그동안의 전시가 인문학에 기초한 큐레이터의 역량으로 기획되고 테크놀로지는 이를 구현하는 수단에 불과했다면 미래의 전시는 인문, 사회, 예술, 테크놀로지, 자연과학 등 모든 분야의 전문가가 함께 기획하는 다학제 간의 융복합적 시도의 산물이 될 것이다. 결국 디지털 기술과 결합된 예술로 재탄생한 '고흐'는 대중의 사랑과 관심 속에서 계속 환영받을 것이라고 본다. 언제가 그리 머지않은 장래에 우리는 인공지능을 겸비한 고흐의 자화상과 대화하는 갤러리 토크에 참여하게 될 것이다.

4 테크놀로지와 예술: '빛의 채석장'에 구현된 몰입형 전시 《클림트와 비엔나》

1) 테크놀로지는 예술에 기여할 수 있는가?

테크놀로지와 결합한 예술은 시간과 공간의 한계를 극복하기 위한 실험을 끊임없이 시도하면서 창작자와 향유자의 소통의 폭을 한층 확장시켜나가고 있다. 컴퓨터와 디지털이라는 21세기 새로운 기술의 생성은 아날로그와 디지털 사이에서의 새로운 박물관학을 구성할 것을 요구하고 있다. 이와 같은 맥락 속에서 최근 박물관 학자와 박물관 경영 현업에 종사하는 전문가들 사이에서 '인류문화유산의 저장소이자 대중과 예술을 연계하는 플랫폼으로서의 박물관은 어떤 미래를 준비해야 하는가?'와 같은 화두처럼, 전통적인 박물관이 처한 문제점과 함께 새로운 박물관에 대한 담론이 활발히 대두되고 있다. 그와 관련해 사회 환경의 변화에 따른 박물관의 기능과 역할에 대한 재고의 필요성이 제기되고 있다.

이러한 시대적 현상에 부응해, 이탈리아 출신의 멀티미디어 아티스트 지안프랑코 이안누치(Gianfranco Iannuzzi)는 "명작의 원본을 보고

싫어 하는 대중들의 욕구는 점점 더 늘어나는 데 비해 명작의 수량은 한정되어 있다. 그러므로 지금부터 머지않아 기존의 미술관들은 점점 더 고품격, 새로운 미술콘텐츠를 희망하는 대중들의 새로운 욕구와 수요와 부딪혀 전시품을 조달하는 데 많은 어려움을 겪을 것이다."[65]라고 예견하고 멀티미디어를 활용한 새로운 방식의 전시기획의 필요성을 제기했다. 이러한 생각을 실현하기 위해 2012년 3월, 프랑스 남부 프로방스 지방의 석회암층 폐채석장을 멀티아트 전시공간으로 변모시킨 '빛의 채석장(Carrières de lumières)'을 구축했다. 그렇다면 이러한 시도의 결과로 만들어진 산물은 단지 흥미로운 일시적인 실험일 뿐인가? 아니면 미래 박물관의 예시인가?

이제 이와 같은 맥락 속에서 테크놀로지를 활용해 원작을 재해석한 가상현실 기법을 동원해 대중들에게 원작을 더욱 가까이서 체험할 수 있는 기회를 제공하는 새로운 전시방법을 구사해 최근 전 세계 미술계는 물론 프랑스를 찾는 많은 관광객들로부터 지대한 관심을 받고 있는 몰입형 전시의 사례로 '빛의 채석장'에 대해 연구하고자 한다. 또한 이러한 전시가 박물관 전시에 어떠한 영향을 줄 것인지에 대해서도 성찰하고자 한다.[66]

---

65 Carrières de lumières, *Monet, Renoir... Chagall: Voyages Mediterranèe*, Culturespaces, 2013, p. 5.

66 이 글은 배은석 · 송희영, 「몰입형 전시로서 '빛의 채석장(Carrière de lumière)'에 대한 연구: 〈클림트와 비엔나〉를 중심으로」, 『인문콘텐츠』 43호, 인문콘텐츠학회, 2016을 참조해 재구성함.

2) 몰입형 전시공간으로서 '빛의 채석장'에 대한 연구

(1) 박물관 전시에 있어 몰입의 활용

디지털 시대의 도래와 사회 환경의 변화, 새로운 것을 추구하면서 상호작용하기를 원하는 대중의 욕구 팽창은 박물관이 처한 환경과 그 대처 방안에 대해 다양한 성찰을 제공한다. 매기 버넷 스토그너(Maggie Burnette Stogner)는 디지털 시대와 뉴미디어 기술이 박물관 전시에 미치는 영향에 대해 논의한 글에서 박물관 전시에 있어 몰입을 '체험형 몰입, 서사적 몰입, 극장형 몰입, 상호작용형 몰입, 가상형 몰입'의 다섯 가지로 나누어 분류하고 있다.

먼저, 체험형 몰입(Experiential Immersion)은 서사는 없고 오로지 감각에 의존하는 것으로 광범위한 가치를 보유하고 감정적 연결을 촉진하는 데 매우 효과적이다. 이러한 유형의 몰입은 매우 자극적일 수 있다.

두 번째는 서사적 몰입(Narrative Immersion)으로, 2005년 로스앤젤레스(Los Angeles)에서 시작되어 순회전시를 이어가고 있는《투탕카멘과 파라오의 황금시대》와 같은 전시를 예로 들고 있다. 이것은 고화질 비디오와 이집트인 배우 오마 샤리프(Omar Sharif)가 서라운드 사운드로 다양한 장면을 실감나게 서사를 이끌어내면서 투탕카멘의 세계로 관람객을 이끄는 방식이다.

세 번째 극장형 몰입(Theater Immersion)은 서라운드 스크린 기술, 고화질 비디오, 디지털 오디오가 연계되어 창조되는 강렬한 몰입체험으로, 관람객은 일상의 삶에서 전혀 다른 세계로 갑자기 빠져드는 것 같은 경험을 하게 된다. 그동안은 이러한 몰입을 위해 3D 기술이 활용되었는데, 최근에는 새롭게 4D 기술이 도입되어 몰입형 체험의 효과를 향상시키고 있다. 예를 들면 관람객이 앉은 의자가 움직인다든가, 바람·비눗방울·안개 등 실재하는 물체나 현상을 활용한 몰입체험이 등장하고 있다. 이제는 널리 확산된 아이맥스(IMAX)[67]와 아이맥스 3D, 옴니맥스(OMNIMAX)[68], 또는 다른 형태의 스크린을 활용한 몰입이 이에 해당한다.

네 번째는 상호작용형 몰입(Interactive Immersion)이다. 이것은 네트워크 및 무선 기술, 트위터와 인스턴트 메시징, 소셜 네트워킹과 일반 대중이 보유한 자원을 활용하는 크라우드 소싱(crowdsourcing) 등 이러한 신기술들을 박물관 환경에 활용되도록 디자인하는 것이라고 볼 수 있다. 박물관 영역에서 대중의 상호작용과 참여형 몰입을 디자인하는 것은 엄청난 잠재에너지를 보유하게 되는 것이다.

다섯 번째는 가상형 몰입(virtual Immersion)으로, 컴퓨터를 활용해 어떤 특정한 환경이나 상황을 구현해, 그것을 사용하는 사람이 마치 실제 주변 상황·환경과 상호작용을 하고 있는 것처럼 만들어 주어 몰입하게 하는 방식이다. '버추스피어(Virtusphere)'[69]는 최근에 가상 박물관 투어 등에서 활용되고 있다.[70]

이러한 몰입은 수동적인 관람객을 상호작용하는 적극적인 관람객으로 변화시키는 힘이 있다고 본다. 이러한 처음에는 오로지 보기만 하는 관람객(Spectator)에서 관찰자(Observer)로, 탐험가(Explorer)로, 발견자

---

67 아이맥스는 일반 영화의 스크린보다 10배 정도 큰 초대형 스크린 방식을 이용한 촬영과 영사 시스템을 말한다. 인간 시야의 최대 폭을 의미하는 '아이 맥시멈(Eye Maximum)' 또는 최대 이미지를 뜻하는 '이미지 맥시멈(Image Maximum)'의 약자이다.

68 옴니맥스 영화관은 아이맥스를 돔(Dome) 형식의 스크린으로 변형시킨 것이다. 더욱 넓은 영상을 보여주기 위해 180도를 영사해야 하기 때문에 어안 렌즈를 사용하고 영사기를 극장 내의 중앙에 위치시켜 경사형 돔 스크린에 상영하는 것이 특징이다.

69 사용자의 움직임에 따라 어떤 방향으로 자유롭게 회전할 수 있는 특별한 플랫폼이 장착된 구(球)이다. 이것은 컴퓨터 기반 시뮬레이션 및 가상세계와 함께 작동하는데, 자이로(gyroscopes)를 부착한 HMD(head-mounted display)는 사용자의 머리 움직임을 추적할 뿐만 아니라, 가상세계의 환경을 표시하는 데 모두 사용된다.

70 Maggie Burnette Stogner, "The Immersive Cultural Museum Experience: Creating Context and Story with New Media Thechnology," *The International Journal of the Inclusive Museum*, Vol. 3, No. 3, 2011, pp. 211-128.

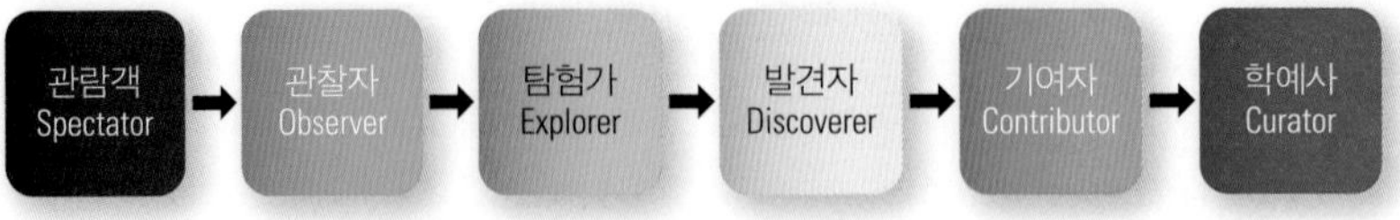

그림 1-32 :: 상호작용의 역할에 따른 관람객의 변화 과정

(Discoverer)로, 기여자(Contributor)로, 학예사(Curator)로 변해가는 과정을 겪게 된다고 보았다.[71] 이를 그림으로 재구성하면 〈그림 1-32〉와 같다.

결국 전시에서 가장 깊게 몰입하는 것은 학예사인데 관람객을 이러한 수준에 다다르게 할 수 있다는 것이 몰입의 힘이라고 보아야 할 것이다. 그런데 이것은 현실에서 가능할까? 이러한 관점에서 박물관 전문인력들(현재의 혹은 미래를 포함해)은 박물관의 발전적 진화를 위해 테크놀로지 역량을 강화해야 한다.[72]

급변하는 디지털 환경에서 박물관 전문가들이 처한 어려움은 이러한 테크놀로지를 박물관 내에서 구현해 대중과 만나게 해야 한다는 점이다. 그러기 위해서는 다학제 간 융복합적 시도를 하고 창조적 역량을 모으기 위한 다양한 도전을 주저하지 말아야 할 것이다. 이러한 견지에서 프랑스 레보드 프로방스의 '빛의 채석장'의 사례는 시사점이 있기에, 이에 대해 살펴보고자 한다.

(2) 예술의 관점에서 재해석된 채석장: 몰입으로 이끄는 특별한 장소

예술은 그 진정성으로 인해 대체 불가능한 아우라를 갖는다. 그것은 예술작품의 '여기와 지금'으로서, 곧 예술작품이 있는 장소에서 그

71 *Ibid.*, p. 211.
72 Herminia Din Phyllis Hecht, *op. cit.*, 2007, p. 9.

것이 갖는 일회적인 현존재이다. 그러나 다른 어느 곳도 아닌 바로 이 일회적인 현존재에서 그 작품이 존재하는 동안 처했던 역사가 이루어져왔다. 원작(Original)이 지금 여기 존재한다는 사실이 원작의 진품성이라는 개념의 내용을 이끈다.[73]

그런데 현대의 대중은 이 원작을 해체해서라도 더욱 가까이 그 속 깊숙이 체험하는 경험을 갖고 싶어 한다. 이러한 대중의 욕구를 이해하고 새로운 전시를 제시한 '빛의 채석장'의 모험적 시도는 대중의 예술 향유 욕구와의 부합을 최우선 목적으로 한다.

다음은 2012년에 이와 같은 새로운 시도를 이끌어낸 기획자 지안 프랑코 이안누치와의 인터뷰 내용이다.

> 모든 멀티미디어 콘텐츠를 가능한 한 조심스럽게 세심히 조직하면서 채석장이 제공하는 7천m^2의 투사면에 잘 녹아들 수 있도록 특별히 디자인된 정확하면서도 부드러운 구성을 만들어내는 것은 힘든 작업이었다. (…) 슬라이드 쇼처럼 하나씩 작품들을 단순하게 보여주기보다는 조감독인 레나토 가토(Renato Gatto), 그리고 멀티미디어 아티스트 마시밀리아노 시카르디(Massimiliano Siccardi), 그리고 나 자신을 포함한 우리는 채석장 공간 안에서 작품들 사이를 거닐며 거의 춤과 같은 대화의 장을 엶으로써 이미지와 음악 간의 강력한 감성적인 시너지를 만들어내는 방식으로 작품들을 그려내기로 결심했다. 우리의 목표는 관중들의 움직임과 행로가 전체 쇼를 구성하는 일부로서 필수적인 요소가 되는 그 공간 안에서 그들이 자유롭게 인식하고 해석하게끔 하는 것이다. 감정의 차원을 고조시키고 관중들을 3D 작품에 몰두시킴으로써 우리는 보다 관중들이 이 영

---

73 발터 벤야민, 『기술복제 시대의 예술작품 사진의 작은 역사 외』, 최성만 옮김, 길, 2008, 103쪽.

상전시에 참여적으로 접근할 수 있게 유도했다.[74]

이안누치와의 기획 의도는 우리들에게 새로운 전시공간 구성에 대한 참신한 아이디어를 제공한다. '채석장 공간 안에서 작품들 사이를 거닐며 거의 춤과 같은 대화의 장'을 구현하고자 했다는 표현에서 이들의 새로운 공간 창출을 향한 고심의 흔적을 느낄 수 있다.

즉, 이들의 노력은 전시행위에 가상현실(Virtual Reality)이라는 실험적인 시도를 구현한 것이다. 가상현실을 무리 없이 체험하게 하기 위해서는 현실과 차단된 인위적인 공간이 필요하다. 가상현실은 현실과 격리되어야 하기 때문이다.

예를 들면, 우리는 흔히 관객들이 객석에 앉아 있는 자신의 모습을 바라볼 수 없도록 암흑과도 같은 공간을 만들고, 잡음이 섞이지 않은 온전한 음악을 생성하기 위해 오케스트라의 현실에 없는 3차원적 음향 공간, 즉 관객이 콘텐츠만을 볼 수 있게 하고 다른 것을 볼 수 없게 하는 시도를 한다. 이처럼 작품의 물리적 세계는 현실의 그것과 분리가 완벽해질수록 가상현실 체험[75]이 완전해진다.

다음으로, 이안누치가 언급한 "우리의 목표는 관중들의 움직임과 행로가 전체 쇼를 구성하는 일부로서 필수적인 요소가 되는 그 공간 안에서 그들이 자유롭게 인식하고 해석하게끔 하는 것이다."라는 표현과 "감정의 차원을 고조시키고 관중들을 3D 작품에 몰두시킴"이라는 부분에 주목해보자면 이들 기획자들이 궁극적으로 추구했던 '공감각으로 느끼는 체험장'은 곧 '몰입형 가상현실'과 일치한다고 볼 수 있다.

몰입형 가상현실의 구현을 위해 케이브(cave)는 실내 전체를 다양

74 빛의 채석장, http://carrieres-lumieres.com, 검색일: 2017년 8월 9일.

75 정동암, 『미디어 아트, 디지털의 유혹』, 커뮤니케이션북스, 2007, 277쪽.

한 센서로 설계해 가상환경을 구축한다. 복합적으로 반응하는 공간을 만듦으로써 관객을 영상 한가운데 있게 하는 것이다. 이 공간은 감상하면서도 체험하는 공간이다. 관객 감지 센서(위치, 움직임 정보), 화상입력 카메라(관객 모습 검출, 관객 동향 검출), 스크린(그래픽 영상을 실현하는 육면체 벽면)을 하나로 묶는 시스템을 갖춘다. 관객이 작품 안에 들어가서 자신의 상태와 작품의 내용이 일치되는, 작품과 관객의 거리가 완전히 상실된 감상, 즉 '몰입'의 공감각의 체험을 최상의 목표로 한다.[76]

완벽한 가상현실의 상태에 있으면 인간은 지금의 자아가 가상현실 속의 가상 오브제와 함께 있으며 그것이 현실인지 가상현실인지 구별되지 않는 상태에까지 이르게 된다. 그러한 몰입을 전제로 그들이 대중에게 원하는 것은 '그 공간 안에서 그들이 자유롭게 인식하고 해석하게끔' 하는 것이다. 박물관에 있어 해석이란 사인과 상징의 의미를 번역해주고 설명하는 것으로 전시 대상을 관람객에게 풀이해주는 일이라 하겠다. 해석의 여섯 가지 원칙은 다음과 같이 제시된다.

- ▷ 진열되었거나 묘사된 전시물을 관람객이 이해하지 못하는 해석은 무익하다.
- ▷ 정보는 해석이 아니며, 해석은 정보에 바탕을 둔 설명이다. 그러나 이 둘은 전혀 다른 것이다. 그럼에도 모든 해석은 정보를 담고 있다.
- ▷ 전시자료가 역사적이든 과학적이든 건축적이든, 자료의 해석은 예술이며, 여러 다른 예술을 결합한 것이다. 어떠한 예술도 어느 정도까지는 가르침이 가능하다.
- ▷ 해석의 주된 목적은 가르침이 아니라 자극을 주는 것이다.
- ▷ 해석은 부분보다 전체를 나타내야 하며, 특정 타깃층보다는 모든 연령대를 대상으로 해야 한다.

76 위의 책, 278쪽.

▷ 어린이(즉 12살까지)를 대상으로 한 해석은 어른을 위한 방식과는 근본적으로 달라야 하며 차별화된 해석 프로그램을 준비하는 것이 바람직하다.[77]

이러한 원칙에 입각해볼 때, 이안누치가 '빛의 채석장' 영상 전시의 기획의도에서 밝힌 바와 같이 '빛의 채석장'을 방문한 어린아이들이 춤을 추고 뛰어다니면서 전시를 보는 풍경은 이들의 실험이 대중 스스로 예술적 체험을 통해 해석에 이르도록 기여했다고 볼 수 있다.

이러한 해석이 가능한 것은 대중의 해석을 유도하는 융복합적 노력이 있었기 때문이다. '나를 포함한 우리', 즉 몰입형 전시기획 책임자인 이안누치 자신과 조감독 레나토 가토, 그리고 멀티미디어 아티스트 마시밀리아노 시카르디와의 끊임없는 대화와 격의 없는 의견 교류가 있었기에 협업을 통한 실험적 시도가 가능했다고 생각된다.

지안프랑코 이안누치는 몰입형 전시의 기획자로, 공간을 예술적으로 재배열하는 디자인을 제시한다. 그의 디자인은 이미지, 소리와 빛을 기반으로 공감각미디어를 토대로 한다. 조감독을 맡은 레나토 가토는 본체 및 음성 사이의 연결에 집중한다. 마지막으로 마시밀리아노 시카르디는 멀티미디어 아티스트이자 제작자로서 오리지널 작품을 기술로 덧입히는 융합작업을 맡아 작품 설치 및 전체적인 작업을 완성시키는 데 집중한다. 이들의 협업은 기존의 박물관 학예사들에게 다음과 같은 새로운 도전의 메시지를 시사한다.

"고립된 학문적 전문성이 앞으로도 지속될 것인가?"

"학예사들이여, 당신들은 이제 누구와 어떤 작업을 도모하면서 새로운 시도를 할 것인가?"

---

77 마이클 벨처, 앞의 책, 2013, 228-229쪽.

(3)《클림트와 비엔나: 황금과 색채의 세기》

《클림트와 비엔나: 황금과 색채의 세기》는 '빛의 채석장'이 멀티미디어 전시공간으로 거듭난 후 세 번째 기획 시리즈로서 2014년 3월 7일부터 2015년 1월 4일까지 진행되었다. 공감각을 자극하는 영상전시 구현을 목표로 한 이 전시는 총체적 예술을 추구했던 구스타프 클림트(Gustav Klimt, 1862-1918)와 그의 영향을 받은 에곤 실레(Egon Schiele, 1890-1918)와 훈데르트바서(Friedensreich Hundertwasser, 1928-2000)에 이르는 일명 '비엔나 분리파'로 불리는 오스트리아 비엔나 회화의 100년사를 집약해 보여준다.

구스타프 클림트는 19세기 말의 오스트리아 제국의 위대한 장식화가들 중에서도 화려한 기념비적 자리를 차지하고 있다. 20세기 초에 클림트는 예술을 근본적으로 쇄신시키기를 갈망하는 사조인 '비엔나 분리파'의 형성에 큰 기여를 했다.

이 영상전시에서는 클림트의 황금시대, 초상화, 그리고 풍경화를 비롯한 여러 작품들을 총망라해 소개한다. 또한 19세기 말, 풍경과 인체 표현에 있어 독특한 자신만의 화풍을 개척한 에곤 실레의 자화상을 비롯한 도시 풍경 다수가 포함되었다. 그리고 오스트리아 비엔나라는 같은 공간에서 활동했으나 클림트와 실레의 사후에 태어나 그들과 몇십 년간의 시간적 차이를 보이고 있는 훈데르트바서의 작품들도 다수 전시되고 있다. 훈데르트바서는 클림트가 이끈 혁신적 운동에 깊은 영향을 받아 건축과 회화를 넘나들며 훗날 오스트리아의 예술 부흥을 구현했다.

이 전시의 기획자인 이안누치의 말을 인용하자면, 비엔나 분리파의 예술세계는 그 이전에 어디에나 존재했던 고전주의 학문과의 철저한 분리와 단절을 표명한 것으로 정의된다.[78] 그것은 클림트가 주도했던 조형미술과 장식미술의 결합으로 구현된 완전히 새롭고 독창적인 총체예술을 열망하는 예술 사조를 예고했다는 점에서 예술사적 의의가 있으며, 이번 영상전시회는 유럽 회화의 다른 사조들과는 완전히 독립된 건축양식과 장식디자인에 구현된 유토피아적 비전의 회화적 표현을 지속적인 대화의 형식으로 들려주고자 했다.

2014년에 '빛의 채석장'에서 선보인 영상전시는 모두 7개의 시퀀스로 이루어져 있다. 시간에 따른 전개과정을 살펴보면서, 클림트와 비엔나 분리파의 작품 세계를 통해 '대중의 모든 감각을 일깨워서 예술을 체험할 수 있는 기회를 제공하는 것'을 목표로 한 기획자의 의도를 분석해보도록 하겠다.

① 신고전주의의 비엔나: 회화와 건축의 대화

첫 번째 시퀀스는 '신고전주의의 비엔나: 회화와 건축의 대화'라는 부제를 갖고 있다. 영상전시는 리하르트 바그너(Richard Wagner, 1813-1883)의 오페라 〈탄호이저〉의 서곡과 함께 비엔나 미술사박물관(Kunsthistoriches)에서 시작된다. 그곳의 건축과 장식이 점차 채석장의 표면에 모습을 드러낸다. 먼저 천장부터, 그 다음에는 원주 기둥들, 그리고 그 위에 오스트리아 황실의 공식 화가였던 한스 마카르트(Hans Makart, 1840-1994)와 젊은 구스타브 클림트가 그려낸 신고전주의 양식의 회화 작품들이 나타난다. 건축물에 새겨진 장식 요소와 그 프레스코화가 채석장의 돌 위에 나타나는데 관람객은 클림트의 작업에 참여해 회화가 완성되는 과정을 지켜보는 것 같은 황홀함을 느끼면서 이 영상전시로 몰입하게 된다.

78 Carrières de lumières, *Klimt et Vienne-Un siecle d'or et de couleurs*, Culturespaces, 2014, p. 5.

회화와 건축 간의 대화는 19세기 말 만들어진 비엔나 국립극장의 샹들리에 아래로 이어진다. 프란츠 마치와 구스타브 클림트의 회화작업을 감상할 수 있도록 천장이 밝혀지고, 신화를 주제로 다룬 프레스코화를 가까이서 감상할 수 있는 유일무이한 기회를 선사한다.

② 클림트와 비엔나 분리파

양식의 변화, 장식의 변화를 표방하는 예술가들의 모임이 결성된다. 1897년, 구스타브 클림트는 사회, 정치, 미학적 보수주의의 구속에서 벗어나, 순수회화보다 더욱 거대한 소명을 예술에게 부여하고, 그것을 모든 장식미술로 확대시키고자 바라던 '비엔나 분리파'의 창설자 중 하나이다. '비엔나 분리파' 혹은 '빈 분리파'라고도 불리는 이들은 아카데미즘이나 관 주도의 전시회로부터의 분리를 지향하는 예술가들의 모임이다. 비엔나 분리파는 1897년 4월 3일 초대 회장으로 클림트를 세우고, 그래픽 디자이너이자 공예가인 콜로먼 모저(Koloman Moser), 건축가 오토 바그너(Otto Wagner), 요제프 마리아 올브리히(Joseph Maria Olbrich) 등이 주축이 되어 결성되었다. 에곤 실레, 오스카 코코슈카(Oskar Kokoschka), 칼 몰(Carl Moll), 오토 바그너(Otto Wagner) 등 당대 오스트리아를 선도한 화가, 디자이너, 건축가들이 비엔나 분리파에 참여했다. "매 세기마다 그 나름의 예술이, 예술에겐 그의 자유가!"라는 명구가 그 정면에 새겨진 비엔나 분리파 전시관은 빈 사조를 보여주는 장소로서 자신의 존재를 뚜렷이 나타내며 이와 같이 '총체적' 예술에 대한 추구를 설명한다. 그리고 이들의 활동을 보여주는 총체적인 영상이 채석장 벽과 바닥에 표현된다.

클림트가 1900년부터 1903년까지 빈 대학교 대강당의 천장에 차례로 그린 우의적인 장식화 〈철학〉, 〈의학〉, 〈법학〉은 외설성으로 인해 빈 대학교 교수들과 정면충돌하게 된다. 클림트는 오래 전부터 인간 존

그림 1-33 :: 클림트와 비엔나 분리파

재에 대한 궁극적인 의문을 제기했다. 대학에서 의뢰한 작품 세 점에는 그의 체념과 우울함이 가득하다. 이런 방황 가운데서 그는 분리파 동료들과 함께 유토피아를 향한 길을 찾기 시작한 것이다. 비엔나 분리파의 주요 과제는 예술을 현대화하고, 삶의 모든 영역을 미학화하는 것이었다. 그들은 새롭고 고유한 조형언어를 발전시키고자 했으며, 전시회를 통해 외국의 최신 예술을 소개하고, 이런 전시회를 통해 대중들의 예술적 감성을 자극하고 미적으로 고양시키고자 했다.[79]

비엔나 분리파는 1898년부터 8년간 총 22회의 전시회를 개최했는데, 특히 1902년에 개최된 제14회 비엔나 분리파 전시회는 공간, 조각, 회화, 음악이 한데 어우러져 분리파가 추구하는 총체 예술작품의

79 김홍섭, 「클림트의 〈베토벤 프리즈〉에 구현된 빈 분리파의 이념과 그 한계」, 『독일언어문학』 47권, 독일언어문학연구회, 2010, 92쪽.

이상을 실현했다. 요제프 오프만(Josef Hoffmann)이 내부 디자인을 맡은 이 전시에서 클림트는 〈베토벤 프리즈〉(Beethoven frieze)를 통해 응용미술의 극치를 보여주었다. 〈베토벤 프리즈〉는 베토벤의 〈제9번 교향곡〉을 회화적으로 변환시킨 작품으로, 전체적인 형식에서 베토벤 교향곡과의 유사성을 암시하면서 통일성을 유지하고 있다.[80]

이 전시에서는 비엔나 분리파 전시관에 새겨진 〈베토벤 프리즈〉가 채석장의 불규칙한 기둥과 벽에 재현된다. 음악의 선율을 타고 미끄러져 들어오는 '부유하는 형상들'이 흐르고, 완전무장한 용사들의 군상이 등장하고, 질병과 광기, 죽음을 상징하는 세 명의 고르곤이 나타난다. 그리고 행복에 대한 동경을 시와 노래로 위로하는 모습이 점진적으로 나타난다. 기하학 양식 형태의 병렬은 클림트에게 깊은 인상을 준 비잔틴 모자이크를 표현하듯 공간을 구성한다. 음악과 조화된 입체적인 영상전시는 클림트가 표현하고자 했던 행복에의 염원과 이를 위협하는 죽음에 대한 공포를 극대화시키면서 관람객은 영상전시 속으로 몰입하게 된다.

③ 클림트와 황금시대

클림트는 비엔나 분리파가 더 이상 본래의 취지에 충실하지 못하고 있음을 목격하고는 이에 낙담하고 1905년 비엔나 분리파를 탈퇴했다. 그러나 이것은 그의 이른바 '황금시대'를 여는 시발점이 되었다.

클림트의 작품은 관능적인 여성 이미지와 찬란한 황금빛, 화려한 색채를 특징으로 한다. 그는 성(性)과 사랑, 죽음에 대한 풍성하고도 신비로운 표현으로 대중을 매혹시켰으며, 지탄의 대상이 되기도 했다. 도금 장인의 아들로 태어난 연유에서인지 클림트는 인물을 승화시키고

80 위의 글, 99쪽.

그림 1-34 :: 클림트와 황금시대 (자료: 퀼튀르에스파스)

인물의 경이로운 섬세함을 부각시키기 위해 정교하게 금을 도금하는 기법을 사용했다. 그는 이탈리아 라벤나의 모자이크와 장식적인 패턴, 금을 사용해 눈에 띄는 독창적인 양식을 발전시켰다. 이렇게 구현한 황금시대에 클림트는 〈키스〉, 〈아델레 블로흐-바우어의 초상〉을 비롯한 걸작들을 완성한다.

이 시기의 그의 작품은 실생활에 거리를 두고 신비로운 것과 정신적인 것에 초점을 맞추어 매우 화려하고 역동적이며, 에로틱한 요소와 강렬한 상징주의 등을 발전시켜나갔다. 그는 원근화법과 그림자를 생략해 그의 작품을 종교적 성상에 가깝게 만들어 시간을 초월하는 차원을 부여하기에 이르렀다. 그리고 그 시기에 스토클레 저택의 벽면에 황금으로 새긴 생명나무와 소용돌이 모양의 장식이 아름다운 움직임을 만들어낸다. 그리고 그 금빛 생명나무의 소용돌이가 오늘날 채석장의 벽에서 쏟아져 내린다.

그는 자신만의 독특한 세계를 구현하는 가운데 한편으로는 자극적인 에로티시즘과 팜 파탈을 강조했다는 이유로 강력한 항의를 받기도 했다. 그러한 가운데에도 그는 기하학적이고 지적인 추상 양식을 독창적으로 발전시켜나가게 된다.

④ 클림트와 자연

오버외스터라이히(Oberösterreich)에 위치한 아터제(Attersee) 호숫가에서 체류하는 기간 동안, 클림트는 그의 눈앞에 펼쳐진 정원, 과수원 그리고 초원과 같은 모티브로 자연을 그렸다. 1905년에 그린 〈농가의 뜰〉(꽃의 정원)은 꽃으로 가득한 클림트의 정원을 그린 작품으로 거대한 정원을 부분적으로 잘라내어 표현했다. 채석장의 영상전시는 어둠을 뚫고 붉고 푸른 점들을 점묘법으로 퍼지게 해서 색채의 풍부한 표현기법을 감상하게 한다. 그리고 채석장 바닥은 눈 깜짝할 사이에 셀 수 없이 많은 꽃으로 뒤덮인 양탄자처럼 아름답게 변한다.

영상전시는 관람객을 이끌고 마치 식물계의 사원을 이루는 원주 기둥들처럼 우뚝 솟아 줄지어 있는 나무로 구성된 숲으로 데려간다. 음악과 함께 황홀하게 전개되는 영상 앞에서 그것이 현실인지 가상현실인지 구별되지 않는 상태에 이르게 되는 것이다. 이것은 장자의 호접지몽(胡蝶之夢)에 가까운 상태라고도 볼 수 있다.

> "언젠가 내가 꿈에 나비가 되었다. 훨훨 나는 나비였다. 내 스스로 아주 기분이 좋아 내가 사람이었다는 것을 모르고 있었다. 이윽고 잠을 깨니 틀림없는 인간이었다. 도대체 인간인 내가 꿈에 나비가 된 것일까? 아니면 나비가 꿈에 인간인 나로 변한 것일까?"[81]

---

81 정동암, 앞의 책, 2007, 306쪽.

그림 1-35 :: 클림트와 자연 (자료: 퀼튀르에스파스)

《클림트와 비엔나》는 궁극적으로 우리들에게 예술이 추구하는 그 세계 속에 있으면서 인간에게 지금 자신을 둘러싼 것이 현실인지 현실을 가장한 허상인지를 묻고 있다.

⑤ 에곤 실레

이번 시퀀스에서는 클림트의 젊은 친구이자 추종자인 에곤 실레의 날카로운 선들과 마주하게 된다. 실레는 불안함을 불러일으키는 다양한 포즈들을 포착하면서 인간의 몸을 장식으로부터 자유롭게 한 예술의 소유자다. 실레는 작업 초기부터 대도시에 대해 방어적인 태도를 갖는다. 물론 예술가로서 대도시의 거대함과 무한한 다양성에 현혹되기도 했지만 궁극적으로는 소도시의 아늑함 속으로 숨고 싶어 한다.[82]

82 라인하르트 슈타이너, 『에곤 실레』, 양영란 옮김, 마로니에북스, 2005, 85쪽.

채석장 하얀 벽에 나타나는 집들은 에곤 실레의 작품 〈시내 근교의 집과 빨래, 1917〉를 모티브로 한 영상이다. 창가 아래에 펼쳐진 빨래가 바람에 물결치며 나무와 나뭇잎을 시들게 하는 가을을 알린다. 클림트에게 영향을 받은 에곤 실레는 끊임없이 이어지는 패치워크 방식으로 그의 마을을 구성한다. 그의 집들과 풍경화들은 우울한 색채와 보다 고통스러운 선으로 실레의 마음속 상상의 풍경을 보여준다. 그리고 화면은 급하게 바뀌어 에곤 실레가 묘사한 인물들, 키가 훌쭉한 꼭두각시들이 채석장 표면에서 에로스와 타나토스를 넘나들면서 나타난다. 그의 자화상과 비틀어진 신체가 돌 위에 길게 뻗어 있는 동안 에로티시즘은 죽음과 가까워진다. 그리고 그들의 날카로운 시선에 의해 이 초상화들과 자화상들은 강력한 흡인력으로 관람객을 자극한다.

실레의 선들은 부분과 부분이 연결되듯이 이루어져 있어 완전한 직선도 완전한 곡선도 아니다. 그 선들은 어떠한 경우에도 단호하고 완벽하게 제어되어 있기 때문에 데생가로서 그의 재능은 인정받을 만했다.[83] 이렇게 실레의 영상이 채석장 위를 지나가는 모습은 28세에 요절한 그의 삶만큼이나 아련함을 남긴다.

⑥ 클림트와 그의 여인들

다시 채석장은 클림트의 황금빛으로 물든다. 황금색 바탕을 배경으로 클림트의 여인들이 채석장에 등장한다. 황금은 여성과 위엄의 공간을 후광으로 둘러싸는 색으로 이용된다. 갓난아기부터 어린 소녀들, 임신한 여성, 혹은 귀부인들이 차례로 나타난다. 이 가운데는 마르가레트 스톤보로-비트겐슈타인, 프리차 리들러, 아델레 블로흐-바우어, 메다 프리마베시, 그리고 클림트가 평생 플라토닉 사랑으로 헌신한 에밀

83 위의 책, 33쪽.

리에 플뢰게의 모습도 보인다. 관람객들은 초상화 전시실로 변한 채석장에서 실물 사이즈보다 훨씬 큰 그녀들을 만나면서 '그녀들이 여기 이렇게 있다는 것'을 체험하게 된다. 클림트의 눈과 손으로 기록된 이 여성들은 관람객들에게 탄생, 젊음, 노화 그리고 죽음에 이르는 인생의 다양한 국면에 대한 성찰을 제공한다.

⑦ 훈데르트바서

마지막 시퀀스는 프리츠 훈데르트바서의 회화세계로 들어간다. 클림트의 사후 거의 반세기가 지날 즈음, 건축가이자 화가인 훈데르트바서는 비엔나 분리파 운동의 목표 중 하나인 회화와 건축 간의 대화를 통합했다. 그의 이상적 도시는 돌 위에 세워진다. 클림트, 실레와 같은 구상을 계승하기 위해 훈데르트바서는 원근법을 생략하며, 그들과 같이 직선보다 살아있는 듯한 선을 선호하며 불규칙한 형태를 그려낸다.

건물의 외관에 생명력을 불어넣으며, 자연을 모델로 삼고 인류는 그 중심에 위치하는 유토피아 세계를 그리기 위해 선이 펼쳐진다. 그의 회화 작품은 색채의 폭발이며, 그것은 끝없는 소용돌이 안에서 삶과 자연의 구성요소를 그 기원으로 옮겨다 놓는다. 그는 집을 그릴 때 핵심적인 원칙을 고수한다. 자연의 색(땅, 흙, 벽돌, 화강암, 목탄)과 건물 표면을 덮는 울퉁불퉁한 회벽칠에 우위를 둔다.[84] 훈데르트바서가 집을 짓는 과정은 그의 예술적 탐구의 주요 부분을 보여주며, 공식적인 건축 원리를 뒤엎는 데 목적이 있다. 그리고 자연에서 찾을 수 있는 모형에 가까운, 좀 더 개인을 존중하는 형식과 재료를 수용하려는 움직임을 선

84 피에르 레스타니, 『훈데르트바서: 다섯 개의 피부를 지닌 화가왕』, 박누리 옮김, 마로니에북스, 2013, 44쪽.

도한다.

이렇게 7개의 시퀀스는 클림트와 비엔나의 분리파 미술을 소개하면서 관람객을 그들이 구현한 예술 세계로 이끈다. 그렇다면 '빛의 채석장'이 구현한《클림트와 비엔나: 황금과 색채의 세기》는 오브제 중심의 기존의 박물관 전시와 어떠한 점이 다르고 같은가?

우선 기존의 박물관은 건물을 전제로 한다. 전시는 큐레이터를 비롯한 전문가들에 의해 해석되어 약간의 테크놀로지가 가미된 채로 대중에게 공개된다. 큐레이터는 그림 주위 벽에 붙인 설명문, 또는 관람객과 함께 전시장을 돌며 그림의 해설을 돕는 도슨트를 활용해 대중과 오브제 간의 간극을 매우는 데 집중한다. 이러한 상황에서 전시를 보러온 방문자(Visitor)는 오로지 관람만 하는 관람자(Spectator)이거나 관찰자(Observer)이다.

반면에, 몰입형 전시는 건물이 없어도 좋고 일정한 공간만 있으면 가능하다. 이 모든 요소를 연결하는 요소는 테크놀로지이고, 이들은 서로 영향을 주면서 순환하는 구조를 갖는다. 이 공간은 때때로 가상의 공간을 의미하기도 한다. 이러한 전시의 대상으로 하는 것 오브제는 원작이나 유물일 수도 있고, 그것들을 다양한 방식으로 복제하거나 표현해 구현된 아카이브일 수도 있다. 전시를 해석하고 구현하는 것은 큐레이터를 비롯한 전문가이지만 대중의 참여도는 그 정도에 따라서 관람객(Spectator)에서 관찰자(Observer)로, 탐험가(Explorer)로, 발견자(Discoverer)로, 기여자(Contributor)로, 학예사(Curator)로 변할 수 있다.

앞서 매기 버넷 스토그너의 다섯 가지 몰입에 대해 언급한 바 있다. 그렇다면 '빛의 채석장'이 이끄는 몰입은 이 가운데 어디에 부합하는가? 우선, 소리와 영상의 공감각 활용은 체험형 몰입에 부합한다고 볼 수 있다.

다음으로 멀티스크린 프로덕션과 사운드 그리고 조명의 완벽한 자동관리체계는 관람객에게 공간각의 새로운 체험[85]을 제공하는 극장형 몰입에 해당한다. 이는 일반적인 극장처럼 좌석을 제공하지는 않지만, 매우 특수한 석회동굴 안을 자유롭게 누비며 어느 공간이든 상관없이 앉거나 서거나 누워서도 볼 수 있는 체험의 기회이다.

끝으로 '빛의 채석장'은 가상형 몰입에 해당한다. 가상형 몰입은 관객이 콘텐츠만을 볼 수 있게 하고 다른 것을 볼 수 없게 하는 시도를 하는데, 기괴한 석회암 동굴 안에 펼쳐진 예술적 세계는 현실의 세계와 분리된 가상현실 체험을 제공한다.

3) 새로운 박물관을 향하여

지금까지 우리는 예술과 테크놀로지를 결합한 '빛의 채석장'의 2014년도 기획전시 프로젝트인 《클림트와 비엔나: 황금과 색채의 세기》를 살펴보았다.

우리는 '빛의 채석장'에서 새롭게 시도하고 있는 영상전시에서 어떤 가치를 찾을 수 있을 것인가? 또한, '빛의 채석장' 사례는 궁극적으로 예술과 기술의 융합을 촉구하는 현대 디지털 예술시대에 부합하는 변화에 직면한 박물관의 역할과 활동(전시)에 무엇을 시사하고 있는가? 이에, 필자는 "예술과 테크놀로지의 결합은 박물관을 어떤 방향으로 이끄는가?"라는 질문을 '빛의 채석장'의 사례를 통해 성찰하고자 했다.

기획자 지안프랑코 이안누치가 궁극적으로 추구했던 것은 편안하

85 빛의 채석장, http://carrieres-lumieres.com, 검색일: 2017년 7월 1일.

게 조성된 관람 환경 안에서 일어나는 예술작품과 관람자 간의 자유스러운 교류와 소통이었음을 알 수 있다. 이것은 이안누치가 다음과 같이 밝힌 기획의도에서 보다 자세히 확인할 수 있다.

> "우리는 관객들로 하여금 감정에 의해 반응하는 특별한 예술적 체험을 제공하고자 했고 관람자들이 무엇인가를 손에 쥐고 가게 하기보다는 그냥 자연스럽게 보고 즐기게 하고자 했다. 어쩌면 그들은 아무것도 건질 게 없다고 생각했을 수도 있다. 하지만 우리는 걱정하지 않는다. 그들이 채석장 출구에 다다를 즈음 교육적인 재료들이 그들을 기다리고 있을 것이기 때문이다."[86]

결론적으로, 2014년도에 발표된《클림트와 비엔나: 황금과 색채의 세기》를 대상으로 집중적으로 탐색해본 멀티미디어 영상전시 '빛의 채석장' 사례는 기존의 박물관 전시와 확연히 다른 차이점을 보여주고 있다. 그것은 다시 말해, 기존의 박물관 전시가 오브제 중심의 전시라고 한다면 '빛의 채석장' 전시는 체험자, 즉 관람자 중심의 몰입형 전시를 추구하고 있다고 정리할 수 있다.

테크놀로지와 결합한 몰입형 전시는 기획자에 의해 해석되고 재구성된 가상현실에서 가상의 오브제를 통해 관람객의 공감각을 통한 직접체험을 목표로 한다. 이것은 참으로 역설적이지만, 외형을 갖춘 진정성을 갖고 있는 오브제를 통한 해설 기법을 구사하는 전통적인 전시에 비해, 테크놀로지를 활용한 몰입형 전시는 허상인 가상의 오브제를 활용하고 있으나 오히려 관람객의 체험을 극대화할 수 있다는 장점이 존재함을 보여준다. 이런 관점에서 '빛의 채석장'이 시도하고 있는 테

86 위의 사이트, 검색일: 2017년 8월 1일.

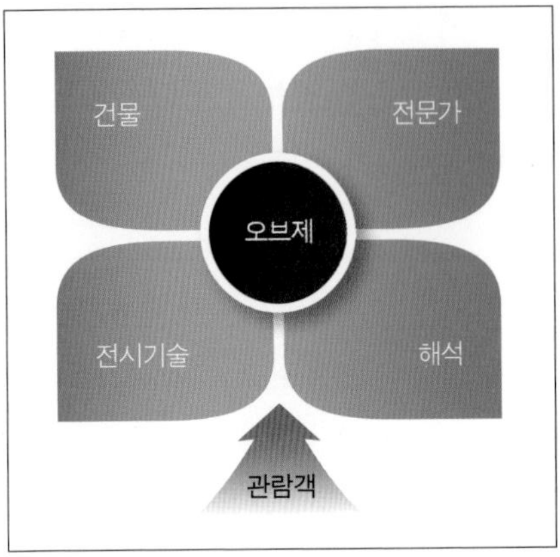

그림 1-36 :: 전통적인 박물관의 구성요소

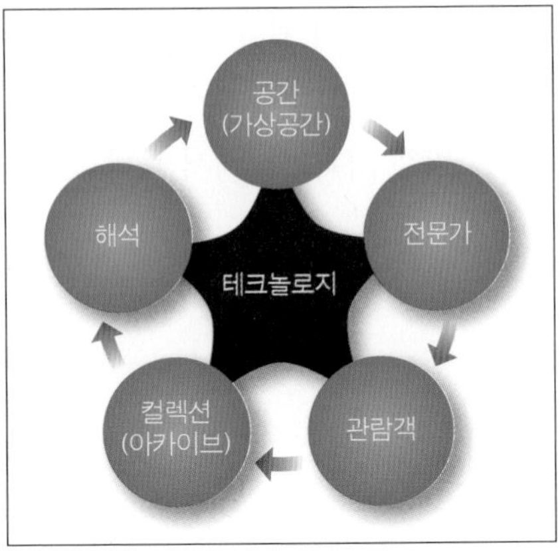

그림 1-37 :: 디지털 시대 박물관의 구성요소

크놀로지와 현대미술을 결합한 멀티미디어 영상전시는 21세기의 새로운 박물관의 예시를 보여주고 있다. 아울러 이러한 유형의 전시와 박물관에 대한 지속적인 연구의 필요성을 제안하고자 한다.

5
무형유산과 스마트뮤지엄: 프랑스 보르도 '와인의 도시'

1) 보르도, 인류 와인문화의 중심 선포

2016년 프랑스의 최대 와인 생산지 보르도(Bordeaux)는 자신들이 보유한 무형문화유산인 포도 농사법과 와인 양조법, 와인, 미식문화 등을 테마로 한 몰입형 전시를 구현해 새로운 유형의 박물관을 개관한다. 그것은 다름 아닌 '와인의 도시(la cité du vin: 시테 뒤 뱅)'[87]의 개관이며, 이를 통해 보르도가 인류 와인문화의 중심지임을 선포한다.

'와인의 도시'는 중의적인 의미를 갖는다고 볼 수 있다. 하나는 그동안 와인으로 명성을 쌓아온 보르도를 의미하는 것이고, 다른 하나는 이들이 구축한 신박물관이다.[88] 필자가 주목하는 것은 이 박물관이 유형의 문화유산을 전시하는 전통적인 박물관이 아니라, 인류 무형문화

87 프랑스어 표기는 la cité du vin이나 이 책에서는 이를 번역해 '와인의 도시'라고 명명하기로 한다.

88 이하 내용은 배은석, 「신박물관으로서 프랑스 보르도 '와인의 도시'에 대한 연구」, 『박물관학보』 32권, 한국박물관학회, 2017, 1-22쪽의 내용을 재구성함.

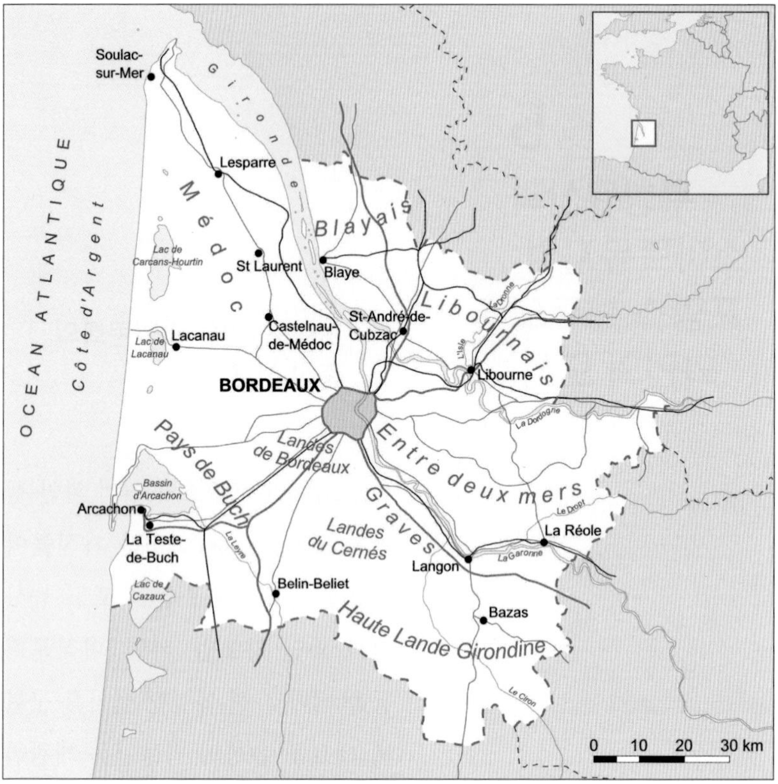

그림 1-38 :: 보르도 지도 (자료: 위키피디아)

유산으로서 와인을 대상한 몰입형 전시로 이루어진 새로운 개념의 박물관이라는 점이다. 인류 무형문화유산으로서 와인이란 원시시대 우연한 포도주의 발견에서부터 시작해 포도를 재배하고, 포도주를 만들고 이것이 다양한 산물로 발달하기까지 인류가 축적해온 와인과 관련된 문화와 지혜를 의미한다. '와인의 도시'는 포도 재배법과 와인 제조법, 와인에 얽힌 인류의 지혜와 열정과 욕망, 신화, 사랑, 교역, 역사, 도시, 영웅 등 인간과 와인의 서사를 전시로 구현했다.

보르도는 프랑스 남서부에 있는 항구 도시로 아키텐(Aquitaine) 레지옹의 주도(主都)이자, 지롱주드(Gironde 州)의 주도이다. 보르도 거주민들을 보르들레(Bordelais)라고 한다. 보르도는 가론강(Garonne 江)과 도르도뉴강(Dordogne 江)에 의해 크게 세 지역으로 나뉘는데, 이 두 강은 보르도에서 지롱드강과 만나 바다로 흘러간다. 바로 이 강줄기들을 따라 보르도 최고의 포도밭들이 분포되어 있다.

'보르도'라는 단어가 갖고 있는 의미는 두 가지로 볼 수 있다. 하나는 프랑스에서 다섯 번째로 큰 도시의 이름이고, 다음은 보르도에서 생산되는 와인을 의미한다.[89] 보르도는 전 세계적으로 가장 광대한 와인 산지라고 할 수 있다. 총 12만 630헥타르에 이르는 포도밭에서 1만여 생산자들이 연평균 8억 5천만 병의 와인을 생산해내는 프랑스 최대 와인 산지다. 각 지역마다 기후와 토양이 천차만별이어서 지역별로 다양한 와인이 생산된다. 대서양에 면해 있어 완만한 해양성 기후를 보이는 모래 언덕과 소나무 숲이, 지롱드강 어귀의 남서부 지역까지 소금기를 가득 머금은 거칠고 습한 강한 남서풍이 불어오는 것을 막아주어 보르도가 포도 농사를 짓는 여건을 확보하는 데 큰 도움을 준다.

보르도 와인 생산자들은 테루아(terroir)가 와인의 품질을 보증한다고 믿는다. 테루아는 산지의 지후와 토양, 지형, 일조량 등을 복합적으로 일컫는 말로, 이 모든 요소가 완벽하게 조화를 이루어야 좋은 와인이 생산된다. 도르도뉴강 동쪽의 생테밀리옹(Saint-Émilion), 포므롤(Pomerol), 프롱삭(Fronsac)의 포도 재배지와 지롱드강 서쪽 지역의 메독(Médoc), 그라브(Graves), 소테른(Sauternes), 그리고 도르도뉴강과 가론강 사이의 앙트르 되 메르(Entre-deux-Mers)라는 드넓은 지역을 포함한 보르도 전 지역이 오랜 세월 땀 흘려 일군 테루아의 산물이다.[90] 보르도의 와인 생산자들은 우수한 와인은 밭에서 만들어지는 것이지 와인 양조

89 장홍, 『문화를 포도주병에 담은 나라 프랑스: 프랑스 포도주의 모든 것』, 고원, 1998, 137쪽.
90 오즈 클라크, 제임스 메이, 줄리 아르켈, 『오즈의 프랑스 와인 어드벤처』, 김보영 옮김, 예담, 2008, 37-39쪽.

장에서 생성되는 것이 아니라고 말한다. 이러한 생각은 기술과 장비, 시설 등을 중요시하는 다른 나라의 포도 재배자들과 다른 뚜렷한 차이점이다. 테루아는 토양, 기후, 일조량, 강우량, 지질구조, 지형, 포도밭의 경사, 방향, 고도, 땅 속의 지층구조, 배수 조건 등 모든 요소를 종합한 총체적인 환경이다.[91]

와인을 지역문화자원으로 보유한 보르도에서 탄생한 '와인의 도시'는 와인과 관련된 인류문명을 그 기원에서부터 보여주고자 한다. 2017년 여름 기획전시는 세계 포도 재배 요람 중 하나인 조지아(Georgia)[92]를 주목한다. 이 기획전시는 7,000년 전에 묻혀 있던 커다란 와인 항아리인 크베브리(Qvevris)[93]를 포함해 와인에 얽힌 조지아의 역사를 주제로 한다. 크베브리는 조지아인들의 정체성을 보여주는데, 고대부터 유지되어온 와인 만들기 전통을 함축하고 있다. 2013년에는 '고대 조지아의 전통 크베브리 와인 제조방법(Ancient Georgian traditional Qvevri wine-making method)'이 유네스코 인류 무형문화유산 대표 목록에 등재되었다. 이 전시의 기획 의도는 인류 와인문명의 최초의 흔적을 찾아 보여주려는 시도로 해석된다. 와인의 도시는 인류 무형문화유산으

91 한관규, 『보르도 와인』, 그랑뱅코리아, 2002, 31쪽.

92 조지아(Georgia)는 동유럽의 국가이다. 북쪽은 러시아, 남쪽은 터키와 아제르바이잔, 남동쪽은 아르메니아와 국경을 접하고 있다. 수도는 트빌리시이다. 1936년 소비에트 연방을 구성하던 공화국의 하나인 그루지야 소비에트 사회주의 공화국을 이루고 있다가, 1991년 4월 9일 독립했다. 위키피디아, https://fr.wikipedia.org, 검색일: 2017년 4월 20일.

93 크베브리(Qvevri)는 포도주를 만들고, 숙성시키고 저장하는 데 사용되는 달걀 모양의 토기이다. 크베브리를 활용한 와인 제조는 조지아 전역에서, 포도 재배가 이루어지는 마을공동체에서 실시된다. 크베브리의 제조 및 와인 제조에 대한 지식과 경험은 가족, 이웃, 친구 및 친척에 의해 전달되며, 이들은 모두 공동 수확 및 와인 생산활동에 참여한다. 어린이들은 포도를 키워 와인을 만드는 과정을 지켜보면서 성장하고 이러한 와인 제조법을 전수받게 된다. 와인은 포도를 누른 다음 포도즙, 포도 껍질, 줄기 등을 크베브리에 쏟아 붓고 밀폐해 땅에 묻고 5~6개월 동안 발효시키는 과정을 거쳐 만들어진다. 와인은 일상생활뿐만 아니라 종교 행사와 의식을 축하하는 데 중요한 역할을 하며, 와인 저장고는 여전히 가정에서 가장 성스러운 곳으로 간주된다. 크베브리 와인 만들기의 전통은 지역사회의 라이프스타일을 정의하고 문화적 정체성과 전승의 기능을 한다. 유네스코, http://en.unesco.org/ 참조해 정리, 검색일: 2017년 4월 20일.

로서 와인을 보여주기 위한 새로운 개념의 박물관으로 탄생한 것이다.

필자는 2016년 7월 '와인의 도시'를 방문해 전시공간에 대한 탐색을 진행한 바 있으며, 이 공간의 정체성에 대한 의문을 갖게 되었다. 유물이 하나도 없으나 관람객을 몰입으로 이끄는 이 '신박물관'은 미래의 박물관에게 어떠한 메시지를 주는가? 이 절은 이에 대한 문제를 제기하면서 연구를 시작하고자 한다.

2) 와인의 도시, 몰입형 전시로 구현한 신박물관

(1) 디지털 환경에 반응하는 신박물관

최근에는 디지털 박물관에 대한 논의가 활발하게 전개되고, 실험적 시도를 하고 있어 시대의 변화에 따라 박물관 전문가들이 이러한 현상을 직시해야 한다는 주장이 제기된다.[94] 급변하는 디지털 환경에서 박물관 전문가들이 처한 어려움은 다양한 테크놀로지를 박물관 내에서 구현해 대중과 만날 수 있어야 한다는 점이다.[95] 또한 미래의 박물관에서는 박물관 자료의 통합과 활용이 더 중요한 문제가 될 것이며, 박물관 자료를 이용자에게 어떻게 효율적으로 제공할 것인가에 박물관의 미래가 달렸다고 보고, 박물관 자료의 맞춤형 정보 제공을 위한 디지털 기기의 활용이 제기되고 있다.[96]

이러한 견지에서 프랑스 보르도의 '와인의 도시' 사례는 전시 패러다임의 변화를 보여준다. 이 절에서는 신박물관의 조류 가운데 하나

94 Herminia Din Phyllis Hecht, *op. cit.*, 2007, pp. 9-17.

95 배은석 · 송희영, 앞의 글, 2016, 205쪽.

96 천진기, 앞의 글, 2015, 92-94쪽.

인 디지털 시대의 테크놀로지와 박물관의 관점에서 '와인의 도시'를 논하고자 한다.

'와인의 도시'는 상호작용을 촉진하고 몰입 경험을 제공하며 문화유산 및 와인 세계에 대한 방문자의 접근을 용이하게 하는 것을 목표로 한다. 상설전시는 다양한 테크놀로지로 구현되었다. 50대 이상의 프로젝터, 100대 이상의 비디오 플레이어 및 서버, 거의 200개에 달하는 스크린, 200대의 스피커를 지원하는 100개의 오디오 앰프, 10개의 오디오 플레이어, 모션 감지 기능이 있는 20개 이상의 카메라, 40여 개의 냄새 기계, 적외선 탐지기와 모든 시청각 및 멀티미디어 방송 장비를 연계하는 30개의 게이트웨이 서버가 설치되어 있다. 거의 300개의 적외선 감지기가 1,000명에 다다르는 관람객의 움직임과 상호작용한다. 또한 연출과 감독을 보장하는 쇼 컨트롤러가 7대 구비되어 있다. 이렇게 첨단 테크놀로지로 무장한 '와인의 도시'는 몰입(Immersion)으로 가득 찬 신박물관이다.

신박물관의 실천에 있어 프랑스는 선두에 있다. 프랑스에서는 신박물관학의 흐름에 입각해 에코뮤지엄과 사회적 박물관 연대(FEMS)가 발전해왔는데 이 기관은 회원 간의 교류와 대내외적인 활동을 지원하고 있다.[97] 이 연대조직에 가입된 회원 수는 2018년 현재 119개 기관이다. 이는 프랑스 114개 기관과 기아나, 레위니옹, 퀘백, 스위스의 기관을 모두 포함해 전 유럽적인 연계조직이다. 각 회원관의 사이트 뮤지엄이나 관련 시설을 모두 헤아린다면 훨씬 많은 수의 기관이 이 협회의 네트워크 조직에 속해있다는 것을 알 수 있다.

프랑스의 에코뮤지엄 이론은 일본, 중국에도 영향을 주었으며, 최

97 배은석, 「방대의 페모로 광산 센터를 통해 본 에코뮤지엄의 현재적 의미」, 『글로벌문화콘텐츠』 20호, 글로벌문화콘텐츠학회, 2015, 75쪽.

근 우리나라에도 각 지역에서 에코뮤지엄이 발현되고 있다. 특히 프랑스인들은 무형문화유산을 주제로 유물이 없는 몰입형 전시를 통해 신박물관을 구현했으며, 이는 미래 박물관의 중요한 예시일 수도 있다. 따라서 이 절에서는 '와인의 도시'를 좀 더 집중적으로 관찰하고 이에 대해 연구하고자 한다.

(2) 몰입으로 이끄는 신박물관 '와인의 도시'

몰입이란 문학 텍스트나 가상현실을 접하는 과정에서 지각적·심리적 인식이 외부 세계와 거의 완전히 차단된 상태로 텍스트에 참여하는 상태를 뜻하는 용어이다. 몰입은 또 다른 뜻을 갖는데 기술적 장치에 의한 지각적 몰입과 기술 장치 없이 이용자 스스로 자발적으로 갖게 되는 심리적 상태이다. 몰입이 최고조에 달하는 것은 이 두 형태가 결합될 때이다. 보드리야르(J. Baudrillard)의 용어인 원본과 복사물의 구별 자체가 소멸해버린 상태를 뜻하는 '시뮬라시옹(Simulation)'이나 현실보다 더욱 현실적인 것, 즉 과잉현실을 뜻하는 '하이퍼리얼리티(Hyper-reality)'가 구현된 것이 디지털 매체에 의해 창조된 가상현실 즉 몰입이다. 문학 텍스트에 대한 독자의 몰입(Flow)이 심리적 자발성에 기인하는 것에 반해 가상현실에서의 몰입(Immersion)은 심리적일 뿐 아니라 동시에 지각적이라는 점에서 서로 다르다.[98] 이 절에서는 기술적 장치에 의한 지각적 몰입의 관점에서 논의를 시작하고자 한다. 그리고 가상현실로의 몰입이 마침내 심리적 몰입에 다다르도록 이끄는 전시의 과정을 살펴보도록 하자.

앞서 살펴본 바와 같이 매기 버넷 스토그너는 박물관 전시에 미치

98 한국문학평론가협회, 『문학비평 용어사전』, 국학자료원, 2006, 627쪽.

그림 1-39 :: '와인의 도시' 전경 (자료: 와인의 도시)

는 영향에 대해 논의한 글에서 박물관 전시에 있어 몰입을 '체험형 몰입, 서사적 몰입, 극장형 몰입, 상호작용형 몰입, 가상형 몰입'의 다섯 가지로 나누어 분류했다.[99] 이렇게 다양한 몰입은 수동적인 관람객을 상호작용하는 적극적인 관람객으로 변화시키는 힘이 있다고 본다. 처음에는 오로지 보기만 하는 관람객에서 관찰자로, 탐험가로, 발견자로, 기여자로, 학예사로 변해가는 과정을 겪게 된다.[100] 이러한 관점에서 박물관 전문인력들에게 요구되는 새로운 사명은 박물관의 발전적 진화를 위해 테크놀로지 역량을 강화해야 한다는 점이다.

그렇다면 이러한 시대 변화를 선도하면서 몰입형 전시관을 갖춘 '와인의 도시'는 어떠한 곳인가? 신박물관을 표방하면서 2016년 6월

99 Maggie Burnette Stogner, *op. cit.*, pp. 116-128. 이에 대해서는 이 책의 앞부분 '4. 테크놀로지와 예술: '빛의 채석장'에 구현된 몰입형 전시《클림트와 비엔나》'에서 자세하게 다루었음.

100 *Ibid.*, p. 121.

1일에 개관한 '와인의 도시'는 가론 강변에 위치했으며, 보르도를 와인의 메카로 설정하면서 인류의 문화사와 얽힌 와인의 역사를 보여주는 것을 목표로 한다.[101] 부드러운 선으로 표현된 알루미늄 재질의 건물 외관은 와인을 돌렸을 때 잔 속에서의 움직임이나 건물 주변에 흐르는 강의 움직임을 떠올리게 한다. 이것은 와인 세계로의 탐험을 암시한다. 이러한 전시장 환경은 방문객에게 새로운 세계의 탐험에 대한 흥미를 유발시킨다.

입구를 통과하면 1층에는 안내데스크와 매표소, 와인 매장 등이 있고, 로비에는 보르도와 보르도 와인을 검색할 수 있는 다양한 스마트 기기들이 놓여있다. 이 공간은 박물관을 방문한 관람객에게 오리엔테이션을 제공하는 장소이다. 오리엔테이션은 박물관 관람객에게 매우 중요한 것으로 관람객이 박물관에 도착해 전시공간에 이르기까지의 물리적인 과정이자, 전시를 관람하기에 앞서 정신적으로 준비하는 심리적인 과정이다.[102] 만약 보르도 와인 루트를 방문하고 싶다면 1층에 있는 안내데스크를 통해 주변 포도밭을 방문할 수도 있다. 2층에는 19개의 테마로 이루어진 상설전시가 펼쳐진다. 이 전시들은 흥미로운 와인의 세계로 초대하고, 몰입으로 이끈다. 가장 높은 층에 위치한 전망대는 우수한 와인을 선택해 시음할 수 있는 시음 공간 벨베데르(Belvedere)가 있다.

방문객은 강이 내려다 보이는 이 공간에서 보르도 시가지, 포도원 및 주변 지역을 감상할 수 있으며, 전 세계의 와인 생산지와 협력해 제공되는 다양한 와인을 맛볼 수 있다. 어린이들에게는 포도 주스가 제공된다. 천장은 수천 개의 와인 병으로 만든 샹들리에가 장식되어 있고,

---

101 와인의 도시, http://www.laciteduvin.com/fr, 검색일: 2017년 4월 3일.

102 마이클 벨처, 앞의 책, 2013, 147쪽.

오크 카운터를 중심으로 와인이 서비스된다. 그 외에도 레스토랑, 와인 스토어, 독서 공간, 시청각실, 리셉션 장소들과 시음 장소, 아뜰리에(체험장)까지 갖추고 와인에 대한 다양한 체험을 제공한다.

(3) 스마트 도슨트를 활용한 스마트 박물관

박물관 전시에서 유물이나 원작을 대신해 테크놀로지를 활용하는 것에 대해, 유물이나 예술작품의 진정성을 훼손하는 것이라는 입장과 적극적으로 활용해야 한다는 입장이 대립되어왔다. 리안 맥타비시(Lianne McTavish)는 온라인에서 경험하는 가상박물관의 문제에 대한 논의에서, 가상박물관이 상업적으로 성공할 수 있으리라는 기대와 가상박물관이 전복될 수도 있다는 것을 논하면서 이율배반적인 관점에서 두 가지 모두의 가능성을 논증한다.[103]

이러한 논의 가운데서도 부인할 수 없는 것은 지난 40년이 넘는 기간 동안 박물관에서는 방문객에게 전시를 돕는 기기로서 오디오 투어를 제공했다는 점이다. 이 기간 동안 기술은 계속 발전해 아날로그에서 디지털로, 오디오에서 멀티미디어로 전환되었다. 휴대용 플랫폼의 진화에 있어 중요한 전환점은 1980년 소형 카세트 도입과 1990년대 디지털 시스템으로의 전환이다. 디지털 플레이어의 출현과 함께 오디오 가이드는 전 세계 박물관의 해석적이고 교육적인 견지에서 중요한 부분이 되었다. 이는 무선으로 상시 접속할 수 있는 박물관의 프로그램 개발 기회가 확대됨을 의미한다.[104]

---

103 Lianne McTavish, "Visiting The Virtual Museum: Art and Experience Online," *New Museum Theory and Practice*, Australia: Blackwell, 2006, pp. 226-246.

104 Robin Dowden and Scott Sayre, "The Whole World in Their Hands: The Promise and Peril of Visitor-Provided Mobile Devices," *The Digital Museum*, Washington, DC: American Association of Museums, 2007, p. 34.

'와인의 도시'를 방문한 모든 관람자에게는 상설전시 관람을 돕는 '여행의 동반자(Compagnon de Voyage)'라는 모바일 기기가 제공된다. 이것은 오디오 가이드보다 한층 업그레이드 된 상호작용(interactive) 태블릿이다. '여행의 동반자'는 대중 서비스를 위한 기술 및 정보를 집중한 스마트폰에 가까운 기능을 갖는 기기로 상설전시의 방문에 있어 필수 불가결한 요소이며, 일반적인 박물관에서 단체를 이끌면서 해설을 해주는 도슨트의 역할을 개인별로 콘텐츠에 맞게 제공하는 스마트 도슨트이다.

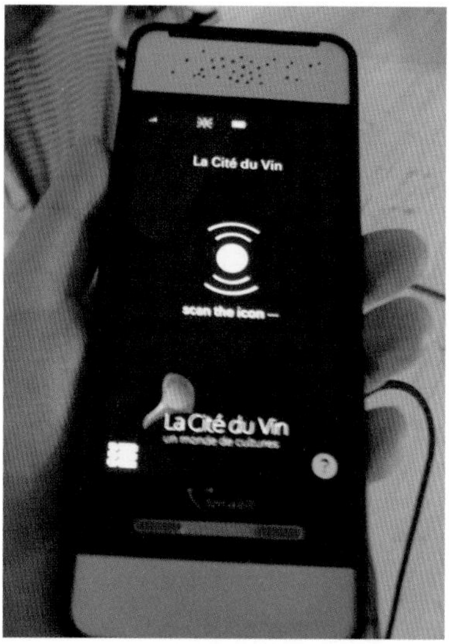

그림 1-40 :: '와인의 도시'에서 제공되는 스마트 도슨트 '여행의 동반자'

이렇게 자동화된 스마트 도슨트가 등장할 것이라는 것은 이미 예견되어왔다. 강인애는 스마트 박물관에 대한 논의에서 온라인과 오프라인의 간격을 모바일 기기가 연결해 온라인과 오프라인의 공간이 통합되고, 이로 인해 언제 어디서든 학습이 이루어지며, 개인의 개별적 학습과 개인 간 상호작용을 적극 지원하는 형태를 스마트 러닝이라고 볼 때, 이러한 스마트 러닝의 개념을 박물관에 적용한 경우를 스마트 박물관이라고 규정하면서, 스마트 박물관의 특징을 제시한다. 이것은 한마디로 통합의 원칙을 기반으로 설명할 수 있다고 보았다. 결국 스마트 박물관은 이전부터 이어져오던 박물관 테크놀로지의 특징, 목표 등이 완성되는 단계이며, 모든 테크놀로지가 이 자리에서 다 같이 통합적으로 작용해 관람객의 인지적·사회적·감성적 발전을 책임져, 스마트

관람객이 될 수 있는 환경을 마련해주게 될 것이라 기대한다.[105]

'와인의 도시'는 이러한 스마트 박물관의 환경을 구현했다. 상설전시 관람은 적외선 감지기 또는 카메라에 기초한 광학 방식에 따라 동작검출 시스템을 기반으로 여행의 동반자에게 제공되고, 관람객은 이를 제공받게 된다. 8개 국어로 설명이 가능한 이 상호작용 태블릿은 방문객에게 일대일로 각 콘텐츠에 대한 자세한 안내와 함께 설계된 전시 프로그램을 실행한다. 아동들을 위한 특별 버전도 준비되어 있다. 방문 후에도 지속적인 활동을 하는데, 여행의 동반자는 방문객이 특히 관심 있는 주제에 대한 태그를 각 방문자에게 제공한다. 방문객은 와인의 도시의 웹 사이트에 개인 공간을 창조하고 그의 방문 이후에 보완된 정보를 얻을 수 있다.

(4) 무형문화유산에 기초한 충실한 해석

와인의 도시는 와인 문화를 발견할 수 있는 무형문화유산에 기초한 충실한 해석을 시도했다. 19개의 테마로 이루어진 상설전시는 3천 m^2의 공간에 펼쳐진 와인의 문명과 문화를 발견하는 전시공간이다. 이제 구체적인 전시 내용을 살펴보고자 한다. 편의상 전시공간에 번호를 부여해 설명하고자 한다.[106]

전시 1의 테마는 '세계의 포도원 여행'이다. 전 세계 와인 생산지 17개국 20개 포도원을 촬영한 영상이 대형 화면에 상영되는 가운데 관람석을 중심으로 연이은 화면이 서라운드 시스템으로 제공되는 극장

---

105 강인애, 「박물관(미술관) 교육과 디지털 테크놀로지」, 『한국 박물관 교육학』, 문음사, 2010, 193-196쪽.

106 이하 내용은 필자가 2016년 7월 15일 현장을 방문해 조사하고 촬영한 내용과 와인의 도시 홈페이지(http://www.laciteduvin.com/fr, 검색일: 2017월 4월 3일)를 참조해 작성함.

그림 1-41 ::
전시 1: 세계의 포도원 여행

그림 1-42 ::
전시 2: 와인 행성

형 몰입체험으로, 관람객은 헬리콥터를 타고 전 세계 와인 산지를 방문하는 가상의 여행을 하게 된다.

전시 2의 테마는 '와인 행성'이다. 이 공간은 인류의 역사와 함께 수천 년간 형성된 와인의 역사와 포도나무, 포도 품종에 대해 다룬다. 토양과 기후에 맞게 포도나무를 재배하고 포도 품종을 개발하는 모험과 열정의 역사를 설명하는데, 이는 상호작용과 서사적 몰입체험이다.

전시 3은 '테루아의 테이블'이라는 주제로 구현되었다. 이곳은 와인이 재배되기 위한 테루아에 대해 설명하는 공간이다. 전술한 바와 같이 테루아는 좋은 와인이 만들어지기 위한 제반 자연조건을 총칭하는 말로 토양, 강수량, 태양, 바람, 경사, 관개, 배수 등이 포함된다.

전시 4는 'E-덩굴'이라는 테마를 갖고 있다. 포도덩굴을 모티브로 열매처럼 달려있는 기기에 접속하면 포도 재배법에 대한 설명이 화면

그림 1-43 ::
전시 3: 테루아의 테이블

그림 1-44 ::
전시 4: E-덩굴

그림 1-45 ::
전시 5: 와인의 숙성

그림 1-46 ::
전시 6: 와인의 초상화

과 함께 구동된다. 포도나무의 가지를 베어주고 정성을 다해 재배하고 수확하기까지 최적의 조건을 만들기 위한 인간의 노력과 포도 재배가 인류유산으로서 가치가 있음을 설명한다.

전시 5는 '와인의 숙성'이라는 주제로 구성된다. 포도가 와인으로 변하기까지의 수확, 발효, 숙성 과정의 과학적 정보를 제공한다. 와인은 오크 통과 병 속에서 산화와 환원을 반복하면서 최고의 향과 맛을 내기 위한 시간을 갖는다. 시각적인 영상과 함께 충실한 스마트 도슨트의 설명이 이어진다.

전시 6은 '와인의 초상화'라는 제목의 공간이다. 드라이 화이트(blancs secs), 레드(rouges), 로제(rosés), 스파클링(effervescents), 강화 와인(vins mutés), 달콤한 와인(liquoreux), 이렇게 여섯 가지 와인의 분류를 색의 대조를 통해 설명한다. 손가락으로 둥근 원판을 터치하면 펼쳐지는 신비로운 영상은 와인의 종류와 그 특징을 서사형 몰입으로 설명한다.

전시 7은 '물 위의 와인'이라는 테마로 액자 속의 그림을 통해 과거 와인을 이동하는 데 사용된 해상 교통수단을 보여준다. 철도가 발전하기 전까지 수로는 와인의 주요 이동 경로였다. 여행의 동반자를 활용해 와인의 운반과 이동에 대한 설명을 들을 수 있는 서사형 몰입이다.

전시 8은 '배를 타고!'라는 제목의 전시공간이다. 와인의 전파과정을 보여주는 애니메이션을 활용한 극장형 몰입전시이다. 와인은 배를 타고 대륙을 이동하면서 전파되고 무역과 교역을 대상이 되었다. 페니키아에서 그리스로, 그리스에서 로마로, 보르도에서 영국으로, 그리고 세계로 퍼져나간 와인의 이야기를 들려준다.

전시 9는 '문명의 갤러리'라는 주제이다. 인간문명의 발전과 같이 해온 와인의 기원과 역사를 탐구하기 위한 공간이다. 이집트의 종교 의식, 그리스와 로마, 아테네의 연회, 위대한 문명을 발전시킨 신성한 와인을 재발견하는 체험을 하게 된다. 소형 부스 안에 구현된 홀로그램이

그림 1-47 ::
전시 7: 물 위의 와인

그림 1-48 ::
전시 8: 배를 타고!

그림 1-49 ::
전시 9: 문명의 갤러리

그림 1-50 ::
전시 11: 오감의 뷔페

이끄는 서사를 통해 와인에 대한 고고학적 고찰을 할 수 있다. 고대 그리스시대의 심포지엄(Symposium)은 오늘날엔 연회(宴會)라고 번역되지만 원래 의미는 음주파티였으며 그 음주의 중심에는 와인이 있었다. 그리스인들은 비록 와인을 최초로 만들어내지는 않았지만 와인을 문화생활의 중심으로 끌어들였다. 관람객은 '여행의 동반자'의 안내로 인류 문명과 와인에 관련된 이야기를 들을 수 있다.

전시 10은 '현대 와인의 트렌드'를 보여주는 공간이다. 와인은 21세기의 새로운 트랜드에 맞추어 변화하는 상품으로 거듭나고 있다. 이러한 변화는 디자인, 라벨, 포장, 광고, 건축 등 다양한 요소들이 논의되고 있음을 보여준다.

전시 11은 '오감의 뷔페'라는 주제로 와인은 다섯 가지 감각을 통해 만끽할 수 있는 대상임을 환기시킨다. 인간은 와인을 보고, 듣고, 맛

그림 1-51 ::
전시 12: 박카스와 비너스

그림 1-52 ::
전시 13: 걸출한 영웅들의 연회

그림 1-53 ::
전시 14: 신성한 와인

보고, 향을 즐기고, 만지는 감각적인 체험을 통해 와인을 이해할 수 있다. 이 공간은 오감을 통해 와인을 경험하는 체험형 몰입공간이다.

전시 12는 '박카스와 비너스'라는 제목의 공간이다. 안락한 붉은 의자에 앉아 천장을 보면 와인과 관련된 사랑의 이야기가 펼쳐진다. 이 공간은 화가, 조각가, 시인, 소설가, 영화 제작자, 작곡가 등의 와인에 얽힌 사랑의 이야기를 영상으로 보여준다. 유혹의 매개체로서, 즐거움의 대상으로서, 사랑의 슬픔을 잊게 하는 방법으로서 와인 등 다양한 와인의 얼굴을 보여준다.

전시 13은 '걸출한 영웅들의 연회'라는 공간으로 볼테르(Voltaire), 처칠(Churchill), 라블레(Rabelais), 토마스 제퍼슨(Thomas Jefferson), 콜레트(Colette), 나폴레옹(Napoléon) 등 시대와 공간을 초월한 영웅들이 연회에 초대되어 그 시대의 와인을 이야기한다. 이는 애니메이션으로 구현되며, 몰입의 방식은 극장형 몰입이라고 할 수 있다.

전시 14는 '신성한 와인'이라는 제목의 전시이다. 일정한 시간 간격을 두고 바뀌는 화면은 성경, 신화 속의 인물과 와인을 그린 그림을 모자이크 방식으로 보여준다.

전시 15는 '음료와 과음'이라는 공간으로 와인을 과음했을 때 일어나는 부작용을 영상을 통해 보여준다. 와인이 아무리 훌륭한 전통을 갖고 있는 우수한 음료라고 하더라도 과음하거나 중독이 되었을 때 일어나는 부작용은 용인될 수 없다는 것을 시사하고 있다. 이 복합체의 다양한 면과 사람과 와인의 양면적인 관계를 탐색한다.

전시 16은 와인을 활용한 '생활의 예술'을 테마로 하고 있다. 와인은 공동체가 나누는 유쾌함이며 미식의 즐거움은 결코 멀리 있지 않다는 것을 발견하는 가상형 몰입이다. 가상의 프랑스 시식 테이블에 관람객이 앉으면, 역사가 프랑크 페랑(Franck Ferrand)이 등장해 와인의 역사에 대해 이야기한다. 또 기자인 아리안 마스네(Ariane Massenet)과 함께

그림 1-54 ::
전시 16: 생활의 예술

그림 1-55 ::
전시 17: 전문가와
마주 앉아

그림 1-56 ::
전시 18: 보르도, 도시,
포도원

그림 1-57 ::
전시 19: 보르도의 무용담

와인을 공유하는 방법에 대해 들을 수 있다. 한편, 요리사 헬렌 다로즈(Hélène Darroze)가 테이블 앉아 프랑스 요리법에 대해 이야기한다. 2010년에 유네스코 인류 무형문화유산 목록으로 등재된 프랑스 미식법에 대한 정보를 듣고 체험할 수 있는 상호작용형 몰입체험이 제공된다.

전시 17은 '전문가와 마주 앉아'라는 공간으로 와인에 대해 알고 싶었던 모든 것을 배우는 공간이다. 관람객이 의자에 앉으면 맞은편에 전문가가 등장해 빈티지를 선택하는 방법, 병을 보관하는 방법, 포도주를 제공하는 방법, 어울리는 음식, 와인 생산국에 관한 정보, 와인 생산국의 새로운 경향 등 다양한 것을 이야기한다. 유명한 비평가, 훌륭한 요리사, 소믈리에뿐만 아니라 의사, 변호사, 종교 지도자 또는 철학자들과도 만날 수 있는 공간이다.

전시 18은 '보르도, 도시, 포도원'이라는 주제로 보르도에서 와인이 역사의 전 과정에 밀접한 관계로 연결되어 있음을 보여준다. 생테밀리옹, 포므롤, 프롱삭, 메독, 그라브, 소테른 등을 포함한 보르도 전 지역이 오랜 세월 땀 흘려 일군 테루아의 산물이라는 것을 보여주는 공간이다. 2천년 이상의 세월 동안 보르도 사람들은 포도나무를 재배하고, 와인을 개발하고, 맛보고, 거래하고, 교역했다. 와인과 상거래는 사회 전체에 영향을 주었고, 도시 계획과 건축에 중대한 영향을 끼쳤다. 지도를 터치하면 구현되는 화면과 음성정보를 통해 도시가 담고 있는 와인의 흔적과 보르도의 풍경을 볼 수 있다.

전시 19는 '보르도의 무용담'이라는 제목의 전시이다. 수세기 동안 포도밭을 만들고 품질이 우수한 와인을 만들고 세계인과 교역하면서 와인의 도시로 명성을 쌓은 보르도의 역사를 보여준다. 보르도의 위대한 무용담은 정치적 동맹, 포도원 운영자들의 형제와 같은 우애와 공동체 의식, 와인 주조자들의 전략과 고집, 기술 혁신, 대담성 및 상업적 창의력과 같은 모험이 있었기에 가능했다. 보르도가 세계적으로 사랑

받는 와인의 산지가 되기까지 위대한 역사적 인물, 와인 수집가, 상인, 중개인, 과학자 및 와인 애호가들이 있었기에 가능했다는 것을 보여준다.

이와 같이 관람객은 19개의 테마를 갖는 몰입형 전시를 통해 인류 문명과 같이 발달해온 와인의 역사, 와인의 화학적 변화, 테루아, 와인을 발전시켜온 인물들, 와인에 얽힌 인간사, 그리고 보르도라는 지역이 갖고 있는 와인에 대한 열정 등을 체험하게 된다.

주목할 것은 '와인의 도시'가 구현한 스마트 박물관은 유물을 전제로 성립되는 기존의 박물관과 다르다는 것이다. 그럼에도 불구하고 이 전시공간이 유의미한 것은 그동안 유형문화유산에 집중되어온 박물관의 경향에 대조적으로 무형문화유산을 집중적으로 보여주는 전시를 구현했다는 점이다.

전통적인 유형문화유산 중심의 박물관과 '와인의 도시'의 차이점을 찾아보자. 첫째, 전통적인 박물관이 유형문화유산의 수집, 보존에 집중했다면, 와인의 도시는 무형문화유산을 주요 대상으로 수집, 보존하면서 대중과 소통하는 것을 적극적으로 시도한다. 둘째, 전자가 지적이고 정신적인 가치를 추구하는 전문가 중심의 전시 해석을 통해 실물 전시를 구축하는 것과는 대조적으로 후자는 감각을 활용한 몰입의 극대화를 통해 관람객 스스로 전시를 구현하게 만드는 테크놀로지 기반의 가상현실 전시이다. 셋째, 전자가 역사적 고증에 충실한 교육과 연구를 중요시하는 성향을 보인다면 후자는 역사적 고증에 상상력과 결합한 스토리텔링을 결합해 위락을 추구하는 성향이 강하게 나타난다.

3) 미래의 박물관을 위한 제언

지금까지 '와인의 도시'가 보유한 다양한 콘텐츠를 통해 몰입형 전시의 사례를 살펴보았다. 설명과 함께 제시한 사진 자료에서 보듯이 이 모든 전시공간에서 관람객들의 몰입 수준은 매우 높다고 판단된다. 사실 와인의 도시는 프랑스 정부에서 공식적으로 인정하는 박물관 목록에 없기에 전통적인 박물관이 아니다.[107] '와인의 도시'를 개관하면서 그들이 주장한 것처럼 이곳은 신박물관이다. 개인별로 '여행의 동반자'라는 스마트 기기를 착용하고 상호작용 시스템을 활용해 전시에 몰입하는 진지한 관람객들의 모습은 미래의 박물관이 어떻게 대중과 만나야 할 것인가에 대한 과제를 제시하고 있다.

유물이 단 한 점도 없는 19개 전시공간을 통해 대중이 발견한 것은 무엇인가? 와인 애호가들이 아니더라도 이곳에서의 관람을 통해 와인에 대해 새롭게 발견하게 되었다면 이러한 현상을 어떻게 해석할 것인가? 사전에 별다른 지식이나 관심이 없던 관람객들도 와인의 도시를 방문하는 과정에 와인, 포도 재배와 테루아, 와인의 빈티지, 프랑스 미식문화, 와인 공유법과 보르도에 대해 관심을 갖게 될 것이다.

보르도는 이미 도처에 수세기에 걸친 와인유산을 보유하고 있다. 넓게 분포된 포도밭, 와인을 만드는 농가, 와인을 파는 상점, 와인 루트 등 이 지역 전체가 와인을 매개로 하나의 유기체를 형성하고 있다. 이곳에 '와인의 도시'가 설립되어 가장 아날로그적인 와인문화를 첨단의 테크놀로지로 설명하고 와인의 세계로의 탐험을 이끌고 있다. 그렇기에 과연 인류 와인문화의 중심지로서 자격을 획득했다고 해도 과언이 아닐 것이다. 그러나 여기서 간과하지 말아야 할 것은 이 테크놀로지에

---

107 프랑스의 박물관, http://www.culture.gouv.fr/documentation/museo/, 검색일: 2017년 7월 1일.

담긴 와인에 대한 그들의 열정과 정성이다. 그것은 박물관이 사회적으로 가져야 하는 의무와 역할에 충실하고 있다.

이러한 몰입은 수동적인 관람객을 상호작용하는 적극적인 관람객으로 변화시키는 힘이 있다고 본다. 처음에는 오로지 보기만하던 관람객(spectator)은 '와인의 도시'를 관람하는 과정에서 와인의 다양한 면모를 관찰하는 관찰자로, 와인의 세계를 탐험하는 탐험가로, 그리고 와인에 대해 발견하는 발견자로 변하게 된다. 그리고 좀 더 적극적으로 후원에 참여하거나 와인의 도시를 알리는 역할을 하는 기여자로, 마침내는 웹사이트에 자신의 페이지를 만들고 '와인의 도시'에 아이디어를 제공하거나 박물관의 다양한 활동에 참여하는 학예사로 변해가는 과정을 겪게 되는 것이다.

컴퓨터와 디지털이라는 21세기 새로운 기술의 생성은 아날로그와 디지털 사이에서 사회 각 분야에 혁신을 불러오고 있다. 그렇다면 인류문화유산의 저장소이자 대중을 교육하는 기관인 박물관은 새로운 미래를 준비해야 하는 것은 아닌가? 이제 박물관은 디지털과 결합한 다양한 형태의 융복합적 시도에 도전하면서 대중과 인류의 문화유산이 만나는 새로운 플랫폼을 제공해야 할 것이다. 또한 박물관 전문가들은 신박물관의 시대를 대비하기 위한 다각적인 노력을 모색해야 할 시점이다. 그러기 위해서는 유형문화유산뿐만 아니라 무형문화유산의 수집과 보존, 연구도 이루어져야 한다. 그리고 그것을 어떻게 미디어로 담아낼지에 대한 고민도 심도 있게 진행되어야 한다. 아울러 이에 대한 연구와 활발한 논의가 형성되어 이러한 현상을 박물관에서 어떻게 수용할 것인가에 대한 함의를 도출하는 것이 필요하다.

2부
전시의 기획에서 실행까지

1 무형문화유산의 가치에 주목한 아시아 8개국 음식 전시 《어머니의 고향노래》

1) 전시의 기획

'전시의 기획'에서는 영감에서 아이디어로, 아이디어에서 전시 주제로 접근하는 전시기획의 원리를 이해한다. 전시 주제를 세분화하는 과정을 익히고 전시의 직접적인 대상이 되는 전시목록에 대해서도 이해한다. 이를 위해서는 구체적인 전시사례를 활용하도록 한다. 그리고 전시가 되기까지의 과정, 전시 주제가 선정되는 과정을 이해한다. 또한 큐레이터가 전시기획력을 갖고 이를 수행하기 위해 요구되는 문화·예술에 대한 심도 있는 전문지식과 통찰력, 리더십, 협업능력 등 다양한 덕목에 대해 인식한다.

어떤 사회현상이나 가치에 대한 영감이 떠올랐다면 전시 아이디어로 이어질 수 있다. 이런 경우에 '이 전시를 통해 무엇을 보여줄 것인가?' 혹은 '전시를 통해 대중에게 어떤 메시지를 전할 것인가?'를 고민하게 된다. 〈그림 2-1〉은 떡박물관의 2011년도 여름특별전으로 실행된 《어머니의 고향노래》 기획전시의 주제를 잡아가는 생각의 흐름을

그림 2-1 :: 영감에서 아이디어, 전시 주제 찾기

보여준다.[1]

당시 우리 사회는 '다문화'라는 사회적 현상에 대해 민감하고 적극적인 반응을 보이고 있었다. 전시기획자로서 큐레이터의 고민은 '이것을 박물관 안에서 어떻게 보여줄까?'라는 것이었다. '박물관은 사회와 사회의 발전에 이바지하는 비영리의 항구적 기관으로서 공중에게 개방하고, 학습과 교육, 위락을 위해, 인류와 인류의 환경에 관한 유형·무형의 유산을 수집, 보존, 연구, 교류, 전시한다.'[2] 그러므로 박물관은 인류문화의 보고라고 할 수 있다. 다문화의 문제도 박물관 안에서 풀어갈 수 있는 것은 이 공간에서는 모든 인류문화가 소중하게 다루어지며 존중받고 있기 때문이라는 신념으로 박물관에서의 다문화 전시, 교육의 사례를 조사했다.

국공립박물관의 에듀케이터(교육사)로 수년간 일하면서 다문화교육 프로그램을 기획하고 실행해온 정춘옥은 박물관 속의 다문화를 논하면서 외국인, 그중에서도 결혼이주여성들을 대상으로 하는 프로그램 참가자들을 모집하는 데 엄청난 어려움을 겪은 것을 토로한다.[3] 이

---

1 이 글은 배은석, 「박물관 속 다문화 전시에 대한 연구: 《어머니의 고향노래》 사례를 중심으로」, 『글로벌문화콘텐츠』 9호, 글로벌문화콘텐츠학회, 2012를 참조해 재구성함.

2 http://icom.museum/statutes.html, ICOM Statutes Approved in Vienna (Austria) - August 24, 2007. Article 3 - Definition of Terms / Section 1. Museum. A museum is a non-profit, permanent institution in the service of society and its development, open to the public, which acquires, conserves, researches, communicates and exhibits the tangible and intangible heritage of humanity and its environment for the purposes of education, study and enjoyment.

3 정춘옥, 「박물관 속 다문화」, 『변화하는 세계 속에 뮤지엄 활성화 방안』, 한국박물관학회 학

는 현실을 고려하지 않은 불합리한 다문화 정책과 박물관의 현실이 맞물려 있음을 암시한다. 그는 다문화인들을 박물관으로 끌어들이기 위한 방법으로 전시와 교육 프로그램에 참여하는 방안에 대해 논했으며, 공공기관과의 연계를 통한 참여유도가 필요함을 지적한다.

박물관 교육에 있어 가장 선도적인 역할을 하고 있는 국립중앙박물관에서 다문화교육을 시작한 것은 2005년부터이다. 국립중앙박물관은 외국인 근로자를 대상으로 '다른 문화 같은 마음'이라는 교육 프로그램을 시행했으며, 화폐 속 유물, 금속공예, 회화, 염색, 다식 만들기 체험 등의 교육을 2005년부터 2010년까지 매해 진행했다.

박물관 속의 다문화교육 프로그램은 당초 외국인 근로자만을 대상으로 했으나 최근에는 결혼이주여성과 그 가족들을 대상으로 확대하는 추세이다.[4] 그러나 현재 우리나라 박물관에서의 다문화교육은 일방적으로 우리나라 문화를 그들에게 알리고 습득하게 하려는 방식에 너무 치우쳐있지 않은지를 돌아보아야 할 것이다. 우리가 가르쳐주고 싶은 우리 역사와 우리 조상의 문화적 업적보다 그들이 무엇을 절실히 알기 원하는지를 먼저 조사해봐야 할 것이다. 그리고 그 이전에 고려되어야 할 것은 그들의 문화에 대한 존중이며, 서로 다른 문화가 만나서 일어나게 되는 문화접변, 문화충돌, 문화교류의 측면이 함께 고려되어야 한다는 것이다.

다음으로 다문화교육에 있어 언어의 문제도 함께 고려되어야 할 것이다. 아무리 좋은 교육을 실시한다고 해도 언어의 장벽에 가로막혀 있는 상황에서는 그 효과를 기대하기 어려울 것이다. 국립중앙박물관의 박연희 학예사는 다문화교육을 진행하면서 나타난 주된 문제점은

술대회, 2012, 43쪽.

4 박연희, 「국립중앙박물관 다문화교육: 개발에서 평가까지」, 『박물관과 다문화교육』, 한국박물관교육학회, 2012, 87-88쪽.

'언어소통의 어려움과 이해 정도에 대한 압박감'이라고 말한다.[5] 한국에 왔고, 한국에 살고 있으니 한국어로만 교육을 받아야 한다고 고집할 것이 아니라, 그들의 모국어에 대한 지원도 함께 제공된다면 교육의 효과가 훨씬 클 것이다.

그동안의 박물관 다문화교육은 주로 외국인근로자, 결혼이주여성, 다문화가정 가족과 자녀 등에 치중되어왔다. 그러나 최근에는 국립중앙박물관에서 한국인 대상 다문화 행사를 시작하면서 '몽골 알아보기', '내 친구, 베트남!' 등의 프로그램이 진행되었는데, 내용은 주로 전통공연, 강연 등으로 구성되었다.[6] 이런 시도는 매우 고무적이나 전시와 연계되지 못했으며 일회성 단기 행사에 머무르고 있다는 한계점을 갖고 있다. 게다가 몽골, 베트남 등의 국가에 한정되어 있어 다양한 국가와 민족을 배경으로 형성되고 있는 현재 우리나라의 다문화 현상에 대처하기에는 역부족이라고 본다.

즉, 그동안의 박물관 속의 다문화 전시가 상호문화주의적인 배려나 소통을 염두에 둔 것이 아니라 일방적으로 한국 문화를 주입시키려는 방식으로 진행되어왔음에 대한 반성적 사고에 이른 것이다. 이러한 현상은 한국 사회가 안고 있는 다문화 사회에 대한 인식과 준비가 미흡하고 비판적인 요소가 있다는 것을 극명하게 보여준다고 판단했다. 이것은 새로운 전시를 기획해야 한다는 영감을 제공했다.

---

5 위의 글, 87쪽.
6 위의 글, 88-99쪽.

2) 전시의 개발

'전시의 개발'을 위해서는 전시기획서 작성법을 익히고, 전시기획서에 기입해야 하는 필수 항목과 내용을 명확하게 알아야 한다. 전시 실행을 위한 현실적인 예산 집행 계획을 수립하는 방법과 예산을 확보하기 위한 자금 조달방안, 후원 모집방안 등에 대해 이해한다.

사례로 떡박물관의 2011년도 여름특별전《어머니의 고향노래》를 살펴보고자 한다.[7] 전시의 취지, 목표, 구체적인 전시 내용을 통해 우리나라를 포함해 아시아 8개국의 식문화를 소개하고자 했다. 이 전시가 특별히 의미를 갖는 것은 그동안의 전시와는 다르게 무형유산인 음식문화에 관심을 두었다는 데 있다. 무형문화유산은 공동체의 자기식별 능력을 갖고 있으면서도 끊임없이 재창조되며, 자아정체성과 관련을 맺고 있으며, 인권의 수호에도 기여한다.[8] 가장 아날로그적인 정서를 갖는 무형문화유산을 박물관에서 보여주되 그 중심 철학은 문화상호주의를 배경으로 한다. 전시 개발 과정을 되짚어서 하나의 전시가 완성되기까지의 사례를 살펴보자.

(1) 전시의 배경

본 전시의 전시 배경에는 박물관에서의 다문화 체험에 대한 문화상호주의적 의도가 작용했다. 전시 내용을 구성하기 위해 우리나라 결혼이주여성 가운데 가장 많은 수를 점유하는 국가를 대상으로 그들의

---

7 이 특별전은 서울특별시와 종로구청이 지원하고 떡박물관이 주관한 사업이다. 필자는 본 박물관의 학예사로서 이 사업의 기획에 참여했다.

8 Eun Sok Bae, Yoon Ok Park, "Sokcho Saja Noreum: Transition and Transmission of a North Korean Community's Intangible Cultural Heritage," *International Journal of Intangible Heritage*, Vol.13, 2018, pp. 157-171.

표 2-1 :: 국적별 결혼이민자 현황

(단위: 명)

구분	소계	남자	여자
중국	64,173	11,455	52,718
베트남	37,516	181	37,335
일본	11,162	1,010	10,152
필리핀	8,367	227	8,140
캄보디아	4,583	6	4,577
타이	2,603	42	2,561
미국	2,410	1,808	602
몽골	2,393	59	2,334
우즈베키스탄	1,840	52	1,788
러시아	1,319	70	1,249
캐나다	1,158	1,009	149
네팔	840	135	705
파키스탄	720	669	51
기타	5,597	2,927	2,670
총계	144,681	19,650	125,031

주: 이 가운데 한국계는 남자 7,558명, 여자 21,626명으로 총계 29,184명이다.
자료: 법무부 출입국 · 외국인정책본부, 『2011년도 출입국 · 외국인정책통계연보』, 2012, 575쪽.

음식 가운데 대표적인 것을 선별해 전시했다.

이를 위해 관련 선행 연구와 외국인출입국정책본부 통계자료를 활용했는데, 〈표 2-1〉은 이 전시를 기획할 당시의 국적별 결혼이민자 체류 현황이다. 총 144,681명 가운데 86%인 125,031명이 여성으로 최근 우리나라의 결혼이주자는 여성이 절대적으로 많은 수를 점유하고 있음을 보여준다.

해마다 증가하는 결혼이주여성은 가정을 이루고 자녀를 생산해 다문화가정의 어머니로 우리 사회에 정착하게 된다. 이에 따라 다문화가정에서 자라는 어린이들도 점차 증가하게 된다. 그런데 다문화에 대한 논의에서 가장 시급하고 중요하게 다루어지는 것은 결혼이주여성이 우리 사회에 적응하기 위해 한국 문화를 배워야 한다는 관점과, 다문화가정의 어린이들이 사회에 잘 적응하기 위해 아버지 나라의 문화인 한국 문화를 이해해야 한다는 데 초점이 맞추어져 있다.

그러나 여기서 간과할 수 없는 것은 결혼이주여성들의 문화를 도외시하는 문제이다. 김진영은 우리나라의 다문화교육은 통합 또는 동화의 의도로 나타나는데, 겉으로는 다문화주의를 표방하고 있음에도 불구하고, 복지와 교육을 도구로 결혼이주여성을 한국인으로 변화시키는 데 더 많은 관심을 보이고 있다고 지적한다. 이 과정에서 결혼이주여성의 문화정체성은 훼손될 수밖에 없으며, 인권도 무시될 수 있는 상황이므로 교육의 대상은 결혼이주여성뿐만 아니라 한국인 배우자와 가족이 필수적으로 포함되어야 하고 교육 과정에도 상호문화교육(intercultural education)을 제도화해야 하며, 결혼이주여성을 교육의 대상이 아니라 교육의 주체로 활용할 수 있는 방안을 모색해야 한다고 보았다.[9]

다문화 아동의 자아를 형성하는 과정을 연구한 연구자에 따르면 다문화가정 아동의 애착은 모애착이 가장 높으며 그 다음으로 부애착, 또래애착 순으로 나타난다. 이는 일반 가정과 마찬가지로 어머니와의 친밀감을 통해 가장 큰 애착을 느끼는 것으로 해석된다.[10] 그러나 우리나라 교육은 아버지의 나라인 한국 문화 교육에만 치중되어 있다. 다문

9 김진영, 「이주공동체를 활용한 다문화콘텐츠 개발 방안 연구」, 한국외국어대학교대학원 글로벌문화콘텐츠학과 박사학위논문, 2011, 18쪽.

10 황미경, 「다문화가정 아동의 부모애착, 또래애착 및 사회불안과의 관계 연구」, 부경대학교 교육대학원 교육심리전공 석사학위논문, 2010, 35쪽.

화가정에서 자라는 어린 세대들에게 자신의 어머니의 문화를 진지하게 접하고 이해할 수 있는 기회는 현실적으로 부족한 상황이다. 다문화 어린이들에게 어머니의 나라에 대해 가르쳐주고 어머니 나라의 음식을 만들어볼 기회를 제공하는 것은 상호문화교육의 관점에서 의미가 있다고 본다.

(2) 전시의 취지 및 목표

다문화가정의 결혼이민여성들은 우리 사회의 일원임에도 불구하고 사회적 소수자, 약자의 위치에 있다. 본 전시를 통해 그들의 삶과 본국의 무형문화유산으로서 음식문화를 조명하고자 했다. 그로써 다문화가정 자녀들에게 어머니의 나라와 아버지의 나라 간의 문화적·정서적 유대감과 친밀감을 형성시키고, 그들과 함께 자라나는 세대들에게는 성숙한 국제인의 시각과 인간에 대한 존중감을 함양시키는 것을 취지로 기획되었다. 또한 다문화 시대에 사회적 소수를 이해하고 음식과 이야기를 통한 문화적 공감과 소통을 통해 상호 간의 유대감 및 소속감을 형성하는 것을 목표로 했다.[11] 그러므로 이 전시에서 가장 중요한 테마는 다문화가정의 어머니이고, 그 어머니의 모국 문화이며, 그것은 모국의 음식문화로 표현되어 관람객에게 제공되는 것이다. 그리고 가장 중요하게 생각한 전시의 목적은 다문화가정의 아동을 포함한 우리 사회의 어린이들이 편견 없이 다른 나라의 문화를 인정하고 수용할 수 있기를 바라는 것이다.

11 《어머니의 고향노래》 사업계획서, 2쪽.

3) 전시의 구상 및 실행

(1) 전시 스토리텔링

전시 내용은 우리나라에서 가장 많은 분포를 이루는 결혼이주여성들의 국가 9개국과 우리나라에 체류 외국인 수가 가장 많은 국가 9개국의 현황을 조사해 이 두 가지 항목에 공통적으로 속하는 동아시아 국가 7개국을 선별하고, 여기에 한국을 더해 총 8개국의 주식을 비롯한 대표 음식을 전시하는 것으로 구성했다. 각국을 대표하는 전시 음식을 정하는 과정에는 관련 선행연구를 조사했고, 결혼이주여성이나 외국인 유학생, 외국인 근로자, 외국인 조리사들에 대한 인터뷰 조사를 병행했다. 이렇게 조사한 내용을 바탕으로 이야기가 있는 음식을 위주로 전시 항목을 선별했다. 이는 음식과 함께 이야기를 통해 서로 다른 문화에 쉽게 다가갈 수 있도록 하기 위한 의도를 갖고 있다.

스토리텔링은 스토리(story)와 텔링(telling)이 합쳐진 용어이다. 이 용어는 스토리를 어떻게 전달할 것인가에 주목하는데, 이는 텔링으로 대표되는 전통적인 '이야기하기'가 오늘날 디지털 시대를 맞이해 스토리텔링으로 정착된 것이다. 이 용어는 협의로는 구체적인 구술하기를 의미하고 광의로는 미디어에서 스토리를 전개하는 기술을 뜻한다.[12] 그렇다면 전시에 있어 스토리텔링은 전시에서 스토리를 전개하는 기술을 의미한다고 할 수 있겠다.[13] 전시는 오브제 자체의 이야기를 담고 있다. 그러므로 이것을 어떻게 효과적으로 대중에게 소개하고 공감을 이끌어내는지가 스토리텔링의 관건이라고 할 수 있다.

---

12 유제상, 「문화콘텐츠는 스토리텔링이다」, 안창현 외, 『새로운 문화콘텐츠학』, 커뮤니케이션북스, 2017, 77쪽.

13 김연희, 「스토리텔링을 적용한 박물관 전시 구조에 관한 연구」, 『박물관학보』 21권, 한국박물관학회, 2011, 128쪽.

전시 스토리텔링을 위해서는 인문학적인 지식과 폭넓은 소양이 요구된다. 이 전시를 위해 각국의 음식문화에 대해 이해하고 이를 바탕으로 전시를 구상했다.

① 베트남 음식 스토리텔링과 전시 음식

전통적으로 농업을 기본 산업으로 여기는 베트남인들은 먹는 것을 매우 중시하는 문화를 갖고 있으며 쌀을 주식으로 한다. 오랜 전쟁의 영향으로 음식의 양이 적고 장시간 보관이 가능하며 불을 피우지 않고도 준비가 가능한 음식이 발달했다.

전시 음식으로는 퍼, 차조, 고이꾸온, 반미, 카페 등이 선정되었다. 퍼는 쌀로 만든 국수에 뜨거운 육수를 붓고 고추를 얹어 먹는 음식으로, 어떤 뼈를 써서 우려냈는지와 어떤 고기를 얹는지에 따라 종류가 나뉜다. 예를 들어 쇠고기를 얹으면 '퍼보', 닭고기를 얹으면 '퍼가'라고 하며 중부 지방에서는 매콤한 '분보후에'라는 것도 있다.[14] 차조는 프랑스와 중국의 영향을 받은 대표적인 음식으로, 밀가루나 쌀가루로 전병처럼 만들어 소를 넣고 튀긴 음식으로, 중국의 춘권과 비슷하지만 소스로 베트남의 생선발효장인 느억맘을 곁들여 베트남 고유의 맛을 낸다. 고이꾸온은 월남쌈이라고 불리는 것으로 반짱에 돼지고기, 새우, 채소, 소면, 쌀면과 각종 채소 등을 싸먹는 음식이다. 과거 프랑스의 식민지였던 베트남은 프랑스식 바게트가 중요한 음식으로 자리를 잡았으며 이를 변형해 만든 것이 쌀 바게트 '반미'이다.[15] 반미에는 고기, 채소, 차조 등을 넣어 먹는다.

한편, 베트남은 세계 주요 커피 생산국이다. 프랑스에서 유입되어

14 원융희, 앞의 책, 2003, 76쪽.

15 문화체육관광부, 「국가별 20대 한식메뉴 개발 사업(홍콩, 베트남)」, 2008, 182쪽.

1857년부터 재배되기 시작한 커피는 전 세계 5천여 종의 커피 중 까페 째, 까페보이, 까페밀, 까페저우자의 네 가지 종(種)이 베트남에서 생산된다. 커피나무는 심은 지 2년이면 커피를 수확할 수 있고 약 20~25년간 수확이 가능한데, 이러한 커피는 주로 닥낙, 럼동, 능에안, 꽝찌 등의 중부 산간지대에서 재배되어 베트남 수출품의 중요한 부분을 차지하고 있다.[16] 베트남은 현재 브라질 다음으로 세계 2위 최대 커피 생산국이 되었으며, 그들만의 독특한 식문화로 발전시켜 베트남식 커피문화를 만들어냈다.

이러한 조사 내용을 바탕으로 전시할 음식을 선별했으며, 전시 순서는 주식인 퍼, 차조, 고이꾸온을 먼저 놓고, 간단한 아침 식사인 반미를 놓고 후식인 카페를 배열하는 것으로 했다. 전시에는 다양한 베트남 소품이 활용되었다.

② 중국 음식 스토리텔링과 전시 음식

세계 최대 영토와 인구를 자랑하는 중국은 지역적으로 광범위하며 56개 소수민족의 문화를 배경으로 각 지방마다 독특한 음식문화와 요리체계를 발전시켜왔다. 지역별로 크게 나누어 중국의 4대 요리는 광둥요리, 사천요리, 상하이요리, 북경요리를 들 수 있다. 해산물부터 동물, 식물 등 식재료 또한 아주 다양하다. 양념 역시 마늘, 생강, 고추, 파, 양파, 굴소스 등을 다양하게 배합하고 향신료와 조미료를 사용해 독특하고 미묘한 맛을 내는 특징이 있다.[17] 중국인은 요리를 매우 중요한 행위라고 생각하며, 요리법을 팽조(烹調)라고도 한다. 요리를 예술의 한 장르로 생각하며, 유명한 요리사들에겐 팽조예술대사(烹調藝術大

16 위의 글, 204쪽.

17 원융희, 앞의 책, 2003, 11-12쪽.

事)라는 칭호를 부여한다.[18]

전시 음식은 쟈오쯔, 탕원, 춘권, 쭝쯔, 월병, 마파두부, 동파육 등이다. 중국 음식은 우리나라 음식처럼 절기음식의 특징이 나타난다. 쟈오쯔는 만두의 일종으로 춘절(春節: 음력 설날)에 주로 만들어 먹는 명절음식이다. 하얀 쟈오쯔는 마치 역대 왕조의 은 화폐와 모양이 비슷해 쟈오쯔를 먹으면서 돈이 많이 모이기를 바란다고 한다. 그래서 쟈오쯔를 먹는 풍습이 현재까지 전해진다.[19] 탕원(湯圓)은 우리나라의 대보름에 해당하는 원소절에 먹는 음식이다. 찹쌀떡 속에 설탕, 팥, 땅콩 등의 소를 넣은 새알심 모양의 떡으로 원자(圓子)라고 부르기도 한다. 동글동글한 탕원은 온가족이 1년 동안 화목하고 단란하게 지낸다는 의미를 지니고 있으며, 이 풍습은 춘추시대부터 시작되었다.[20] 춘권(春卷)은 봄에 열리는 신년 행사에서 먹었던 것으로부터 유래했다. 밀가루로 만든 빵에 각종 채소와 고기를 넣어 굽거나 튀긴다.

쭝쯔(粽子)는 대나무 잎으로 찹쌀을 삼각원추 모양으로 싸서 쪄먹는 음식으로 단오에 먹는 절식이다. 중국 전국시대 초나라의 굴원(屈原)의 이야기가 전해진다. 굴원은 간신들의 이간질에 의해 회왕의 미움을 받아 멀리 보내진다. 그러던 중 조국이 진나라와의 싸움에서 패했다는 소식을 듣고 분해 멱라강에 뛰어들어 자살한다. 백성들은 굴원의 시체를 물고기들이 먹어치우지 않도록 강물에 밥을 던져주고 굴원에게 제사했다고 한다. 이 밥이 바로 단오절식인 '쭝쯔(粽子)'가 되었고, 단오절에 굴원을 기념하기 위해 쭝쯔를 먹기 시작했다고 한다.[21]

월병(月饼)은 우리나라의 추석에 해당하는 중추절에 먹는 음식이

18 고광석, 『중화요리에 담긴 중국』, 매일경제신문사, 2006, 26쪽.
19 웨이리밍, 『명절』, 진현 옮김, 대가, 2008, 26-27쪽.
20 위의 책, 32-33쪽.
21 위의 책, 39-40쪽.

다. 중추절에는 가정에서 달에 제사를 지낸 후 집안에서 가장 어른이 월병을 가족 수 대로 분배하는 풍습이 있다. 이는 단결의 의미와 길상의 뜻 외에 둥근 달처럼 원만하게 인생을 살라는 의미가 있다. 월병은 종류나 제작 방법이 매우 다양하다.

중국의 대표음식은 이러한 절기음식을 순서대로 전시하고 이 외에 마파두부(麻婆豆腐), 동파육(東坡肉) 등을 전시하였다.

③ 일본 음식 스토리텔링과 전시 음식

일본은 사방이 바다로 둘러싸인 섬나라이자, 육식을 금하는 불교의 영향으로 육식문화가 발달하지 못한 대신 각종 해산물과 콩 소비 중심의 독특한 식생활문화가 정착되었다. 또한 재료의 자연 그대로의 맛과 형태를 살리고자 조미료를 진하게 쓰지 않는다. 소량씩 담아 음식을 차려내며, 젓가락만을 사용해 음식을 먹는 특징이 있다.

일본의 음식 가운데 대표성을 띠는 음식을 추리기 위해 일본인들을 대상으로 인터뷰한 내용을 정리하고, 각 음식의 역사성, 상징성, 조리법 등을 조사했다. 전시 음식은 라멘, 돈부리, 소바, 스시, 조니, 오니기리, 히시모치, 가와시모치 등이다.

라멘의 원조는 중국의 라미엔인데 라멘은 이미 일본화된 음식이라고 해도 과언이 아닐 것이다. 이렇게 정착된 라멘은 그 국물 맛에 따라 크게 네 종류로 구분할 수 있는데 돼지 뼈를 고아 만든 규슈계 라멘, 닭 뼈를 사용한 간장 맛의 도쿄 라멘과 된장 맛의 삿포로 라멘, 그리고 소금으로 간을 맞춘 담백한 맛의 시오 라멘이 있다.[22]

돈부리(丼物)는 흰 쌀밥 위에 여러 가지 요리를 얹어 먹는 덮밥이다. 밥 위에 닭고기와 달걀을 얹은 오야코돈, 튀김을 올리면 덴돈, 돈가

22 박순애, 『일본의 문화와 사회』, 시사일본어사, 1998, 84-87쪽.

스를 얹은 가쯔돈 등이 대표적인 돈부리이다.[23]

소바(蕎麦)는 메밀가루로 만든 국수를 차갑고 순한 간장 국물에 조금씩 찍어 차게 먹는 음식이다. 소화효소가 있는 무즙은 소화가 잘 안 되는 메밀면의 소화를 돕는 역할을 하며, 와사비는 찬 음식을 중화시키는 작용을 한다. 스시는 1800년대의 에도 지역에서 인기를 끌었고 후에 일본 전역으로 퍼졌다고 한다.[24]

오니기리는 흰쌀밥에 여러 재료를 넣고 뭉쳐 만든 주먹밥이다. 흰쌀밥을 뭉친 뒤 매실장아찌나 명란젓 등 다양한 재료들을 넣고 삼각형이나 둥근 모양으로 뭉쳐서 만들어내기도 한다. 만드는 방법이 쉽고, 속에 들어가는 내용물에 따라 맛의 응용이 간편한 것이 특징이라 다양한 종류의 오니기리가 존재한다. 헤이안시대에 처음으로 만들어졌다고 추정되며 근대화된 일본에서는 각종 오니기리가 패스트푸드로 자리 잡게 되었다.

조니는 일본의 설날 찰떡을 잘라서 구워 국물에 넣어 끓여 먹는 음식으로, 집집마다 재료와 양념이 다르다. 히시모치는 홍·백·녹의 3색 떡을 마름모꼴로 잘라 포갠 떡으로, 매년 3월 3일에 열리는 여아들를 위한 축제인 히나마츠리 때 먹는 떡이다. 가와시모치는 일본의 어린이날이자 단오절인 5월 5일에 남아들의 건강한 성장을 기원하며 먹는 떡이다.

이처럼 일본에도 우리나라와 같은 절식문화가 발달했음을 알 수 있다. 전시 음식은 연대 순, 절기 순에 따라서 전시했다.

---

23 위의 책, 77-78쪽.

24 와타나베 미노루, 『일본식생활사』, 윤서석 외 옮김, 신광출판사, 1998, 312쪽.

④ 몽골 음식 스토리텔링과 전시 음식

13세기 초 칭기즈칸이 등장해 역사 상 최대의 대제국을 건설한 몽골은 유목문화가 가장 큰 특징이며 가축의 젖으로 만든 각종 유제품을 활용한 식문화가 발달되었다. 가축들을 귀하게 여겨 고기보다는 유제품을 주식으로 하지만, 겨울이 긴 나라로서 에너지를 보충하고자 기름진 음식을 섭취하기도 하며 이와 함께 차 문화가 잘 발달되었다. 이동이 잦기 때문에 준비가 간편한 밀가루 음식을 즐기고, 가축의 뼈를 삶은 국물에 밀가루 반죽을 얇게 썰어 끓여 먹는 것을 즐긴다.[25]

전시 음식은 호쇼르, 초이완, 부즈, 반쉬테슐, 니슬릴살라트, 허르헉, 수태차 등이다. 호쇼르는 몽골식 튀김만두로 주로 육류로 소를 넣고 밀가루로 만든 피에 튀겨 먹는데 몽골 사람들에게 많은 사랑을 받는 매우 대중적인 음식이다. 초이완은 몽골식 볶음면이라고 할 수 있는데, 담백하고 조금 짠맛이 특징으로 짧은 면과 당근, 감자, 고기 등을 볶아 만든 음식이다.

부즈는 중국 음식에서 전래되어 토착화한 고기만두로, 중국의 만두 '바오즈'에서 그 이름이 유래되었다. 몽골 사람들은 설날에 이 부즈를 만들어 먹는다. 많은 양의 부즈를 만드는데, 그 가운데 어느 한 개에 동전을 넣기도 한다. 동전이 들어간 부즈를 먹게 된 사람은 새해에 행운이 온다고 믿는다.

만두라는 뜻의 반시와 국이라는 뜻을 갖는 테슐이 합해져 만들어진 반쉬테슐은 몽골식 만둣국이다. 니슬릴살라트는 삶아 으깬 감자와 당근, 오이 등을 섞어 만든 음식으로 일상식이다. 허르헉은 염소고기 등 육류와 함께 당근, 감자 등 채소와 함께 불에 달군 돌을 넣어 익히는 찜이다. 독립기념일 같은 특별히 경사스러운 날 즐기는 별미음식이다.

---

25 원융희, 앞의 책, 2003, 25쪽.

수태차는 우유가 들어 있는 차라는 뜻으로 찻잎을 넣고 끓이다 물과 같은 양의 우유(양젖, 말젖)를 넣고 소금으로 간을 해 만든다. 빵과 함께 아침식사로 즐겨 먹고 집에 손님이 방문했을 때 가장 먼저 대접하는 차이다.

⑤ 필리핀 음식 스토리텔링과 전시 음식

적도의 약간 북쪽이며, 아시아 대륙 남동쪽의 서태평양에 산재하는 7천여 개의 섬으로 구성된 필리핀은 이민족들과의 교류로 동서양 음식문화의 다양성을 갖추고 있다. 고온다습한 아열대 기후로서 열대과일이 풍성하고 해산물을 재료로 만든 음식들이 많다. 주로 튀기는 음식이 많고 향신료를 많이 사용하지 않는 특징이 있다.[26]

전시 음식은 레천가왈리, 시니강, 바나나룸피아, 아로스칼도 등이다. 레천가왈리는 중국 음식에서 기원을 찾을 수 있다. 돼지고기를 알맞게 잘라 대나무에 끼워 구운 요리로, 축하파티나 축제 행사에 빠지지 않는다. 필리핀의 마을축제 때 만들어 먹으며 서민들에게 가장 인기 있는 음식이다.

시니강은 새우나 생선, 돼지고기 혹은 쇠고기 등과 무, 가지, 깡콩, 토란, 고추 등을 넣어 끓이는 시큼한 국이다. 푸른 채소인 깡콩을 넣고 끓여내는 시니강은 칼라만시와 레몬 같은 신 과일을 그대로 넣는 까닭에 신맛이 난다.

바나나룸피아는 밀가루와 달걀을 반죽한 얇은 밀전병에 고기와 채소를 채워 기름에 튀긴 음식으로, 바나나를 넣어 만들어 먹기도 한다. 아로스칼도는 스페인 지배의 영향을 받은 음식 중 하나이다. 필리핀의 서민들이 즐겨 먹는 요리로 한국의 죽과 비슷하며, 닭고기와 진한

---

26 위의 책, 52-54쪽.

쌀죽을 양파, 마늘, 생강 등으로 조미해 익힌 후 후춧가루를 뿌려 먹는다.

⑥ 우즈베키스탄 음식 스토리텔링과 전시 음식

이슬람교가 국교인 우즈베키스탄은 국민 대부분이 이슬람교도로 돼지고기를 먹지 않는다. 대륙성 기후로 여름과 겨울의 기후 차가 심하며 유목국가적 성격을 갖고 있으나 전통적으로는 타 중앙아시아 국가들에 비해 농경국가의 특징이 강하다. 양고기나 기름기 있는 음식을 주식으로 하는 식습관으로 차이는 필수적이며 밀로 만든 음식을 주식으로 하루 세 끼 모두 리뾰시카(밀가루 반죽을 발효시켜 구운 딱딱한 빵)를 먹는다. 과일이 다양하고 채소류도 풍성하다. 목축업에서는 돼지를 제외하고 육가공 제품과 유제품의 종류가 많은 것이 특징이며 저녁 식사를 가장 중요하게 여기고, 매우 오랜 시간동안 많은 양을 먹는 특징을 볼 수 있다.

전시 음식은 샤슬릭, 플롭, 리뾰시카, 솜사, 뻴메니, 슈르파, 라그만, 수말락, 차이 등이다. 샤슬릭은 양념한 양, 소, 닭을 꼬치에 끼워 숯불에 구워먹는 음식이다. 고기가 구워지면 채 썬 양파에 식초를 뿌려 먹는다. 플롭은 행사 또는 잔치에 나오는 대표적인 음식이다. 한국의 볶음밥과 비슷하며 기름이 세 배 정도 들어간다. 양고기, 당근 썬 것을 볶고 쌀과 건포도 등을 넣어 볶아 만든다.

우즈벡 사람들은 리뾰시카라는 빵을 신성한 것으로 여겨 만들 때도 보관할 때도 항상 정성을 다한다. 우즈벡어로는 '논'이라고 하는데, 표면에 깨나 향신료를 뿌린다. 리뾰시카를 자를 때는 복을 나눈다는 의미로 모두 손으로 잘라 먹는다. 솜사는 밀가루 반죽을 만두피처럼 얇게 빚은 후 녹인 버터를 골고루 묻혀 달걀말이 하듯 돌돌 말고 한 입 크기로 작게 잘라 다시 양파와 고기 다진 소를 넣고 원하는 모양으로 만드는 음식이다.

뻴메니는 유목생활을 하던 몽골민족에 의해 전래되어 러시아의 시베리아 지역부터 점차 서쪽으로 전파된 음식이다. 우리나라의 만두와 비슷하나 크기가 작다. 속 재료는 고기와 양파 다진 것을 넣는다. 슈르파는 양고기 국이다. 고기를 끓인 후 감자, 양배추, 양파, 당근 등을 넣어 끓인 국에 양념을 넣지 않고 향신료로 간을 한다. 라그만은 슈르파처럼 국물을 만든 후 채소와 고춧가루로 양념을 하고 국수 면발을 넣어 만든다.

수말락은 일곱 명의 천사를 의미한다. 3일 동안 밀을 뜨거운 방에서 매일 물을 주며 싹 틔운 뒤 갈아서 앙금을 모아 오래 끓여 만든 수프 형태의 음식으로, 7개의 작은 돌이나 호두를 넣고, 먹을 때 이것을 발견하는 사람이 행운을 얻는다고 여긴다. 명절뿐 아니라 큰 잔치나 생일 등의 특별한 날에 먹는다.

차이는 차를 의미한다. 다과를 할 때는 물론이고 식사를 할 때에도 반드시 차를 먹고 목이 마를 때도, 손님이 와도 기름진 음식을 먹은 후에도, 한여름에도 뜨거운 차이 한잔을 먹는다. 차는 홍차와 녹차가 있다. 주로 녹차를 선호한다. 기호에 따라 설탕과 레몬을 함께 타서 마신다.

⑦ 태국 음식 스토리텔링과 전시 음식

태국 문화는 '혀의 문화'라고 일컬어질 만큼 태국은 미각이 발달한 나라이다.[27] 산악지형부터 평야지대, 해안지형까지 고루 갖추고 있어 다양한 재료를 이용한 음식이 발달했다. 또한 불교가 국교로 90%가 불교도이고 외세의 지배를 한 번도 받은 적이 없는 나라이며, 특유의

27 원융희, 『음식으로 찾아가는 47개국 문화여행』, 자작나무, 2007, 87쪽.

친절함과 포용성으로 외국의 새로운 문화를 받아들이는 가운데 다양한 음식문화가 발달했다. 태국 음식은 강한 향신료를 사용되며 독특한 맛을 내는 것으로 유명하며 끝 맛이 매운 것이 특징이다.

전시 음식은 똠얌꿍, 쏨땀, 씨콩무, 뿌팟퐁커리, 팟타이 등이다. 똠얌꿍은 시고 짜고 달고 매운 맛의 향신료를 넣어 만드는 새우 수프로, 태국 음식이 가진 특징을 매우 잘 보여주는 음식이다. 코코넛 밀크를 많이 넣는 남부지방과 거의 넣지 않는 북부지방 음식으로 나뉜다. 쏨땀은 생파파야를 채 썰어 절구에 찌고, 구운 땅콩, 새우, 게, 프릭키누, 라임, 토마토 등을 넣고 갖은 양념을 해서 버무려 먹는 음식이다. 씨콩무는 돼지갈비를 조리한 음식이다. 뿌팟퐁커리는 카레를 넣어 볶은 게 요리고, 게의 종류와 크기에 따라 가격 차이가 있다. 팟타이는 쌀국수와 각종 채소나 새우 등을 함께 볶아 만든 볶음국수이다. 단맛이 강하지만 쌀국수의 부드러운 맛에 라임즙의 새콤한 맛, 칠리 소스의 매콤한 맛, 땅콩가루의 고소한 맛까지 다양한 맛이 어우러져 있다.

⑧ 한국 음식 스토리텔링과 전시 음식

마지막으로는 한국 음식을 소개하여 전시하였다. 한국이 위치한 한반도는 삼면이 바다로 둘러싸여 있고 국토의 70%가 산간지역이어서 고기, 채소, 해산물 등 갖가지 재료가 풍성하다. 벼농사에 적합한 환경을 갖추고 있어서 쌀밥을 주식으로 삼게 되었는데, 주식인 밥과 여러 가지 찬을 부식으로 먹는 것이 일상적인 식사의 형태이다. 온대기후로 사계절이 뚜렷한 덕분에 제철식품을 사용한 시절음식이 발달하였으며, 계절과 지역에 따라 채소를 이용한 나물 음식 많은 것이 특징이다. 또한 남북으로 길게 뻗어 있는 지형으로 인해 기후 차이가 커서 각 지역의 특성과 독특한 조리법이 더해진 향토음식이 발달하였다.

특히 대두의 이용으로 간장, 된장, 고추장 등 발효음식이 발달하였다. 맛을 낼 때는 다양한 양념과 조리방법으로 갖은 양념들을 사용하여 식품 자체의 맛을 살리면서 다양한 맛을 내는 것이 특징이다. 공동체와 함께 음식을 나누어 먹음으로써 가족과 이웃의 친화성을 유지하는 문화를 갖고 있다.

전시 음식은 밥, 된장국, 배추김치, 불고기, 시금치나물, 해물잡채, 멸치볶음, 두부전으로 구성된 반상차림을 전시하였다. 이 외에 일품메뉴로 비빔밥, 후식으로 호박떡과 수정과 등을 전시하였다.

음식 전시는 실물 음식을 만들어 전시하게 되는데 이를 위해 음식 전문가들이 시식, 실험 등을 통해 각국 음식을 재현했다. 전시 음식은 각 나라의 주식을 위주로 대중에게 친근하고 일상식으로 널리 먹는 음식으로 구성했다. 전시방법은 떡박물관 제2전시실의 원형 테이블을 활용해 국가별로 음식과 소품을 함께 전시했다. 전시해설문은 벽에 부착하는 패널과 작은 레이블을 병용했다. 또한 각 나라의 민속의상을 입은 전시해설사가 나라별 음식과 식문화의 특징을 설명했다.

(2) 전시 시나리오와 체험 프로그램 개발

큐레이터의 의도대로 전시가 진행되기 위해서는 협업하는 모든 관계자들이 공유할 수 있는 전시 시나리오가 필요하다.

전시 테마의 구축은 전시자료, 즉 기초자료가 있어야만 가능하다. 전시자료(실물, 복원, 모형, 사진, 영상, 음성, 도해, 해설 등)는 내용에 따라 집합이 성립되고 그 집합에 따라 테마가 나뉜다. 전시 시나리오는 전시 대상, 위치, 매체, 정보 내용 등을 일람표화하는 것이다. 테마(대테마), 사항(중테마), 항목(소테마)이 어떻게 얽혀있는지, 전체가 몇 개의 테마로 구성되어 있는지를 이해할 수 있도록 단순화한다. 〈표 2-2〉는 이번

표 2-2 :: 《어머니의 고향노래》 전시 시나리오 예시

대테마	중테마	소테마
어머니의 고향노래: 아시아 8개국 음식 전시	베트남	퍼 차조 고이꾸온 반미 카페
	중국	쟈오쯔 탕원 춘권 쫑쯔 월병 마파두부 동파육
	일본	라멘 돈부리 소바 스시 조니 오니기리 히시모치 가와시모치
	태국	똠얌꿍 쏨땀 뿌팟퐁커리 팟타이
	몽골	호쇼르 부즈 반쉬테슐 니슬릴살라트 허르헉 수태차
	필리핀	레천가왈리 시니강 바나나룸피아 아로스칼도
	우즈베키스탄	샤슬릭 플롭 리뾰시카 솜사 뻴메니 슈르파 라그만 수말락 차이

➡

전시자료	
 퍼	자료 1 퍼를 담을 도자기 그릇 1개 색상: 흰색 지름 15cm×높이 10cm 자료 2 레몬 담을 도자기 접시 1개 색상: 흰색 가로 10cm×세로 10cm
 차조	자료 1 차조를 담을 도자기 접시 1개 색상: 흰색 가로 10cm×세로 10cm 자료 2 소스용 원형 도자기 그릇 1개 색상: 흰색 지름 7cm×높이 1.5cm 자료 3 직사각형 도자기 접시 1개 가로 22cm×세로 14cm
 고이꾸온	자료 1 직사각형 도자기 접시 1개 색상: 흰색 가로 22cm×세로 14cm 자료 2 소스용 칸이 나뉜 도자기 그릇 1개 색상: 흰색 가로 8cm×세로 4cm×높이 2cm
 반미	자료 1 쟁반 1개 색상: 갈색 가로 20cm×세로 12cm
 카페	자료 1 도자기 커피잔 1개 색상: 갈색에 꽃잎 문양 지름 9cm×높이 7cm 자료 2 도자기 잔받침 1개 색상: 하늘색 지름 15cm×두께 0.5cm

표 2-3 :: 《어머니의 고향노래》 체험 일정표

월/일	명칭	음식 만들기 체험	독서토론
7/29	베트남의 날	베트남 쌈 만들기	다문화 독서토론 및 마인드맵 그리기
7/30	중국의 날	중국 전통만두 만들기	
8/1	일본의 날	일본 주먹밥 오니기리 만들기	
8/2	몽골의 날	몽골 전통 샐러드 만들기	
8/3	필리핀의 날	바나나롤 튀김 만들기	
8/4	우즈베키스탄의 날	우즈베키스탄의 팬케이크, 블린느이 만들기	
8/5	태국의 날	파인애플볶음밥 만들기	

전시 시나리오의 예시이다. 각 나라별로 세부 내용이 전개되는데, 이 표에서는 특히 베트남 음식의 전시자료를 자세하게 보여줌으로써 전시자료의 사례를 제시한다.

최근에는 전시와 연관된 체험 프로그램을 개발해 이야기를 체험하는 스토리두잉(Story Doing)이 주요하게 다루어지고 있다. 이번 전시의 체험 프로그램은 각국의 음식을 만들어 시식하는 것으로 했다. 그 외에 독서토론을 통해 수업에 참여한 어린이들이 각기 다른 문화를 접하고 생각하며 토론할 수 있도록 설계되었다.

각국의 음식 만들기 체험 및 다문화 독서토론 프로그램은 〈표 2-3〉과 같이 전시기간 중 정해진 날에 한 나라씩 시행하는 것으로 했다. 음식 체험은 각국의 전통음식의 명칭을 그대로 사용하기보다는 일반인도 이해할 수 있도록 명칭을 바꾸어 명명해 진행했다. 조리법이나 식재료는 현지 음식을 원형으로 하되 부득이한 경우는 우리나라 재료로 대체하는 것을 허용했다.

체험학습의 대상은 주로 지역의 다문화센터와 연계해 결혼이주여성과 다문화 아동을 대상으로 했고, 일반 가정의 어린이들도 소수 참여하는 방식으로 했다. 체험학습은 다른 나라의 음식 만들기를 통해 사회적 소수를 이해하고 음식과 이야기를 통한 문화적 공감과 소통을 통해 상호 간의 유대감 및 소속감을 형성하는 것을 목표로 했다.

베트남의 날에 진행된 체험 프로그램은 베트남 쌈 만들기로, 반짱에 다양한 채소와 고기를 넣고 동그랗게 말아서 먹는 음식 체험으로 진행했다. 이날 체험에는 청소년, 결혼이주여성과 다문화 아동이 참가했다. 참가자 가운데 베트남 결혼이주여성들은 한국에 와서 베트남 음식을 만들어 먹을 기회가 거의 없었기에 베트남 음식 만들기 체험에 큰 의미를 부여하는 태도를 보였다. 독서토론은 베트남의 국가 개요와 식문화 특징을 소개한 후에 전래동화를 읽는 방식으로 진행했다. 청소년 참가자들은 베트남에도 쌀을 주재료로 하는 떡이 있다는 것과 베트남 사람이 쌀을 매우 귀히 여긴다는 것을 발견하고 쌀을 주식으로 하는 양국의 식문화에 대해 인식했다.

중국 문화 체험 프로그램은 중국 전통만두 만들기로 진행했다. 만두피를 빚어 소를 넣고 물에 끓여내는 방식이 우리나라의 물만두와 비슷하기에 중국과 우리나라 음식의 유사점을 발견할 수 있는 체험이었다. 독서토론은 「지혜로운 장수, 제갈공명이 만들어낸 만두」 이야기를 읽고 만두의 유래를 이해하면서 제갈공명의 지혜에 대해 토론하는 방식으로 진행되었다. 중국의 날 체험자들은 주로 다문화가정의 어머니와 자녀로 이루어졌는데, 음식 만들기에서는 어머니들의 학습 이해도가 높았으나 독서토론 활동과 마인드맵 그리기에서는 어린이들의 학습 의욕이 왕성하게 나타났다.

일본 식문화 체험으로는 오니기리 만들기를 했다. 참가자들은 우리나라의 주먹밥과 유사하면서도 조리법과 완성 모양이 다르다는 것을 흥미롭게 여겼다. 독서토론은 일본의 전래동화 「정말 바보일까?」의 주인공 바보가 쌀 한 섬을 얻기 위해 바보 노릇을 하는 과정에 대해 토론했는데, 어린이들은 동화 속의 주인공이 쌀을 얻기 위해 엉뚱한 행동을 하는 것이라는 추론을 이끌어낸다. 그 과정에 우리나라의 주요 식재료인 쌀이 일본에서도 주요한 식재료라는 사실에 주목하면서 일본과 우리나라의 식문화의 유사성에 관심을 보인다.

몽골 음식 체험은 몽골 전통음식 니슬릴살라트 만들기를 했다. 몽골음식 체험에는 초등학생에서 고등학생에 이르기까지 다양한 연령대의 학생들이 참석했는데, 몽골 전통 샐러드를 무리 없이 잘 만들었다. 독서토론은 몽골의 전래동화인 「별이 된 씨름꾼」을 읽고 진행했다. 씨름대회에 나가서 연속적으로 우승하는 힘센 아이의 모습에서 학생들은 칭기즈칸의 이미지를 떠올린 것이 마인드맵 그리기를 통해 나타났다.

필리핀 문화 체험 프로그램은 바나나룸피아 만들기를 진행했는데 다문화가족과 일반인 신청자들이 함께 참여했다. 처음 음식 만들기를 시작할 때는 서로 낯설어하는 모습이었으나 조별로 협력해 음식을 만들고 한자리에 앉아 시식에 참여하면서 친밀해져가는 과정을 관찰할 수 있었다. 독서토론은 필리핀의 전래동화 「쌍둥이 나무의 죽음」을 읽고 소녀와 나무의 우정에 대해 서로의 생각을 말하는 시간을 가졌다. 일반 가정과 다문화가정의 어린이 모두 소녀와 나무의 우정에 대해 매우 진지하게 느끼고 있었다.

우즈베키스탄 문화 체험 프로그램은 블린느이 만들기와 시식으로 이어졌고, 독서토론은 우즈베키스탄의 전래동화 「공주님은 용감했어」를 읽고 토론하는 방식으로 진행되었다.

〈그림 2-2〉는 우즈베키스탄의 날 체험학습에 참가한 어린이들이 블린느이를 만드는 모습과 독서토론 후 자신이 체험한 내용을 마인드맵으로 그리고 있는 모습이다. 마인드맵에 표현된 결과에 의하면 어린

이들은 블린느이 만들기를 특히 즐거운 기억으로 간직하고 있었다.

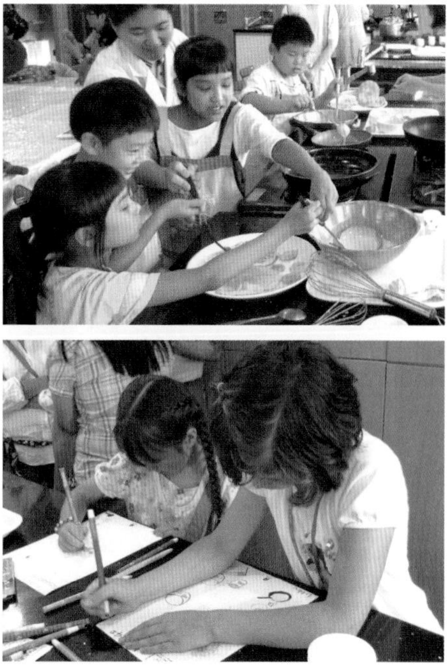
그림 2-2 :: 우즈베키스탄의 날 체험 모습
(자료: 떡박물관)

태국 문화 체험 프로그램은 파인애플볶음밥 만들기를 했고, 독서토론은 「미치광이 속의 미치광이」라는 전래동화를 읽고 토론했다. 어린이들은 태국의 국가 개요와 종교적 특징을 이해했고, 파인애플볶음밥 만들기와 시식 과정을 통해 태국의 식문화를 체험했다. 체험학습을 통해 다문화가정의 어린이는 물론이고 일반 가정의 어린이들도 음식 만들기와 전래동화 읽기를 통해 다른 나라의 문화에 매우 친숙하게 다가가는 것을 확인할 수 있었다.

4) 전시의 홍보

전시 홍보는 언론 홍보, 자체 홍보, SNS 홍보 등 다양한 채널과 방식이 있다. 가장 고전적인 방식은 언론사의 문화부 기자들을 직접 초대해 기자간담회를 열어 전시의 취지를 설명하고 홍보 내용을 전달하는 것이다. 유관 기관이나 박물관 회원에게는 초대장을 만들어 배포하는

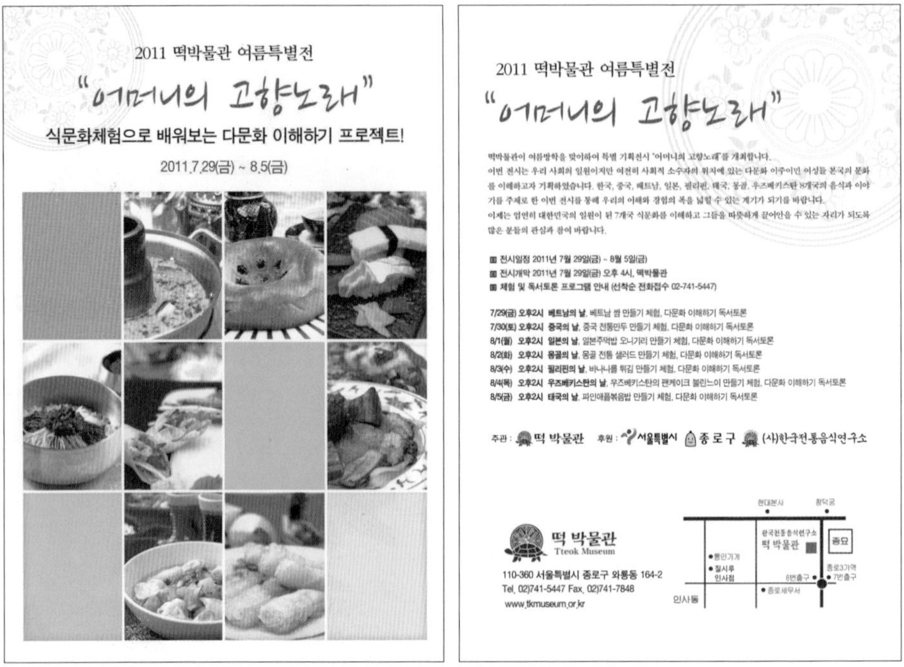

그림 2-3 :: 전시 홍보 엽서 (자료: 떡박물관)

것이 일반적이다. 또한 기관의 홈페이지를 통해 공지를 올리거나, 관련 기관의 홈페이지에 링크를 걸어두는 것도 방법이다. 최근에는 특히 SNS 홍보의 중요성이 급부상하고 있고 그 기술적인 방식도 날로 새롭게 변하고 있어, 이에 따라 혁신적인 홍보 방안이 계속 탄생하고 있다. 특히 젊은 층을 겨냥한 SNS 홍보 방식이 날로 발전하고 있는 상황에서 이를 위한 홍보 전담팀을 따로 꾸려서 운영하기도 한다.

이러한 홍보가 이루어지기 위해서는 전시일정과 주제 등이 들어간 이미지 형태의 홍보물이 필요하다. 홍보물을 만들기 위해서는 가장 먼저 홍보물에 들어갈 내용을 작성하고 사진을 촬영해야 한다. 이 전시의 경우 음식을 주요 대상으로 한다는 점에 착안해 홍보물을 제작했다. 홍보물의 디자인을 결정하기 위해서는 몇 개의 시안을 만들고 그 가운데 가장 적합한 것을 선택하는 것이 좋다. 디자인 업체를 통해 세 가지 시안을 받아보고 가장 적합한 것을 선별했는데, 전시의 취지 및 일정이 잘 드러나고 기관의 정체성을 고려한 디자인을 고르는 것에 주안점을 두었다. 결정 과정에는 담당 큐레이터, 관장, 에듀케이터 등 관계자들 간의 의사소통이 필요하다. 본 전시에서는 엽서 시안 세 가지 가운데 하나를 선택했는데, 전시 취지가 쉽게 읽히고, 각 나라의 음식이 잘 나타나며 전시 및 체험 일정을 한눈에 볼 수 있는 것을 추리는 방향으로 진행되었다. 또한 박물관 홈페이지에 팝업 창을 개설해 전시 및 체험 프로그램을 적극적으로 홍보했다.

5) 전시의 동선 계획

전시를 효율적으로 성공시키고 관람객에게 동기를 유발시키려면 전시 환경인 개별 전시와 전시장 내를 돌아보는 관람 동선이 잘 짜여야 한다. 이 두 가지는 서로 매우 밀접하게 관계되어 있어 전시공간을 만드는 데 매우 중요하다. 물론 설계 면에서 보면 이 공간을 구성하는 방법이 수없이 많으며, 대부분 그 구성은 전시기획서에서 나온다. 하지만 동선은 전시에 오는 관람객의 수가 많을수록 더 중요해진다.

대부분의 동선은 관람객이 글을 읽는 방향인 왼쪽에서부터 오른쪽으로 돌도록 되어 있다. 하지만 이 방향은 단순한 '직선' 전시에서만 가능하며, 그 외에는 바람직하지 않다. 전시 현장에서는 빛, 색, 소리 또는 흥미로운 전시물을 놓는 방법 등을 이용해 관람객의 동선을 유도할 수 있다. 또 하나의 방법은 번호 매기기로, 이를 필요로 하는 관람객에게는 상당히 도움이 될 수도 있다.

그림 2-4 :: 《어머니의 고향노래》 개막식 모습 (자료: 떡박물관)

M. 렘부르크(M.Lehmbruck)는 기존의 동선 패턴을 개선해 간선형, 빗형, 체인형, 별형, 블록형의 다섯 가지 기본 형태로 분류하고 있다.

- ▷ 간선형: 직선적인 연결로, 반듯하거나 각지거나 둥글거나에 상관없이 연속되는 통로를 가리키며 관람객에게 다른 길을 주지 않는다.
- ▷ 빗형: 가장 적당한 골방식 진열이 정렬 방식으로 채택된 통로로, 주요 통행로에서 떨어져 있어 관람객이 서로 부딪치지 않고 관람할 수 있는 장점이 있다. 또한 공간이 허락한다면 쌍방 통행도 가능하다.
- ▷ 체인형: 직선적인 면에서 간선형과 비슷하나, 서로 다른 진열을 담고 있는 전시공간으로 되어 있으므로 복잡하며, 각각의 공간에 변형된 통로가 많다. 이런 식으로 서로 연결된 전시실은 미술관에서 자주 쓰인다.
- ▷ 별형 또는 부채형: 중앙에서 퍼져 나가는 여러 통로가 있다. 이 형태의 좋은 점은 중앙의 혼잡만 피한다며 서로 다른 주제를 진열할 수 있는 것이다.
- ▷ 블록형: 이동이 자유로우며 특정 체제가 없다. 관람객이 마음 내키는 대로 또는 각 전시 섹션의 특성에 따라 이동한다.

위에서 설명한 다섯 가지 유형은 각기 이용될 수도 있고, 전체 전시 상황을 조정하기 위해 함께 쓰일 수도 있다. 이러한 동선 구조는 대부분 섬세한 전시 연출과 강조로 인해 드러나지 않는다. 그러나 어떤 유형에서든 가장 중요한 점은 공간이 열려 있느냐 닫혀 있느냐, 또는 통행로가 있느냐 없느냐 하는 것이다. 따라서 동선 계획은 주변과 공간의 보안에 미치는 효과를 고려한 후 신중하게 마련되어야 한다.[28]

이번 전시의 동선은 별형 또는 부채형으로 구현되었다. 가운데 원탁에 베트남, 태국, 필리핀, 한국의 식문화를 전시했고, 이를 둘러싼 네 조각의 원형 전시대에 중국, 일본, 몽골, 우즈베키스탄의 식문화를 전시해 관람객들이 두 개의 원을 드나들면서 자유롭게 관람할 수 있도록 했다.

6) 전시의 평가

우리나라의 결혼이주여성은 동아시아의 비중이 높은 편이다. 아시아의 국가들은 오랜 역사적 전통을 배경으로 문화가 꽃핀 나라들로, 고유의 무형문화유산과 음식이 발달되어 있다. 체험과 교육 프로그램에 참가한 다문화 어린이들은 각국의 음식문화를 접하고 책을 읽고 토론하면서 다른 나라의 문화에 대한 새로운 경험을 갖게 되었다.

이번 전시와 체험학습은 다문화에 대한 선입견을 지양하고 열린 태도를 갖게 하려는 취지에서 이루어졌다. 물론 이러한 전시 관람과 체험학습이 다문화에 대한 가치관과 행동양식을 곧바로 바꿀 수 있을 것이라고 기대할 수는 없을 것이다. 그러나 차이점과 유사점을 갖는 각국

28 마이클 벨처, 앞의 책, 2013, 165-169쪽.

의 문화를 이해하는 데 기여했다고 본다. 체험 참가자들은 동아시아 다른 나라의 음식을 만들어보는 체험과 시식하는 활동을 통해 각기 다르면서도 유사한 특징을 갖는 점을 인식하면서 각국의 특징을 이해하려는 열린 자세를 보였기 때문이다.

이번 전시를 준비하기 위해 유구한 역사를 배경으로 갖고 있는 동아시아 국가들의 식문화를 조사하는 것은 그 범위와 수량이 매우 광대한 작업이었다. 또한 이를 총체적으로 이해하고 표현하기에는 역량과 시간의 한계를 갖고 있었다. 그럼에도 불구하고 본 전시가 갖는 의의는 상호문화주의적 입장에서 다문화 전시와 체험 프로그램을 기획하고 진행했다는 점이다. 또한 무형문화유산인 식문화에 대해 조사하고 연구해 전시했다는 점이다.

전시를 마치면서 제안하고자 하는 것은 두 가지 문화를 넘나들면서 미래 사회에서 창조적인 역량을 발휘할 수 있으며 양국의 가교 역할을 할 수 있는 다문화가정 어린이들에 대한 박물관의 관심과 배려가 요구된다는 것이다. 어린이가 성장해 어른이 되기까지 부모의 보살핌과 사랑이 무한히 필요한 것은 당연한 이치이다. 그렇다면 우리 사회에서 다문화가정의 아동들이 어머니 나라에 대해서도 심도 있게 배우고 이해하면서 자긍심을 갖고 성장할 수 있도록 하기 위한 방법에 대한 모색이 필요하다. 이에 대해 인류문화의 보고인 박물관이 그 방향을 제시해줄 수 있어야 할 것이다.

2 《익선동 마을박물관》, 에코뮤지엄을 실험하다

1) 전시의 기획

신박물관학(New Museology)의 시대에 박물관은 기관 간의 협동을 중시해 대내외적인 네트워킹을 형성한다. 이러한 박물관은 지역사회와 환경의 요구에 부합하는 것을 지향한다. 또한 지역사회와 연계하는 새로운 팀을 구성하기도 하면서 학제 간 연구를 기반으로 하는 새로운 시도를 한다.[29] 에코뮤지엄은 이러한 새로운 박물관학의 흐름 가운데 하나로, 지역공동체를 전제로 지역 전체를 박물관으로 보는 개념이다. 필자는 이러한 에코뮤지엄의 이상을 서울 익선동 한옥마을에 적용하려는 시도를 했다.[30]

앞에서 살펴본 바와 같이 에코뮤지엄은 1971년 프랑스에서 개최

---

29 Peter Davis, *op. cit.*, pp. 61-68.

30 배은석, 「에코뮤지엄의 개념을 활용한 지역의 유산보존과 발전 방안에 대한 연구: 익선동 도시형 한옥 밀집지구를 중심으로」, 『글로벌문화콘텐츠』 15호, 글로벌문화콘텐츠학회, 2014와 배은석, 「에코뮤지엄을 표방한 마을 박물관의 실험적 시도: 서울 《익선동 마을박물관》을 중심으로」, 『박물관학보』 28호, 한국박물관학회, 2015를 참조해 재구성.

된 ICOM 총회에서 용어 제안이 수용되었고, 1972년 스웨덴에서 개최된 ICOM 세미나에서 그 개념과 용어가 공인되었다. 또한 같은 해 칠레 산티아고 선언에서 주민과 함께 지역사회에 기여하는 박물관의 새로운 역할에 대한 선포가 있었다.[31]

에코뮤지엄은 인간을 포함한 자연·생태와 산업을 포함한 문화·유산을 모두 아울러서 특정 유산 지역을 뮤지엄의 범주로 지정하고 지역 전체가 유기적으로 구성되며 주민이 자발적으로 운영에 참여한다는 특징을 갖고 있다.[32] 하지만 에코뮤지엄은 그 형태와 운영방식이 너무나 다양해 한마디로 정의내리기 어려운 측면이 있다.

그렇다면 선행 연구자들은 이를 어떻게 정의하고 있는가? 위그 드 바린과 함께 에코뮤지엄의 개념을 발명한 조르주 앙리 리비에르는 에코뮤지엄을 세 번에 걸쳐서 정의하는데, 이를 리비에르의 '에코뮤지엄의 발전적 정의'라고 한다. 그는 에코뮤지엄은 주민이 스스로를 인식하기 위해 서로를 바라보고 방문자에게도 내미는 거울이라고 보았는데, 이는 자기성찰과 함께 미래를 조망하는 예지를 의미한다. 또한 에코뮤지엄은 시간의 표현이며, 특권적 공간의 해석이고, 연구소이며 보존기관이고 학교라고 했다.[33] 다시 말해 에코뮤지엄이란 한정된 영역을 안에서 그 공간을 축으로 해서 쌓인 시간의 흔적을 주민 스스로가 수집하는 과정에 의미를 두는 현상(現狀: phenomenon)적인 박물관이다.[34]

르네 리바르(René Rivard)는 에코뮤지엄과 전통박물관에 대한 비교 그림을 통해 에코뮤지엄을 정의하고 있다(1부 〈그림 1-1〉, 〈그림 1-2〉 참

31 배은석, 앞의 책, 2013, 66-69쪽.

32 위의 책, 2013, 6쪽.

33 오하라 가즈오키, 앞의 책, 2008, 24-25쪽.

34 배은석, 「박물관 고을 영월의 지역자원경영을 위한 영월 에코뮤지엄 가능성에 관한 연구」, 『글로벌문화콘텐츠』 13호, 글로벌문화콘텐츠학회, 2013, 93쪽.

조). 그에 따르면 전통적 박물관은 박물관 건물을 전제로 성립된다. 관장을 비롯한 전문가 집단인 학예사, 교육전문가, 전시 디자이너들에 의해 전시와 교육 프로그램이 기획되고 진행되며 보존전문가 등에 의해 수장품이 매우 정교하게 관리된다. 이러한 유형의 박물관에서 관람객은 단지 방문자로 박물관을 찾는 것으로 표현된다. 그에 반해 전통박물관과는 구별되는 새로운 박물관으로서 에코뮤지엄은 건물에 한정되지 않고 일정한 지역 전체에 적용된다. 에코뮤지엄은 한정된 범위 안에서 존재하는 유형과 무형의 유산, 집단 기억, 주민, 자연, 정체성, 건축물, 전통, 방문객, 연장자, 사이트, 경관, 문화자원 등 지역자원이 총체적으로 연결되어 구성된다. 지역의 주민들은 그들 스스로 지역의 유산을 발굴하고, 조사하고, 연구하고, 기획하고 실행하면서 지역유산을 보존하면서 지역전문가로서의 소양을 축적해나가게 되며 방문객은 에코뮤지엄의 일부로 작용한다.[35]

피터 데이비스(Peter Davis)는 에코뮤지엄의 속성 가운데 지역자원을 네트워킹한다는 것에 주목해 이를 목걸이 모델로 표현했다(1부 〈그림 1-3〉 참조). 그는 에코뮤지엄이란 지역의 범위 내에서 경관, 사이트, 향토적 특성, 기억, 자연, 전통, 유산, 지역공동체 등이 서로 유기적으로 연결될 수 있도록 기여하는 실과 같은 것이라고 보았다.[36] 이 원리는 물적, 장소적, 인적, 환경적인 요인을 포함해 광범위하게 적용된다.

오하라 가즈오키(大原一興)는 에코뮤지엄의 구성요소로 지역유산의 현지 보존, 주민의 참여, 박물관 활동에 주목한다. 에코뮤지엄 이념에서 우선 중요한 것은 어느 특정의 '지역(territory)'을 중요한 대상으로 지정한다는 점이다. 그 위에 지역 내 유산의 현지 보존, 주민의 자발적

35 Peter Davis, *op. cit.*, 2011, pp. 82-83.

36 *Ibid.*, p. 90.

참여, 박물관 활동의 세 가지 요소가 이상적인 구조로 상호작용할 때 에코뮤지엄이 유지된다고 보았다.[37]

우선, 지역의 유산(Heritage)으로서 자연환경, 문화유산, 산업유산, 집단 기억 등을 현지 보존하는 것이다. 다음으로 박물관 활동(Museum)은 발굴, 전시, 보존, 조사, 연구 등의 일련의 활동이다. 마지막으로 주민 참여(Participation)는 주민 스스로 정체성을 발견하면서 이 모든 활동에 능동적으로 참여하는 것이다. 이 세 가지 요소가 균형이 잘 맞고, 밀접한 네트워크가 짜여 있는 것을 가장 이상적인 상태로 인식하고 있다.

이러한 에코뮤지엄의 이상과 철학을 서울 도심의 익선동 한옥마을에 적용하고자 해, 이를 《익선동 마을박물관》이라고 칭하고, 전시를 기획했다.

2) 전시의 개발

(1) 전시의 배경

본 전시는 서울이라는 역사도시의 개발과 보존에 대한 문제를 제기하면서 시작된다. 도시 역사 유적지의 개발과 보존의 양극에서 진정 지역을 지속 가능한 발전으로 이끄는 것이 무엇인가? 시간의 켜와 오래된 삶의 양식이 남아있는 역사도시 서울이 발전하기 위해 대규모 철거와 대단위 개발은 필수불가결한 방식이라고 여겨져왔다. 그러나 거대 자본이 밀고 온 개발 앞에서 평생 살아온 주민은 삶의 터전을 잃고 다시 정착할 곳을 찾아 떠나게 된다.

---

37 오하라 가즈오키, 앞의 책, 2008, 32쪽.

서울의 중심부 종로 한가운데 도시형 한옥지구가 방치된 상태로 허물어져가고 있다면, 그리고 그 한옥마을 안에서 평생을 살아온 주민들이 아직도 생존해있다면 이곳을 철거하고 현대식 주상복합건물을 짓는 것은 올바른 선택인가? 본 전시는 이 문제를 고민하면서 익선동 도시형 한옥 밀집지구의 역사를 바탕으로 현재와 미래를 조망하고자 했다. 그 방법으로 지역의 유산을 파괴하지 않고 지속 가능한 발전으로 이끄는 에코뮤지엄의 이론을 익선동 한옥 밀집지구에 적용하고자 했다.

에코뮤지엄은 지역, 유산, 집단의 기억, 자연, 지역의 정체성, 건축물, 전통, 연장자, 경관, 문화자원을 소장품으로 해서 지역의 사이트(site)를 연결함으로써 이루어진다. 주민은 에코뮤지엄의 주체로서 스스로 지역의 유산을 발굴하고, 조사하고, 연구하고, 기획하고 실행하면서 지역의 전문가로서 소양을 축적시켜나가는 과정 안에서 지역의 정체성과 자신의 존재를 발견하게 된다. 또한 지역을 찾는 방문객 역시 지역의 자원을 탐색하고 알아가면서 에코뮤지엄의 일부로서 작용하게 된다.

(2) 전시의 취지 및 목표

전시 취지 및 목표는 정리하면 다음과 같다.

첫째, 익선동 도시형 한옥 밀집지구는 북촌과 창덕궁, 종묘와 인접해있으며 인사동, 낙원동과도 인접한 지역으로, 현재까지 한옥이 보존되고 있어 잠재적인 가능성을 보유한 문화유산지역이다. 그러나 현재는 기와가 내려앉은 채 방치되어 있거나 오랜 시간 비워둔 집도 있어 이 지역의 지속 가능한 발전을 위한 대책이 강구되어야 할 시점이다.

둘째, 이에 본 전시에서는 주민 주도의 지역재생운동인 에코뮤지엄의 개념을 적용해 익선동 한옥지구의 지역자원을 활용한 마을 만들기의 모델을 제시하고자 한다.

셋째, 에코뮤지엄은 지역의 의미 있는 장소를 선정해 그 사이트(중요 장소)를 서로 연결해 방문객이 그 사이트를 찾아다니면서 지역을 발견하는 구조를 갖는다.

넷째, 지역의 사이트를 개발하는 것이다. 익선동 도시형 한옥 밀집지구와 그 주변은 일제강점기로부터 근대에서 현대로 이어지는 시간의 편린을 간직한 곳이다. 이곳에 지역의 역사를 간직한 곳이나 주민의 활동이 이루어지고 있는 장소를 발굴해 이를 사이트(중요 장소)로 정하고 방문하는 프로그램을 기획한다.

다섯째, 마을박물관 관람 사이트 및 투어 코스를 개발해 방문객이 지역을 발견할 수 있는 기회를 제공하고, 주민들도 스스로 자긍심을 갖고 지역을 안내할 수 있는 기회를 제공한다. 그리고 궁극적으로 이러한 일련의 활동을 통해 버려지고 방치된 귀중한 한옥 유산에 대한 지자체의 정책 지원과 대중의 관심을 촉구하고자 한다.

(3) 익선동의 지역문화자원 발굴 조사

사실 에코뮤지엄은 지역주민들의 자발적인 지역재생운동이다. 그러나 현실적으로 그러한 운동이 일어나기를 기대하는 것은 매우 어려운 상황이었기에 익선동에 대한 연구는 한국에코뮤지엄연구소를 주체로 2013년부터 진행되었다. 지역의 역사와 문화자원을 발굴하는 것을 목표로 신문과 잡지의 기사, 문화원형닷컴, 한국사 데이터베이스 등 디지털 아카이브를 검색해 익선동과 연관되는 부분을 찾아내는 방법과 문헌자료 조사를 병행해 실시했다. 또한 주민 인터뷰 등을 통해 지역에 남아있는 기억에 대해서도 수집했다. 조사를 통해 발견한 내용을 정리하면 익선동의 유래, 익선동에 남아있는 근대문학의 흔적과 문학가, 익선동 거주 판소리 명창, 전통문화의 전승과 문화교류 등의 특징을 꼽을 수 있다.

이러한 연구를 진행하는 가운데 2014년 서울시 사립박물관 지원 사업에 공모해 떡박물관을 주최로《익선동 마을박물관》프로젝트를 제안해 선정되었다. 기획 및 연구지원은 한국에코뮤지엄연구소에서 했으며, 한국외국어대학교 문화콘텐츠 연계전공 학생들과 대학원 글로벌문화콘텐츠학과 학생들이 참여했다. 이 절에서는 도시형 한옥이 밀집되어 있는 익선동 166번지를 중심으로 진행한《익선동 마을박물관》의 진행 과정과 익선동 지역문화 연구를 통해 발굴한 지역문화자원을 기록하고자 한다.

① 익선동의 유래

조선 전기 한성부 중부 정선방 관할 지역이었던 익선동 일대는 누동궁(樓洞宮)이 있던 지역이다. 누동궁은 한성 북부 안국방 즉 현재 한옥 밀집지역인 종로구 익선동 166번지에 있던 궁으로 철종의 사친 전계대원군의 사손들의 사저이자 종택이다. 19세기 중엽 철종은 즉위 직후 자신이 태어난 곳에 가옥을 지은 뒤 그곳에 아버지 신위를 모시고 친형을 살게 했는데, 그 집이 '누동궁'이라 불렸다.

이 누동궁은 대문에 딸린 익랑(翼廊)[38]이 매우 컸는데, 그래서 사람들은 누동궁과 그 주변을 '익랑골' 또는 '익동'이라 불렀다. 1894년 갑오개혁 때, 행정구역 개편으로 익선동 일대는 돈령동, 한동, 익동, 누동, 궁동 등으로 불리게 되었고, 일제 강점기인 1914년 4월 행정구역 통폐합에 따라 돈령동, 궁동, 익동, 한동 등의 각 일부는 익선동으로 통합되

38 문의 좌우편에 잇대서 지은 행랑(行廊)으로 날개처럼 옆으로 뻗은 채를 의미한다.

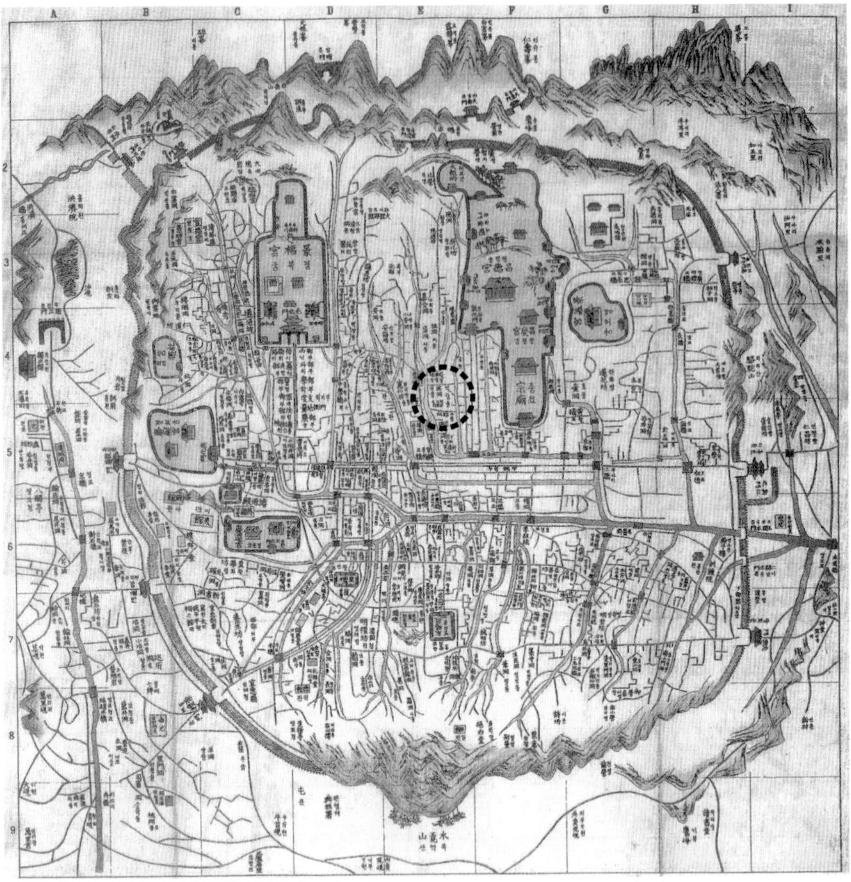

그림 2-5 :: 〈서울 지도〉, 조선 고종 37, 광무 4년(1900)경 (자료: 영국 왕립아세아협회)

었다.[39]

〈그림 2-5〉는 영국 왕립아세아협회가 소장하고 있는 1900년경의 서울 모습이 그려진 지도이다. 지도에는 성곽이 둘러쳐진 서울이 보이고 그 안에는 경복궁, 경희궁, 창덕궁, 창경궁, 종묘의 모습과 서울의 길

39 서울지명사전, http://terms.naver.com/entry.nhn?docId=404845&cid=43722&categoryId=43722, 검색일: 2017년 4월 25일.

이 표현되어 있다. 창덕궁 남쪽에 있는 돈화문에서 곧게 뻗은 길을 따라 내려오면 왼쪽 편에 당시 익선동의 지명인 익랑골이 표기되어 있음을 확인할 수 있다.

익랑골은 1936년 4월 동명이 일본식 지명으로 변경됨에 따라 익선정이 되었으며, 1943년 4월 구제(區制) 실시로 종로구 익선동이 되었다. 해방 후 1946년 정(町)이 동(洞)으로 바뀔 때 익선동이 되었다. 익선동은 돈화문로와 나란히 위치하고 있는 지역으로 주변에 창덕궁, 창경궁, 운현궁, 종묘, 탑골공원 등 중요한 문화유산들이 자리 잡고 있다. 특히 창덕궁과 종묘는 유네스코 지정 세계문화유산으로서 지역의 역사성을 입증한다.

조선의 왕궁과 종묘에 인접한 익선동은 이러한 지리적 특성으로 인해 정치적·행정적 기능을 담당하는 행정시설이 설치되어 있었다. 특히 기상관측을 위한 '측후소'는 천문, 지리, 역수에 관한 업무를 맡아보던 관상감의 부속기관이었는데, 1907년 경성측후소로 익선동에 처음 설치된다.[40] 이 측후소가 1933년 송월동으로 이전하면서 그 자리에 현재의 익선동 한옥마을이 형성된다.

③ 도시형 한옥의 탄생과 정세권

도시형 한옥이란 도시화가 진행되면서 주택업자들에 의해 표준화되고 실용화된 주택이 대량으로 공급되면서 탄생한 한옥이다.[41] 도시형 한옥이 탄생한 시대적 배경은 일제강점기이다. 이 시기에는 토지를 점유하기 시작한 일본인들에 의해 서울의 주거사정이 악화되었다. 또

40 강성원 외, 「역사환경으로서의 도시조직 변화연구: 종로구 익선동 도시환경정비구역을 중심으로」, 『한국도시설계학회 춘계학술발표대회발표자료』, 한국도시설계학회, 2006, 6쪽.

41 송인호, 「도시형 전통주거의 평면유형에 관한 연구: 가회동 개량한옥지구를 중심으로」, 『대한건축학회논문집』 4권 1호, 대한건축학회, 1988, 61-68쪽.

한 일제의 토지 수탈로 경작권을 빼앗긴 농민들은 영세 소작농으로 전락해 결국 농사를 지을 의지를 상실하고 도시로 향하게 된다. 그 결과 도시 인구가 급격히 늘어나고 도시의 주택 부족률이 점점 증가하면서 서울 역시 주택난에 봉착하게 된다. 1926년 주택 부족률이 5.77%였던 것이, 1931년에는 10.60%, 1936년에는 22.41%였고, 1944년에는 40.25%에 이르게 된다.[42]

이러한 주택에 대한 요구는 도시형 한옥이라는 새로운 형태의 한옥을 탄생시키는데 이를 시도한 사람은 정세권이다. 1910년대 후반부터 주택 개발산업에 뛰어들었던 정세권은 건양사라는 주택회사를 만들었고, 익선동과 가회동 일대의 개발을 시작하게 되었다.

당대는 물론 후대에 이르기까지 '집장사'로 매도되어왔던 정세권은 20세기 최초의 한국인 부동산 개발업자이며, 조선물산장려회와 조선어학회의 재정적 후원자요, 적극적인 사회활동가였다. 대중을 위한 경제잡지 『실생활』을 발간했고, 『우리말 큰 사전』 출간에 기여했으며, 학교 설립 등 기부활동과 사회활동에 적극적으로 참여했다.[43] 특히 그는 익선동 서민들에게 주택을 보급하기 위한 목적으로 측후소가 이전하고 남은 대규모 필지에 도시형 한옥을 건설하게 된다.

〈그림 2-6〉은 2014년도에 촬영한 익선동 한옥지구의 모습이다. 이 지역의 한옥은 1920년대 말에서 1930년대에 걸쳐 전체 한옥 건축물 수의 77.3%에 해당하는 85채가 완성되었다. 1940년대부터 1950년대에 9채, 1960년대에서 1970년대에 5채, 1980년대 이후에 1채가 완성되었다.[44] 이렇게 형성된 도시형 한옥마을이 현재에도 그 원형을 간

42 윤민경, 「서울시 1930년 전후의 가로와 한옥주택의 특성에 관한 연구: 서울시 종로구 익선동, 권농동, 봉익동을 중심으로」, 명지대학교 석사학위논문, 1991, 26-27쪽.

43 김경민 · 박재민, 『리씽킹 서울: 도시, 과거에서 미래를 보다』, 서해문집, 2013, 39-40쪽.

44 강성원 외, 앞의 글, 2006, 6-9쪽.

그림 2-6 :: 익선동 한옥마을 전경

직한 채 보존되어 있다.

③ 익선동에 남아있는 근대문학의 기억

이광수의 『흙』에 등장하는 익선동

『흙』은 이광수(李光洙)가 지은 장편소설로, 작자가 동아일보 편집국장 시절에 귀농운동을 지원하기 위해 연재한 작품이다. 1932년 4월 12일부터 1933년 7월 10일까지 『동아일보』에 연재되었으며, 1953년에 한성도서주식회사에서 단행본으로 간행했다. 소설에서는 '허숭'이라는 농촌 출신의 변호사를 주인공으로 이상적인 농촌의 건설을 위한 계몽사상이 짙게 나타나며, 농민 속에서 참된 인간성을 찾으려는 내용이 전개된다. 소설 중 '한민교' 선생이 살고 있는 공간으로 익선동이 등장하는데, 그의 집은 대문, 안방, 사랑방, 건넌방, 마루, 마당, 광, 장독대, 부엌 등이 있는 구조로 묘사되어 있다.

> 익선동 한 선생이라면 다만 배재학당 계통과 보성전문학교 학생들에게만 이름이 있는 것이 아니라, 시내 중등 이상 학교 학생 간에는 아는 이가 많았다. 그는 본래 배재고보에 영어 교사로 있다가 보성전문학교 강사로 와 있게 된, 그러면서도 여전히 배재와 이화에 영작문 시간을 맡아보는 한 오십 된 사람이다. 그는 계통적으로 공부한 학력이 없기 때문에 전문학교에도 교수가 되지 못한 것은 물론이거니와 고등보통학교에서도 교원 자격이 없다. 그래서 월급이 싸다.
>
> (중략)
>
> 한 선생의 집은 익선동 꼬불꼬불한 뒷골목에 있는 조그마한 초가집이다. 대문이 한 간, 행랑 겸 사랑이라고 할 만한 것이 한 간, 안방이 간 반, 건넌방이 한 간, 그런데 웬일인지 마루만은 넓어서 삼 간, 그러고는 광이라고 할 만한 것이 뒷간 아울러 두 간, 그리고 장독대, 손바닥만 한 마당, 부엌이 있을 것은 말할 것도 없다. 익선동 조그만 초가집이라면 한 선생 집이다.[45]

이광수가 익선동 한 선생의 집을 도시형 한옥으로 묘사했는지에 대해서는 의문점이 남는다. 도시형 한옥의 지붕은 기와를 원칙으로 하는데, 가옥 구조에 대한 묘사는 도시형 한옥을 연상시키나, 지붕이 초

45 이광수, 『흙』, 신원문화사, 2006, 39쪽.

가라는 점은 당시 서민 주택으로 흔했던 초가집을 묘사하고 있기 때문이다.

작품에서 익선동 가옥을 묘사한 이광수의 호는 춘원(春園)으로 평안북도 정주(定州) 출생이다. 소작농 가정에 태어나 11세인 1902년 콜레라로 부모를 여의고 고아가 된 후 동학(東學)에 들어갔으나 탄압이 심해지자 1904년 상경했다. 이듬해 친일단체 일진회(一進會)의 추천으로 유학생에 선발되어 일본으로 유학을 하게 된다.

그는 대성중학을 다니며 만난 홍명희, 문일평과 함께 소년회(少年會)를 조직하고 회람지 『소년』을 발행하는 한편 시와 평론 등을 발표하기 시작했다. 1915년부터 1918년까지 일본 와세다 대학 철학과에 수학했으며, 1918년 7월에 졸업을 포기하고 귀국했다. 1917년 1월 1일부터는 한국 최초의 근대 장편소설 「무정」을 『매일신보』에 연재해 소설 문학의 새로운 역사를 개척했다. 1919년에는 도쿄 유학생의 2·8독립선언서를 작성했으며, 임시정부의 일원으로 활동하며 대한제국의 독립의 정당성과 의지를 세계에 알리려고 노력했다.

그 후 1923년 『동아일보』에 입사해 편집국장을 지내고, 1933년 『조선일보』 부사장을 거치는 등 언론계에서 활약하면서 「재생」(再生), 「마의태자」(麻衣太子), 「단종애사」(端宗哀史) 등 많은 작품을 남겼다. 1937년 수양동우회(修養同友會) 사건으로 투옥되었다가 반년 만에 병보석되었는데, 이때부터 본격적인 친일 행위로 기울어져 1939년에는 친일어용단체인 조선문인협회 회장이 되었으며 가야마미쓰로(香山光郎)라고 창씨개명을 했다. 8·15광복 후 반민법으로 구속되었다가 병보석으로 출감했으나 6·25전쟁 때 납북되었다.

김억의 작품 서문에 보이는 익선동

김억(金億)의 호는 안서(岸曙), 호적명은 희권(熙權)이다. 1896년 11월 30일 평북 곽산 출생으로 오산중학을 거쳐 일본 게이오의숙(慶應義熟) 문과를 중퇴했다. 그 후 오산중학 및 평양 숭덕학교에서 교편생활을 했으며, 『동아일보』·『매일신보』 기자, 경성 중앙방송국 차장 등으로 언론계에서 활동하기도 했다. 광복 후 출판사 수선사(首善社) 주간을 역임했고, 한국전쟁 당시 서울에 남아 있다가 납북되었다.

김억은 서구시 및 시론의 번역 소개와 아울러 시 창작을 병행함으로써 한국 초기 시단을 끌어간 대표적 시인이다. 특히 개성적 리듬과 자유율 및 아어체(雅語體) 시어를 통해 개인 정감을 노래함으로써 한국 자유시의 지평을 열어준 창시자이다. 그는 최초의 역시집인 『오뇌의 무도』(1921), 최초의 창작시집인 『해파리의 노래』(1923)를 냈을 뿐 아니라 광복 전까지 20여 권의 시집을 발간하기도 했다. 또한 『창조』와 『폐허』의 동인으로 참여하고 『개벽』, 『동광』, 『학생계』 등에 관여해 문단 저널리즘의 정착에 기여했다.[46]

익선동은 김억이 1925년 9월에 출판한 창작시집 『봄의 노래』의 서문에 등장한다.

一九二伍年 三月 十日밤
봄비가 내리는 날
서울 益善洞서 作者[47]

시집 『봄의 노래』에 수록된 작품들은 저자가 「자서」에서 밝혔듯

46 권영민, 『한국현대문학사 1』, 민음사, 2002, 235-243쪽.
47 김억, 『봄의 노래』, 작가문화, 2004, 5쪽.

이, 모두가 창작품이 아니고 역시편도 상당수 포함되어 있다. 제1부는 봄의 노래, 제2부 술노래, 제3부 황혼의 노래, 제4부 자야오가, 제5·6부의 조(錞)님의 노래와 제비의 노래로 구성되어 있다. 이 시집에서 그는 초기의 어두움과 절망과 애상(哀傷)에서 벗어나 '빛과 밝음'으로 시풍(詩風)이 바뀌어가고 있다.[48]

현진건의 『지새는 안개』 속의 익선동

현진건(玄鎭健)은 김동인, 염상섭과 더불어 근대문학 초기에 단편소설 양식을 개척하고, 사실주의 문학의 기틀을 마련한 작가이다. 대표작으로는 「빈처」, 「술 권하는 사회」, 「운수좋은 날」 등이 있다.

현진건의 장편소설 「지새는 안개」(1923)에서 역시 익선동이 등장한다. 글 속의 인물 김창섭이 한눈에 반한 이정애에게 보낸 편지의 수신처로 '시내 익선동 19번지'가 등장한다. 무관심한 정애 때문에 김창섭이 가슴 졸였을 공간, 익선동 19번지를 「지새는 안개」 본문 속에 다음과 같이 나타난다.

> 晶愛는 슬적 그 편지를 집어들어, 것봉을 보앗다. '市內益善洞 19, 李殷雨氏方 李晶愛氏압'이라고 씨워 잇섯다.
>
> "이것 보아! 누가 나한테 편지를 하얏네." 그는 저도 모를 사이에 이러케 중얼거리고, 얼른 뒤족을 본즉 '安國洞 金永淑으로부터'라고 하얏더라.[49]

익선동 19번지는 현재 운현신화타워가 있는 곳으로, 익선동 한옥

---

48 권영민, 앞의 책, 2002, 235-243쪽.

49 한국사 데이터베이스, http://db.history.go.kr/search/, 검색일: 2017년 6월 21일.

마을과 매우 인접한 곳이다.

최남선이 익선동에 설립한 출판사 동명사

동명사는 국내에 현존하는 가장 오래된 출판사로 알려져 있다. 최남선(崔南善)이 3·1운동 관계로 투옥되었다가 가출옥한 이듬해인 1922년에 서울시 종로구 익선동 34번지에 이 출판사를 설립했다. 이는 1907년 육당이 설립한 신문관(新文館)의 후신이다. 우리나라 최초의 주간지 『동명』(東明)을 23호까지 내고 이듬해 자진 폐간했는데, 1924년 『시대일보』(時代日報)를 창간하는 일 등에 휘말려 장기 침체에 빠졌다.

최남선은 이미 1907년 일본 유학 중에 문화사업을 일으킬 꿈을 안고 귀국해 거금의 유산을 투입, 일본에서 당시 최신의 인쇄시설 일체와 기술자 5명을 데려와 신문관이라는 인쇄소 겸 출판사를 차렸다. 신문관은 1908년 11월 우리나라 최초의 월간잡지 『소년』을 창간했다. 1910년 조선광문회를 거치면서 『심청전』, 『홍부놀부전』 등의 고전소설을 현대문으로 바꾸어 편찬한 육전소설을 비롯해, 이솝우화, 로빈슨 크루소 등의 단행본도 출간한다. 잡지인 『붉은 저고리』, 『아이들 보이』, 『청춘』을 거치고 1922년 최초의 시사주간지 『동명』을 발간한다.[50]

1945년 광복이 되자 그해 10월 재건하고, 최남선의 둘째 아들 한웅(漢雄)이 대표가 되어 최남선의 『조선상식문답』 정·속 2권, 『조선상식』 풍속편·지리편·제도편 3권, 김윤경(金允經)의 『나라말본』 등 역사와 언어 등의 국학 서적을 주로 출판했다. 1950년 한국전쟁 이후 그때까지의 출판 경향에서 탈피, 주로 의학·약학·보건학·수학·물리학·건축학·기계학·금속학·선박학·항공학·전자학 등 자연과학과 기술공학의 대학교재를 전문으로 간행해왔으며, 2015년 현재 출판 종수가

---

50 동명사, http://www.dmsbook.com/main.php, 검색일: 2017년 6월 21일.

1,500여 종이 넘는다. 1990년에는 『육당(六堂)이 이 땅에 오신 지 100주년(百周年)』을 육당최남선선생기념사업회의 이름으로 펴내기도 했다. 2015년 현재 대표는 최남선의 손자인 최국주(崔國柱)가 맡고 있으며, 현재의 사옥은 경기도 파주시 회동길 50 파주출판문화산업단지 내에 위치하고 있다.

익선동에 거주했던 문인들

이해조(李海朝), 홍명희(洪命憙), 이기영(李箕永), 홍사용(洪思容)은 익선동 거주 문인들이다.

이해조는 경기도 포천군에서 태어나, 서울로 이주한 후에는 익선동에서 오랫동안 살았다. 그는 이인직과 더불어 신소설 확립에 뚜렷한 공적을 남겼다. 그의 소설들은 부패 관료에 대한 비판, 여권신장, 신교육, 재혼, 미신타파 등의 새로운 근대적 의식과 계몽성을 담고 있다. 대표작으로는 「자유종」, 「화의 혈」, 「구마검」 등이 있다.

익선동 33-6번지에 거주했던 홍명희는 일제강점기 최대의 장편소설이라 손꼽히는 「임꺽정」을 발표했다. 그는 1927년 민족 단일 조직인 신간회의 창립에 관여하는 등 독립운동에 적극 참여했으며, 1945년 광복 이후에는 좌익운동에 가담한 후에 월북해 이후의 행적에 대해서는 알 수 없다. 잡지 『별건곤』의 1932년 5월 1일 「現代八洪門大家」라는 제목의 기사에는 "그의 집은 당시에 팔홍문(八洪門)집이라고 불렸는데 이것은 그의 형제 아들 조카 등 홍가 문패가 여덟 개가 붙어 있었기 때문이라고 한다"는 기록이 있다.

이기영은 1925년에 결성되었던 사회주의 혁명을 위한 문예단체인 조선프롤레타리아예술연맹의 창립에 주도적인 역할을 한 소설가이다. 1926년 여름, 이기영은 익선동 124번지로 이사했고 거기서 문필활동을 이어나갔으나 분단 후에는 월북했다. 대표작으로는 「고향」, 「서화」 등이 있다.

이상과 같이 익선동은 문학작품에 등장하거나 이해조, 이기영, 홍사용 등 문학가들이 거주하면서 작품 활동을 펼친 곳이며, 육당 최남선이 민족교육에 힘쓰기 위해 세운 출판사 동명사가 위치한 곳이기도 하다.

④ 국악의 혼이 남아있는 익선동

박녹주와 조선성악연구회의 근거지, 익선동 159번지

박녹주(朴綠珠)는 경상북도 선산에서 박중근과 권순이의 장녀로 태어난다. 12세(1916) 때 박기홍의 문하에 들어가 판소리에 입문해《춘향가》의〈이별가〉,〈옥중가〉,〈몽중가〉등과《심청가》일부를 배웠다. 17세(1921)에는 원산에서 열린 명창대회에서 원산 갑부 남백우를 만나 부실(副室)이 되었다. 이후 서울에 올라와 동편제의 명인인 송만갑(宋萬甲)으로부터《춘향가》의〈사랑가〉부터〈적벽가〉까지를 전수받고, 단가〈진국명산〉을 배웠다. 22세(1926) 때에는 제비표 조선레코드사에서〈소상팔경〉,〈초한가〉등 판소리를 음반에 취입해 전국적인 명성을 얻게 된다. 그 후 첩으로 사는 것에 회의를 느낀 그녀는 26세(1930) 때에 남백우와 헤어지고 1년 뒤에 순천의 유지인 김종익과 재혼한다. 김종익은 박녹주를 비롯한 송만갑 등 명창들이 소리를 전수하고 교류할 수 있도록 종로구 익선동 159번지의 건물을 사서 조선성악연구회의 사무실로 사용할 수 있도록 해주었다.[51]

조선성악연구회(朝鮮聲樂硏究會)는 창극공연과 후진양성 교육을 위해 판소리 5명창인 송만갑, 김창환, 이동백, 김창룡, 정정렬을 중심으로 1934년 결성되었다. 조선성악연구회라는 명칭은 1934년 10월 경성

51 최난경,『동편제와 서편제 연구: 박녹주와 박초월의〈흥보가〉를 중심으로』, 집문당, 2006, 13쪽.

공회당(京城公會堂)에서 3회 공연이 열릴 때 처음으로 사용됐다. 이 조선성악연구회의 주소는 1934년 9월 관훈동(寬勳洞) 4번지였고, 1936년 낙원동(樂園洞)으로 옮겼다가 1937년부터 1940년까지는 익선정(益善町)[52] 159번지였다. 창립 당시의 단원은 명창 이동백·송만갑·정정렬·김창룡을 중심으로 한성준·오태석·정남희·김연수·조영학·임방울·강태홍·조상선·박종기·정광수·정원섭·박상근·신쾌동·강성재·김준섭 및 여류명창 김여란·임소향·김소희·조농옥·한산월·김일선·성미향·김임수·박소군 등이었고, 전성기에는 130여 명의 단원을 거느렸다.[53] 여기서 박녹주는 송만갑에게 틈틈이 판소리를 배우는 한편, 유성준 문하에서《수궁가》를, 정정렬 문하에서 단가와《춘향가》일부, 그리고《숙영낭자전》을 배웠다.

이렇게 박녹주가 결성에 참가한 조선성악연구회는 1935년 창극《춘향전》을 무대에 올린 이후《심청전》,《숙영낭자전》등의 공연을 이어간다. 연이은 공연에서 박녹주는 주연을 맡으며 대단한 호평을 받는다. 이후 정정렬, 김창환, 송만갑의 타계와 이동백의 은퇴를 맞이한 조선성악연구회가 해산되기까지 박녹주의 활동은 활발하게 전개된다. 이후 1964년 그의 나이 60세에 문화재관리국에서 중요 무형문화재 제5호 판소리《춘향가》의 예능보유자로 지정되었다가, 1970년《흥부가》의 예능보유자로 변경, 지정되었다. 박녹주는 그녀가 가장 아름다운 시기에 익선동 159번지에서 살았으며 그곳을 조선성악연구회의 사무실로 사용하면서 우리 소리를 지키는 데 헌신했다.

52 익선정은 오늘날 익선동을 의미한다. 1936년 4월 동명이 일본식 지명으로 변경됨에 따라 익선정이 되었으며, 1943년 4월 구제(區制) 실시로 종로구 익선동이 되었다.

53 송방송,『증보 한국음악통사』, 민속원, 2007, 572-578쪽.

익선동에 남아있는 임방울의 예술혼, 임향님판소리연구소

명창 임방울(林芳蔚)은 암울했던 일제 강점기에 판소리 명맥을 지켰으며, 어두운 시기에 서민들의 애환을 달랜 국창으로서 명망이 높다.

> 임방울은 연기를 보는 청관중이 아니라 소리를 들을 줄 아는 귀명창 청중들이 있는 곳이면 어디라도 찾았다. 임방울은 본디 고집이 세어서 비위가 틀리면 천금을 주어도 소리를 하지 않는 고집쟁이였지만 가난한 서민들이 자기 소리를 소리로 대우해주면 자리를 가리지 않고 소리판을 벌인 것으로 유명하다.[54]

그의 소리는 웃음으로 눈물을 닦는 감화력이 있었다고 한다. 그는 1904년 4월 20일 전남 광산군 송정읍 도산리 679번지(현재는 광주광역시 광산구 도산동 679번지)에서 임경학과 김나주의 셋째 아들로 출생한다. 그가 소리를 할 수 있었던 것은 집안의 영향이 크게 작용한 것으로 보인다. 모계 혈통으로 무계 계통의 내력을 보유하고 있었으며, 당대의 걸출한 소리꾼들이 친인척으로 존재했다. 국창으로 이름을 드날린 김창환이 외삼촌이고, 이종 간으로 동편제의 대가 박기홍과 서편의 이날치가 있어 집안 내에서 이들의 영향을 받은 것으로 보인다. 또한 공창식과는 사돈 간이다.

유성준에게 소리를 배우고 25세까지 혼자 소리 공부를 했다. 그가 인기를 얻을 수 있었던 계기는 1929년 9월 12일부터 10월 31일까지 경복궁 경회루에서 열린 조선박람회 때 외숙인 명창 김창환의 소개로 상경해 동아일보사 주최 전국명창대회에서 〈쑥대머리〉 부른 것이 좋은 반응을 얻으면서부터이다. 이를 계기로 같은 해 11월 복혜숙, 김영

54 이보형, 「임방울과 김연수」, 『뿌리 깊은 나무』, 한국브리태니커, 1977, 328쪽.

환, 김초향 등과 함께 콜럼비아 축음기회사에서 취입한 음반을 통해 더욱 널리 알려지게 된다.

1936년에는 조선성악연구회의 직속단체로 창단된 창극좌에서 강태홍·김세준·김연수 등과 함께 창극 활동을 전개한다. 해방 후 1946년에는 대한국악원의 창극단에서 오태석·백점봉·조상선 등과 함께 활동했고, 대한국악원 산하단체인 임방울창극단의 대표로 왕성한 활동을 한다. 1954년 5월 21일 부산 범일동에서 열린 고전음악제전 때 박녹주 등과 함께 출연했고, 1955년 국악동인회를 창설한다. 1960년 국악진흥회의 제5회 국악상(공로상)을 수상한 바 있다. 1960년 8월 16일 전북 김제공연 때 〈수궁가〉를 부르다가 쓰러졌으며, 1961년 3월 7일 향년 57세로 세상을 떠났다.[55]

그의 고향 광주에서는 그를 기리기 위해 1986년 9월 12일 광주 광산구 송정공원 안에 기념비를 세웠다. 1994년 12월에는 광주문화예술회관에 흉상이 세워져서 그의 예술을 기리고 있다. 또한 1997년 이래로 해마다 9~10월에는 임방울국악제를 개최해 임방울의 업적을 기리고 판소리 전승을 독려하고 있다.

임방울의 예술혼이 광주에서 기려지고 있는 것과 대조적으로 익선동에는 그의 질녀가 그의 삶처럼 외롭게 소리로 조상의 뒤를 잇고 있다. 그의 질녀 임향님이 운영하는 임향님판소리연구소는 익선동 한옥마을의 초입에 있다. 임향님 명창은 국립극장 창극단에서 무대활동을 해온 창극배우이면서 판소리의 맥을 잇고 있는 우리 시대 명창이다.

큰아버지가 소리할 때 아버지가 북을 치는 모습을 보면서 자란 그녀는 아버지의 반대로 소리를 배울 수 없었다. 그러나 타고난 자질과 환경이 결국 그녀를 소리의 세계로 이끌었는데 어린 나이에도 할아버

---

55 송방송, 『한겨레 음악인대사전』, 보고사, 2012, 743-745쪽.

지의 제자들이 소리를 배울 때 창밖에서 몰래 들으면서 배웠다고 한다. 이렇게 남몰래 배운 솜씨를 겨루고자 아버지 몰래 명창대회에 나갔다가 심사위원으로 참석한 아버지에게 발각되어 곤혹을 치르기도 했다고 한다.[56] 결국 아버지의 반대를 꺾고 소리 인생을 걸어온 그녀는 지금도 익선동 연구소에서 후학들을 가르치면서 판소리 전승에 전념하고 있다.

⑤ 오진암과 요정문화

오진암(梧珍庵)은 삼청각·대원각과 함께 3대 요정으로, 요정정치 시대 주요 무대의 하나다. 이 한옥은 마당에 오동나무가 있다고 해서 '오진암(梧珍庵)'이란 이름이 붙었으며, 요정으로 쓰이기 전 조선시대 말에는 내시화가인 이병직(李秉直)이 살던 집이기도 했다. 이병직은 한국전쟁 당시 가세가 기울어 이 집을 오진암으로 넘기게 되는데, 이곳은 1953년 한정식집으로 개조돼 서울 음식점 1호로 등록을 하게 된다. 요정은 박정희 정부시절 가장 성행했는데, 당시의 요정은 은밀한 요정정치의 근거지를 이루기도 했다. 실제로 오진암에서는 1972년 박정희 정부의 이후락 중앙정보부장과 북한의 박성철 제2부수상이 만나 7·4 공동성명을 논의한 바 있다.

찬란한 시절을 보낸 요정은 1990년대에 들어서며 기생 관광 조장에 대한 비난을 받게 된다. 또한 사정바람과 금융실명제의 실시는 정치인이나 기관장, 사회 유명인사들의 요정 출입을 금하게 만든다. 이에 많은 요정들은 일반 한정식 혹은 다른 업종으로의 변화를 꾀하게 되었고, 요정문화 역시 점점 그 자취를 감추게 된다. 익선동의 오진암 또한 2010년까지 한정식 집으로 그 명맥을 이어오다 2010년 폐업한 뒤 매

56 임향님 인터뷰, 2014년 8월 22일.

각되기에 이른다. 오진암 부지에 세워진 비즈니스호텔 이비스 앰배서더 서울 인사동(Ibis Ambassador Seoul Insadong)은 2013년 10월 25일 개관했다. 호텔은 지상 10층, 지하 2층에 363개 객실 규모다.[57] 한편 오진암의 한옥 건물은 종로구 부암동의 무계원으로 이전되어 주민들이 문화를 향유하고 교류하는 공간으로 활용되고 있다.

익선동을 조사하면서 이 지역이 조선 후기에서 일제강점기, 해방과 전쟁 이후의 시기에 이르기까지 민족사의 문학, 예술 부분에서 매우 중요한 연구 가치가 있음을 발견했다. 이제 이러한 지역문화자원의 발견을 어떻게 《익선동 마을박물관》 프로젝트에 적용했는지에 대해 논하고자 한다.

3) 전시의 구상 및 실행

《익선동 마을박물관》은 2014년 4월에 서울시 사립박물관 지원사업에 공모에 지원해 선정된다. 전시의 공식명칭은 《익선동 마을박물관: 추억으로 가는 산책》이고, 사업의 시행기간은 2014년 5월부터 12월까지였으며, 전시 시행 기간은 2014년 10월 10일부터 24일까지였다. 대상지역은 익선동 166번지이며, 인접한 낙원동 월하예당과 와룡동 떡박물관을 포함한다. 본 전시의 목적은 에코뮤지엄의 원리를 적용해 지역공동체를 활성화하고자 하는데 있다. 마을박물관을 실행하기 위해

---

57 이비스 앰배서더 서울 인사동, https://www.ambatel.com/ibis/insadong/ko/main.do, 검색일: 2018년 4월 10일.

서는 지역주민의 참여가 절대적으로 중요하다. 2013년도부터 이 지역에 대해 연구해온 연구진은 서울시 사립박물관 지원사업 공모에 선정된 이후에 더욱더 집중적으로 지역의 역사문화자원에 대해 조사함과 동시에 지역주민에 대한 탐색에 돌입했다.

에코뮤지엄은 일반적으로 중핵박물관과 위성박물관으로 구성된다. 중핵박물관은 에코뮤지엄 전체를 운영하면서 관람객에게 다양한 정보를 제공하거나 예약 및 체험 등을 관리하는 곳이다. 《익선동 마을박물관》에서 중핵박물관은 익선동 한옥마을과 매우 인접한 떡박물관으로 정했다. 서울시 사립박물관 지원사업의 주최이기도 하므로 중핵박물관의 역할을 하면서 사업을 이끄는 데 가장 적합한 기관이었다.

마을박물관을 진행하면서 가장 어려운 것은 위성박물관의 발굴 및 선정이었다. 위성박물관의 발굴과 개발을 위해서는 몇 가지 원칙을 준수했다. 첫째, 장소가 갖는 역사성에 집중했다. 다음으로 이야기를 간직한 장소를 발굴하고 섭외했다. 마지막으로 주민의 적극적인 참여가 있는 장소를 섭외했다. 그러다 보니 사적이고 내밀한 주거공간보다는 상점 등 상업시설 주민들의 호응도가 높았다. 위성박물관은 뜰안, 한옥, 오디너리랩, 올재, 소품가게, 익선동 121, 이비스 앰버서더, 월하예당, 가미복떡, 임향님 판소리연구소 등으로 이루어졌다. 각각의 위성박물관들은 그 장소가 지니는 익선동과 관련한 테마를 주제로 전시 및 체험 프로그램들을 운영했다.

에코뮤지엄의 구조로 보자면 중앙에 중핵박물관(Core Museum)으로 떡박물관이 있고, 뜰안을 비롯한 10개의 사이트(Site)는 위성박물관(Satellite Museum)의 역할을 하게 된다. 이곳을 찾은 방문객은 익선동 일대를 산책하고 탐색하면서 지역을 발견하게 되는데 이것은 발견의 길(Discovery Trails)이다.

(1) 전시 스토리텔링

①《익선동 마을박물관》의 중핵박물관으로서 떡박물관

떡박물관은 2002년 1월에 개관한 이래 다양한 떡을 전시하고 있으며, 맛있는 떡 만들기 체험으로 대중의 사랑을 받는 명소이다. 한국전통음식연구소 소장이자 (전)배화여대 교수 윤숙자 관장이 개인적으로 20여 년간 수집한 소장품들을 모아 한국의 옛 부엌살림과 관련한 유물을 주제로 한 박물관을 개관했다.《우리 할머니의 부엌살림 이야기》, 한일떡문화교류전《떡과 과자로 만든 다리: 한국에서 일본까지》,《어머니의 고향노래》등 다양한 기획전시를 선보인 바 있으며, 한국음식문화원 원형을 발굴하고 전수하며, 홍보하고 교류하는 선두적 역할을 하고 있다. 시절음식, 일생의례 상차림, 조리법에 따른 떡과 떡을 만드는 데 사용하는 각종 조리도구들도 전시하고 있다. 또한 한국 음식을 직접 만들어보고 맛볼 수 있는 체험 프로그램은 내외국인 모두에게 한국 전통식문화를 알리고 전수하는 중요한 역할을 수행하고 있다.

이번《익선동 마을박물관》에서는 중핵박물관으로서 관람객을 맞이했으며, 익선동의 역사, 근대 신문기사, 고지도에 나타난 익선동의 모습을 전시했다. 또한 체험 프로그램으로 꽃산병 만들기와 조각보 만들기를 진행했으며, 개막식과 학술 심포지엄을 주관했다.

개막식에는 내외 귀빈은 물론이고, 익선동 주민들, 박물관학과 문화콘텐츠학 전공 연구자들도 참여해 전시의 시작을 축하했다.[58] 축하

---

58 전시 개막 축하 떡케이크 커팅식에는 서울시와 종로구를 대표해 이창학 서울시청 본부장, 김영종 종로구청장, 익선동 마을박물관 주민 대표로 천명수 성도부동산 사장, 김애란 뜰안 사장, 박물관계를 대표해 김종규 (사)한국박물관협회 명예회장, 전보삼 (사)한국박물관협회 회장, 최홍규 서울시박물관협의회장, 김재균 농업박물관장, 학계를 대표해 최종호 한국전통문화대학교 교수, 이재영 한국외국어대학교 교수, 임영상 한국외국어대학교 교수 외 다수의 내외 귀빈이 참석했다.

▲ 그림 2-7 :: 개막 축하 떡케이크 커팅식
▼ 그림 2-8 :: 임향님 명창의 판소리 공연

공연으로는 임향님판소리연구소의 판소리 연행과 월하예당의 정가 연주 및 퍼포먼스가 진행되었다. 또한 '지역사회에 이바지하는 박물관의 역할'을 주제로 학술 심포지엄을 개최하는 등 중핵박물관의 역할을 수행했다. 심포지엄은 최종호 교수의 기조발표를 시작으로 배은석, 박윤옥, 김진영, 임동욱의 발표가 이어졌다. 그 구체적인 내용은 다음과 같다.

익선동 마을박물관 심포지엄

□ 주제: 지역사회에 기여하는 박물관의 역할

□ 일시: 2014년 10월 10일(금) 오후 15:30~17:30

□ 장소: 떡박물관 9층 세미나실

시간	내용	
15:00~15:30	등록	따뜻한 차를 나누며 인사의 시간 사회: 이희숙(한국외국어대학교 박사과정)
15:30~15:40	개회	개회사: 윤숙자(떡박물관 관장)
15:40~16:00	기조발표	지역사회에 기여하는 박물관의 역할 최종호(한국전통문화대학교 교수)
16:00~16:15	제1발표	도시형 한옥과 익선동 마을박물관 배은석(한국에코뮤지엄연구소 소장)
16:15~16:30	제2발표	새로운 박물관학과 지역사회 박윤옥(중앙대학교 외래교수)
16:30~16:45	제3발표	영국 에코뮤지엄의 현황 및 국내 적용 방안 김진영(도서출판 동글 대표)
16:45~17:00	제4발표	프랑스의 지역민 주도형 역사야외극 현황 연구 임동욱(서울예술대학교 외래교수)
17:00~17:20	종합토론	좌장: 최종호(한국전통문화대학교 교수) 토론: 천명수(익선동 마을박물관 주민대표 · 성도부동산 사장)
17:20~17:30	폐회	

② 오디너리랩

오디너리랩(Ordinary lab)은 당초 연구 초기 단계에서 필자가 가장 먼저 지역주민과 인터뷰를 한 곳이다. 적극적인 의지로 마을박물관 프로젝트를 지원해준 디자인 스튜디오로, 이번 전시의 포스터 · 브로슈어 · 현수막 등의 디자인을 맡아주었다.

오디너리랩은 산업디자인을 전공한 김지은, 유혜인 두 젊은 디자이너가 익선동 한옥마을에서 협업하며 새로운 시도를 하고 있는 공방이다. 오디너리랩은 그 이름처럼 보통의 디자인을 지향하고 익숙함을 다르게 볼 수 있는 디자인을 추구한다. 대도시 서울의 알려지지 않은 동네를 여행하는 주관적인 지도인 '아마추어 서울'을 만들고 있기도 해서, 2009년에 종로구 재동 · 계동 · 원서동 일대를 담은 첫 지도를 만들고, 2012년에는 두 번째인 종로구 익선동 지도에 이어 2013년 종로구 서쪽 홍파동 · 행촌동 일대 지도와 163번, 301번 버스 노선을 타고 여행하는 지도 등을 만들었다. 이들의 시도는 새로운 서울 골목 투어 프로그램을 만드는 계기가 되었고, 서울의 오래된 공간을 새로운 시각에서 볼 수 있는 기회를 제공했다. 그들의 작업실은 한 칸짜리 작은 작업공간이다. 이번 마을박물관 전시에서는 '아마추어 서울'의 지도와 익선동 사람들의 인터뷰 영상을 전시했다.

③ 뜰안

전통찻집 뜰안은 서울의 명소로 자리 잡은 곳으로, 단아한 한옥 외관을 갖추고 아기자기하게 꾸민 내부 인테리어를 보유하고 있다. 이곳의 지명도를 입증하는 것은 그동안 국내외 잡지와 관광 안내지에 소개된 내용이 담겨있는 잡지나 책자를 모아 두어 방문객이 이를 관람할 수 있게 했다는 점이다. 이곳이 명소가 된 데는 사연이 있는데, 2010년 일본인 감독 타케 마사하루(武正晴)가 만들고 한일 합작 투자한 영화

그림 2-9 :: 오디너리랩이 제작한 《익선동 마을박물관》 지도 (자료: 익선동 마을박물관)

〈카페 서울〉 때문이다. 영화의 줄거리는 철거 위기에 놓인 전통떡집 모란당을 지키기 위해 일본인 프리랜서 르포라이터 '준(사이토 타쿠미)'과

그림 2-10 :: 카페 뜰안에서 전시를 구상하는 한국외대 학생들

말썽꾸러기 둘째 아들 '상혁(김정훈)'이 의기투합해 위협 세력과 싸우는 과정에 가족애와 전통 떡의 맛을 찾아가게 된다는 내용이다. 이 영화는 국경을 넘어 인류 보편의 정서를 오래된 한옥과 그 골목, 그리고 전통 음식인 떡에서 찾고 있다. 그러한 의도는 영화 제작노트에 잘 나타나 있다.

> …… 한국의 전통음식인 '떡'을 소재로 하고 있다. 일본에서 점점 그 열기가 더해가고 있는 한류 열풍을 타고 보다 다양하고 한국적인 소재를 담은 콘텐츠에 대한 수요가 급증하고 있다. 한국 음식 하면 김치, 불고기가 전부였던 과거와 달리 이제 막걸리나 떡볶이 같이 매우 서민적이고 대중적인 음식들까지 그 관심의 대상이 되고 있다. 일본의 '모찌'라는 전통음식과 정서적 교집합을 이루기에 부족함 없는 한국의 '떡'은 영화 〈카페 서울〉을 통해 본격적으로 다루어진다.[59]

59 영화 〈카페 서울〉 제작노트, http://movie.naver.com/movie/bi/mi/basic.nhn?code=52960, 검색일: 2015년 4월 6일.

영화에 중요한 모티브를 제공한 것은 익선동 한옥과 그 골목이며 전통 떡이라는 것이 매우 인상적인 대목이다. 또한 이를 통해 한일 양국의 공통된 정서를 찾으려는 시도도 매우 신선하다.

〈카페 서울〉의 흔적은 지금도 전통찻집 뜰안에 남아있으며, 이곳에서 영화의 테마로 쓰였던 떡과 누룽지과자와 전통차를 맛볼 수 있다. 이번 전시에서는 '뜰안을 찾는 사람들'을 전시 주제로 했으며, 특히 이곳을 찾은 일본인 팬들이 남기고 간 사진들을 정성껏 전시했다. 이 전시의 특이점은 당초 전시 설계 단계부터 김애란 사장의 주도로 진행되었으며, 한국외대 문화콘텐츠 전공 학생들이 협력해 전시가 완성되었다는 점이다. 그 외에도 마루에 빔 프로젝트를 설치해 〈카페 서울〉을 보여주는 작은 영화 상영회를 진행했다.

그림 2-11 :: 뜰안에 전시된 사진들

④ 익선동121

익선동 121번지의 한옥을 개조한 다이닝 카페&펍인 익선동121은 전시를 기획할 즈음에 새로 문을 연 곳으로, 마을박물관의 취지에 적극 동참할 의지를 보여주어 위성박물관에 포함되었다. 이곳에서는 '문학향기 가득한 익선동'이라는 주제로 익선동이 등장하는 문학작품과 익선동에 살았던 문인들의 작품을 전시했다. 전시 방식은 문인에 대

그림 2-12 :: '문학향기 가득한 익선동'을 주제로 한 전시와 체험 프로그램

한 소개와 작품 소개 및 단행본을 전시하는 것으로 했다. 전시된 단행본은 이광수의 『흙』, 현진건의 『빈처』, 이해조의 『자유종』, 홍명희의 『임꺽정』, 이기영의 『고향』, 김억의 『오뇌의 무도』, 홍사용의 「나는 왕이로소이다」가 수록된 『홍사용 전집』 등이다.

그 외에 이곳에서는 '서울의 밤: 서울은 어떻게 놀았나?'라는 체험 프로그램을 운영했다. 이 프로그램은 주민이 주도적으로 제안한 것으로 북칼럼니스트를 강사로 초청해 진행했다.

⑤ 한식당 한옥

'한옥'은 정용진, 차혜숙 부부가 운영하는 한식당이다. 필자가 이곳을 발굴하게 된 계기는 문헌조사 단계에서 익선동 159번지에 중요무형문화재 제5호 판소리 명창 박녹주가 살았다는 것을 발견한 데 기인한다.

박녹주가 익선동 159번지에 살았던 시기는 조선성악회의 일원으

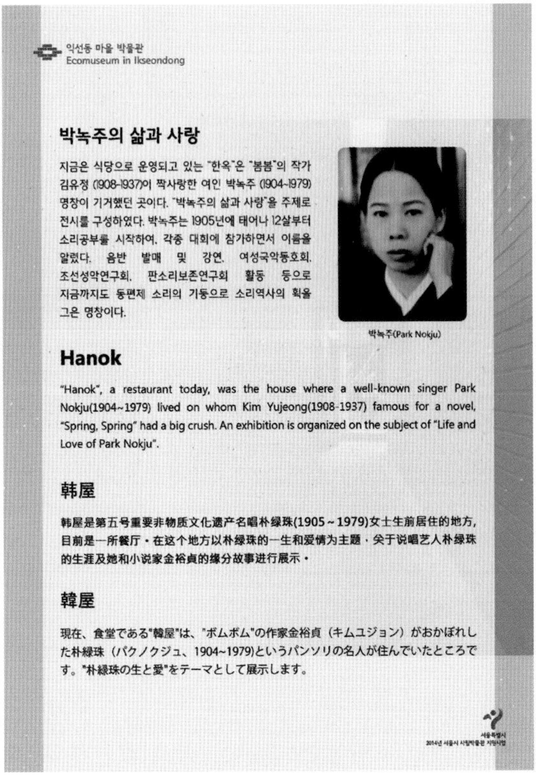

그림 2-13 :: '박녹주의 삶과 사랑' 전시 패널
(자료: 익선동 마을박물관)

로서 틈틈이 소리를 익히면서 자신의 역량을 발휘했던 때이다. 한편, 박녹주는 평생 고달픈 사랑의 행로를 걸어야 했는데, 소설가 김유정[60]은 박녹주를 보고 첫눈에 반해 가슴앓이를 하며 밤마다 연모하는 심정을 글로 담아 그녀에게 보낸다. 그러나 이미 기생 신분인 그녀의 입장에서는 김유정의 고백을 받아줄 수 없었기에 그때마다 차갑게 거절했다고 한다. 그녀의 거절이 거듭될수록 김유정의 짝사랑은 깊어가서 강

60 김유정의 집안은 고향은 강원도이지만 서울에도 100여 칸 되는 집을 가지고 있을 정도로 부유했다. 그러나 7살 때 어머니를, 9살 때 아버지를 여읜 뒤 집안을 관리하던 큰형의 방탕한 생활로 가세가 기울기 시작했다. 어린 나이에 부모 모두를 잃고 외롭게 성장기를 보냈던 그는 늘 어머니 사진을 품고 다니며 연상의 여성에 대한 원초적인 그리움을 품게 되었는데, 그것이 마음에 둔 여인에 대한 집착으로 나타난다.

그림 2-14 :: '박녹주의 삶과 사랑'을 주제로 한 한옥의 전시

한 집착으로 나타나는데 혈서를 보내거나, 칼을 품고 박녹주가 탄 인력거에 뛰어드는 등 급기야는 박녹주를 괴롭히는 단계에까지 이른다. 이러한 구애 행위는 그가 모성 지향의 끝없는 혼란을 겪고 있음을 보여준다.[61]

결국 김유정은 박녹주와의 사랑을 이룰 수 없음을 깨닫고 큰 상처를 입어 학교도 그만두고 고향인 춘천 실레마을로 내려간다. 그는 1930년 여름부터 그가 타계하는 1937년 봄까지 약 7년 동안 아이들을 가르치면서 30여 편의 주옥같은 작품을 쓴다. 김유정의 가슴앓이는 폐결핵과 늑막염으로 이어져 결국 나이 서른에 눈을 감는다. 이때의 작품 중 「두꺼비」, 「생의 반려」는 그와 박녹주의 관계에 대한 자전적인 소설이라고 할 수 있다. 이룰 수 없는 사랑에 대한 김유정의 한은 그렇게 작품 속으로 용해되고 승화된 것이다.

61 박세현, 『김유정의 소설세계』, 국학자료원, 1998, 31-36쪽.

이곳에서는 '박녹주의 삶과 사랑'을 주제로 전시를 구성했다. 김유정과의 인연, 치열한 소리꾼의 삶을 살았던 박녹주의 숨결을 전시에 담으려고 노력했다.

그림 2-15 :: 올재 안주인이 손수 만든 가족의 한복을 전시한 모습

⑥ 올재

'올재'는 순우리말로 '내일'을 의미한다. 이곳은 집 앞에 아름다운 꽃길이 있는 한옥 게스트하우스이다. 이곳에서는 '모녀 삼대의 옷 이야기'를 주제로 한복으로 보는 가족사를 전시했다. 아기가 태어났을 때 입었던 배냇저고리, 올재 안주인인 김효정 여사가 직접 지어 아이들에게 입혔던 한복, 친정어머니의 한복, 손수 만들어 입은 부부 나들이 한복 등이 전시되었다.

전시 외에 안주인이 이끄는 다도 체험도 진행되었다. 평상시에도 한옥 게스트하우스라는 점을 부각시키기 위해 투숙객에게 한국 문화 체험을 다양하게 제공하는데, 그중에 한복을 입고 다도를 배우는 프로그램을 운영하고 있었다. 이번 전시 기간 중에는 주거공간인 한옥 대문을 열어놓고 전시 관람객을 맞이했으며, 예약된 관람객은 한옥 방으로 들어가 다도 체험을 하는 기회를 제공했다.

⑦ 이비스 앰배서더 서울 인사동

이비스 앰배서더 서울 인사동 호텔은 과거 요정정치의 주요 근거지 중 하나로 꼽혔던 오진암(梧珍庵)이 있던 곳이다. 현재는 외국 관광객들을 익선동 일대 시간여행으로 이끄는 관문이 되고 있다. 전시는 주안상 차림을 전시했는데 이는 오진암이 요정이었다는 점에서 착안한 것이다. 여기서는 외국인들을 대상으로 한 떡 만들기 체험을 했는데 진행은 떡박물관에서 지원했다.

그림 2-16 :: 오진암터에 대한 설명

⑧ 임향님판소리연구소

이번 전시에서 임향님판소리연구소는 개막식 판소리 공연을 진행했다. 공연은 임향님, 임수경, 박은영이 참여했다. 개막식에 참석한 관객들은 판소리로 흥에 겨운 시간을 가졌다. 체험 프로그램은 판소리 배우기 교육을 실시했다. 소리의 간단한 설명과 판소리 듣기, 민요 배워보기를 했다.

그림 2-17 :: 임향님판소리연구소의 판소리 교육 장면과 건물 외관

⑨ 월하예당

월하예당은 선가 김월하(金月荷, 중요무형문화재 제30호 가곡 예능보유자)의 유지를 받들어 선비문화의 중심지로 악·가·무·시·서·화(樂·歌·舞·詩·書·畵) 그리고 다례(茶禮)를 두루 갖춘 예인들의 교류장소와 그 예술적 역량을 발휘할 공간으로 마련된 전통 한옥풍 공연장이다. 마을박물관 전시를 기획할 무렵에 뜰안에서 공연을 개최하게 되어 알게 되었으며, 익선동 인근의 낙원동에 공연장이 있음을 확인할 수 있었다. 매우 적극적으로 참여 의사를 밝혔으며 개막식에서 공연을 했다. 이번 전시기간 중에는 (재)월하문화재단 가곡 이수자인 예찬건 사무국장이 정가[62]를 통해 민족음악 교육을 실시했다.

그림 2-18 :: 공연과 체험 프로그램을 진행하는 월하예당 예찬건 이수자

62 전통성악의 한 갈래를 이르는 말. 아정(雅正)하거나 정대(正大)한 노래라는 뜻을 가진 '정가'는 민간 성악곡의 총칭인 속가(俗歌)·속요(俗謠)와 구분하기 위해 근래에 사용된 용어이다. 정가의 범주에 시조(時調)·가곡(歌曲)·가사(歌詞)가 들고 시창(詩唱)이 정가에 포함되기도 한다. 송방송, 앞의 책, 2012.

⑩ 가미복떡

가미복떡은 익선동에서 자라서 결혼해 이곳에서 살면서 아이를 키우고 있는 익선동 토박이 김성진 전통음식연구가가 운영하는 떡집이다. 이번 전시기간 중 어린이 대상 전통떡 만들기 체험 프로그램을 운영했다.

그림 2-19 :: 가미복떡의 어린이 떡 만들기 체험

이 떡집은 전시가 시작될 즈음에 뜰안 김애란 사장의 소개로 알게 되어 위성박물관에 참여하게 되었다. 김성진 전통음식연구가는 어린 시절에 이 마을에서 자란 기억을 갖고 있어 마을과 공동체에 대한 충성심이 매우 높았으며, 진정으로 마을 공동체를 위한 지속 가능한 발전이 무엇인가에 대한 고민을 안고 있었다. 이번 기회를 통해 마을에 이바지한다는 의식을 갖고 있었으며, 진행 과정에 적극적으로 참여했다.

⑪ 소품가게

소품가게는 전통을 현대적으로 재해석하고 응용해 소품을 만들고, 한복을 만드는 곳으로 이민향 한복 디자이너가 운영하는 곳이다. 이번 전시기간 중 명주조각 브로치 만들기를 체험할 수 있었다. 체험활동에 참가한 대학생들은 세련된 디자인과 색상에 매우 놀라워했으며 이런 프로그램을 접할 기회를 갖게 된 것을 소중하게 생각했다.

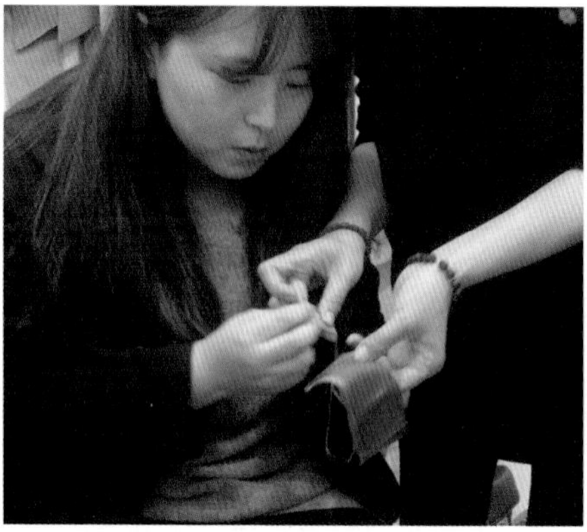

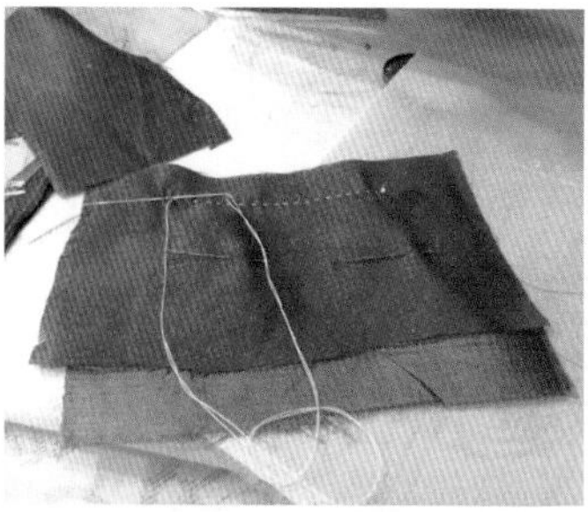

그림 2-20 :: 소품가게의 명주조각 브로치 만들기 체험

각각의 위성박물관은 독특한 전시와 체험 프로그램을 개발해 운영했으며, 전시기간 중에 주민들의 참여가 더욱 적극적으로 나타났다. 뜰안의 경우 일본팬들이 이곳을 방문했을 때 주고 간 사진들을 정리하지 못하고 있다가 이번 기회에 벽면에 전시하게 되었는데, 이 과정에서 주민 스스로 학예사가 되기도 했다. 소품가게는 마을박물관에 참여한다는 표시로 예쁜 버선을 만들어 상점 앞에 붙여놓았는데, 이는 마을박물관 안내 지도에 소품가게의 로고를 버선으로 한 것에서 기인했다고 한다. 가미복떡은 복주머니 세 개를 가게 전면에 붙여서 이번 전시에 참여함을 표시했다. 이처럼 이번 마을박물관 전시는 주민의 자발적 참여를 이끌 수 있었다.

(3) 전시 시나리오와 체험 프로그램 개발

전술한 내용에서 전시의 전개 내용을 설명한 바 있다. 사실 이러한 전시 시나리오는 전시 실행 전에 완성되는 것이 순서이나, 여기서는 중핵박물관과 위성박물관의 내용을 설명하기 위해 전시 내용을 먼저 설명하고자 했다. 체험 프로그램은 각 사이트별 프로그램과 전체를 아우르는 프로그램으로 진행되었다. 각 사이트별 체험 프로그램은 장소가 갖는 장소성에 집중했으며, 크게는 각 사이트별 개성을 보여주는 것을 고민해 설계했다. 익선동과 인근 지역에 남아있는 한옥, 한복, 한국음악, 한식, 한국 예절을 접하고, 익선동 사람들을 만나는 것이 중요한 체험거리였다. 사이트별 전시와 체험 프로그램을 정리하면 〈표 2-4〉와 같다.

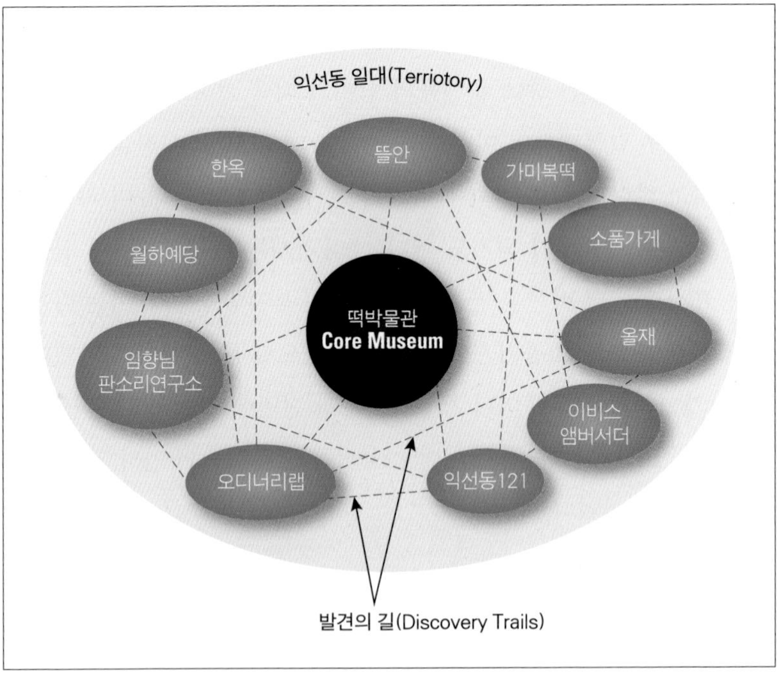

그림 2-21 :: 《익선동 마을박물관》 구조도

표 2-4 :: 전시 시나리오에 따른 체험 프로그램 개발

대분류	중분류	전시내용	장소	체험 프로그램
익선동 마을박물관: 추억으로 가는 산책	익선동 마을박물관 소개	마을박물관 소개 패널과 마을박물관 지도를 전시한다.	떡박물관	- 꽃산병 만들기 - 나만의 떡살엽서 만들기 - 조각보 만들기
	익선동의 역사	고지도, 근대 신문기사에 나타난 익선동을 보여준다.		
	익선동의 현재	골목, 한옥 지붕, 담쟁이덩굴이 있는 벽, 세탁소, 나무 대문 등 마을의 과거를 머금은 마을 풍경을 보여주는 사진전을 설치한다.		
	익선동 사람들	과거로부터 현재까지 익선동에 거주하고 있는 주민들의 인터뷰 모습을 동영상으로 제작해 상영한다.	오디너리랩	-
	뜰안을 찾는 사람들	뜰안을 찾는 일본의 한류 팬들이 보내온 사진을 모아 벽면에 전시한다.	뜰안	〈카페 서울〉 영화 상영
	모녀 삼대의 옷 이야기	아기 배냇저고리에서부터 부부 한복, 친정어머니 한복까지 안주인이 손수 만든 한복을 전시한다.	올재	한복 입고 다례 체험
	박녹주의 삶과 사랑	박녹주 명창의 공연 사진과 김유정의 단편집을 조화롭게 배치해 두 사람의 애틋한 사연을 보여준다. 배경음악으로 박녹주의 소리 음원을 들려준다.	한옥	-
	풍미 가득한 주안상 차림	정성스럽고 맛깔스럽게 한국의 전통주와 주안상 차림을 전시한다.	이비스 앰배서더	외국인 대상 떡 만들기
	문학향기 가득한 익선동	문학작품 속에 묘사된 익선동과 거주 문인들의 작품이 수록된 문헌을 실내에 조화롭게 배치해 전시한다.	익선동121	책 읽어주는 밤
	판소리를 배우다	-	임향님 판소리연구소	판소리 배우기
	정가에 취하다	-	월하예당	정가 배우기
	떡을 맛보다	-	가미복떡	어린이와 함께 떡 만들기
	한복에 멋을 내다	-	소품가게	명주 브로치 만들기

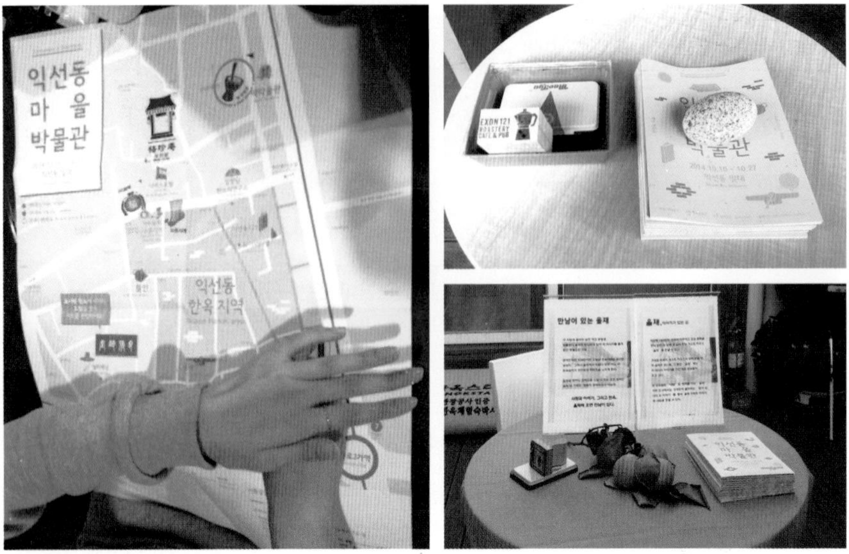

그림 2-22 :: 《익선동 마을박물관》 스탬프 투어

《익선동 마을박물관》은 에코뮤지엄이 전체의 사이트를 아우르는 개념인 것을 적용하였다. 마을박물관 전시장을 이동하면서 돌아보고 관람하는 것을 중요한 개념으로 잡았기에 '스탬프 투어' 프로그램을 개발했다.

다시 설명하자면 관람객은 누구나 자신이 출발하는 위치에서 마을박물관 위치가 그려진 지도를 받고 그곳을 상징하는 스탬프를 찍고 다음 장소로 이동하는데, 지도 전체에 도장을 찍으면 투어가 완성되는 것이다. 이 과정에 관람객 스스로 지역주민을 만나게 되고, 주민들이 살고 있는 한옥마을을 찾게 되고, 각 사이트에서 펼쳐지는 다양한 프로그램을 통해 한국전통문화가 남아있는 지역의 문화를 체험하게 되는 것이다.

4) 전시의 홍보

(1) 현수막 제작과 부착

중핵박물관인 떡박물관에는 전시기간 동안 현수막을 붙여놓고 홍보했다. 또한 뜰안 앞의 골목에 대형 지도를 현수막으로 제작해 쉽게 지도를 찾아볼 수 있고, 마을박물관 행사를 알릴 수 있도록 했다.

떡 만들기, 나만의 떡살엽서 만들기 등의 체험 프로그램을 박물관 1층 떡카페 질시루 테라스에서 실시해 누구나 박물관 앞을 지나다가 손쉽게 체험행사를 접하고 전시를 관람할 수 있도록 유도했다.

(2) 포스터를 겸한 전시 브로슈어

전시 포스터는 익선동 마을박물관 지도를 크게 넣는 것으로 기획했다. 전시 의도를 설명하기보다는 마을박물관이 실시되는 지역과 각

그림 2-23 :: 《익선동 마을박물관》 홍보행사

그림 2-24 ::
위성박물관 표시:
포스터와 노란 국화

사이트를 알려주고, 기간 중 행해지는 다양한 체험활동을 홍보하는 것에 주안점을 두었다. 지도에 표시된 각 사이트는 기호와 명칭을 표기했으며, 전시가 펼쳐진 공간과 체험이 진행되는 공간을 구분할 수 있도록 색상을 달리했다. 뒷면에는 각 사이트의 명칭과 전시 및 체험 프로그램을 상세하게 안내했다. 한글, 영어, 일본어, 중국어를 병기해 외국인 관광객들도 전시의 내용을 이해할 수 있도록 배려했다.

각 위성박물관에는 전면에 포스터를 붙이고 황국화를 놓아 이곳이 마을박물관의 사이트임을 표시했다. 그 외에도 골목 곳곳, 전철 출입구에 포스터를 붙여서 전시를 홍보했다.

(3) 홈페이지 개설

중핵박물관과 위성박물관을 모두 아우르기 위해 《익선동 마을박물관》 홈페이지를 따로 개설했다. 홈페이지는 그동안 조사한 내용을 기록으로 남기는 것과 관람객과의 소통을 주요 목적으로 구성되었다. 전시기간 동안에는 예약과 정보 제공의 기능을 했고, 2018년 현재는 기록의 의미로 보존되고 있다. 구글 지도와 연동이 되는 시스템으로 각 사이트를 표시했고, 사이트별 전시와 체험 내용을 공지했다. 비용과 시간에 쫓겨서 만족할 만한 수준은 못되지만 그래도 당시 연구자들의 조사내용과 사진자료 등을 담을 수 있어 의의가 있다고 하겠다.

5) 전시의 평가

2014년 마을박물관 프로젝트를 진행한 이후에 1년 정도 지나고 나서부터 익선동은 이른바 핫플레이스(hot place: 사람들이 많이 모이는 인기 있는 곳)로 부상했다. 당시 전시 취지는 근대 서울의 역사를 간직한 한옥마을에 대한 대중의 관심 유발과 지자체의 제도적 지원을 목적으로 했는데, 돌이켜보면 이 두 가지를 모두 충족시켰다고 볼 수 있겠다. 오히려 걱정스러운 것은 지역이 명소로 떠오르면서 임대료가 치솟는 현상이 일어나서 오랜 시간 이곳을 지킨 주민들이 떠나게 되었다는 점이다.

이제 《익선동 마을박물관》에 대한 평가와 한계점을 논하고자 한다. 2014년도 당시 익선동은 100여 채의 한옥이 남아있었으며, 이 한옥의 내부에는 집주인이 거주하기도 하나, 세를 들어 사는 주민이 대다수였다. 또한 와룡동과 접한 피맛길의 한옥들 중에는 음식점으로 탈바

꿈해 개조된 곳들도 다수 있다. 이러한 주거양태 가운데 이 프로젝트에 참가한 주민은 주로 세를 들어 영업을 하고 있는 상인이나 예술가였으며, 위성박물관으로 참여한 곳은 10개 기관이었다.

《익선동 마을박물관》을 개관하고 진행하는 동안 주민들의 반응은 다양했다. 주민은 프로젝트에 참여한 상인들의 경우와 일반 주민으로 나누어 분석할 수 있다. 프로젝트에 참여한 상인들은 적극적 참여형과 현실적 이익추구형으로 나눌 수 있는데, 우선 적극적 참여형은 마을박물관 같은 실험적인 시도가 지역공동체의 지속 가능한 발전을 위해 절대적으로 중요하다는 것을 인식하고 적극적인 협조와 참여 태도를 보였다. 이런 유형은 마을박물관 전시가 해마다 이어지기를 원하는 의사표시를 분명히 하며, 지자체의 지원 등 기금의 모집이 어려울 경우 본인이 지원할 것을 약속하기도 했다.

현실적 이익추구형의 경우는 프로젝트에 참여는 하되, 자신의 상점 홍보와 매출 상승에 직접적으로 기여할 것을 기대하고 홍보에 대해서만 관심을 기울였다. 양자 절충형도 나타났는데, 프로젝트에 적극적으로 참여하면서도 자신의 상점에 미칠 이익은 꼼꼼하게 챙기고 이에 대해서는 양보할 수 없다는 입장이었다.

그 외에 전시 자체를 즐기는 경우는 자신의 상점에 전시를 하게 된 것에 만족감을 보이며 전시에 자신의 의견을 반영하거나 직접 설치하기도 했다. 또한 자신의 상점 고객과 함께 전시를 관람하고 공유하는 것을 매우 큰 즐거움으로 여겼다.

한편, 주민들의 반응도 매우 다양했다. 작은 마을의 특성을 보이는 익선동 한옥마을의 경우 소문이 매우 빠르고 마을 리더의 의사결정에 순응하는 양상을 보였고, 이 프로젝트에 직접 참여하지는 않았지만 전시에 대해서는 매우 지대한 관심을 보였다. 관심의 표현 양상은 각기 달랐는데, 우선 긍정적인 반응을 보이는 주민들은 인터뷰나 마을 조사에 매우 협조적이었다. 다음으로 부정적인 반응을 보이는 주민들은 "익선동은 자신들이 평생 살아온 마을인데 그 이름을 왜 사용하는가?"라고 유감을 표명했다. 또한 재개발에 대한 열렬한 소망이 오해를 낳기도 했다. 이 지역은 재개발이 될 것이라는 기대감으로 지난 10여 년을 지나오다가 2015년 초에 재개발 해제를 결정한 지역으로, 아직도 개발과 보존에 대한 의견이 분분한 곳이었기 때문이다. 주민 가운데는 이번 마을박물관 행사가 서울시 등 지자체의 관심을 보존으로 기울게 할 것이라는 억측을 하면서 마을박물관 전시를 방해하기도 했다.

다양한 반응과 관심 속에서 막을 내린 《익선동 마을박물관》은 연구자 중심의 조사와 진행을 축으로 전개되었다는 한계를 갖는다. 그러나 지역의 문화자원을 조사 발굴하기 위해 전문 연구자들과 연계한 점, 지역주민의 자발적인 참여를 이끌어낸 점, 도시형 한옥이라는 삶의 공간을 개방한 점 등은 향후 마을박물관이 나아갈 방향을 제시하고 있다는 점에서 의의가 있다.

3부

큐레이터의 이해

1 큐레이터의 개념과 역할

큐레이터(Curator)는 미술관이나 박물관에서 다양한 프로그램을 기획하고 관리·감독하는 직업을 말한다. '큐레이터'라는 단어는 14세기 중반에 감독, 관리자, 후견인이라는 뜻으로 쓰이기 시작했다. 어원은 '돌보다'라는 뜻의 라틴어 '쿠라레(curare)'로, 본래는 미성년자나 광인을 돌보는 이를 지칭하는 단어에서 유래되었다.[1] 우리말로는 '학예사' 또는 '학예연구사'라고 한다.

큐레이터는 박물관에서 연구, 수집과 보존, 전시기획 및 예산 관리, 전시 진행, 섭외 및 협업, 문제 발생 시 보험처리까지 전반적인 업무를 책임지는 총괄자이다. 그 업무에는 수집부터 분류, 보존, 조사, 연구, 기획, 진행, 평가 및 기록까지 포함되어 있어 전문가로서의 역량이 절대적으로 필요하며, 하는 일에 따라 연구와 수집, 교육, 홍보, 전시기획 등으로 세분화하는 경우도 있다.

1 에이드리언 조지, 『큐레이터: 이 시대의 큐레이터가 되기 위한 길』, 문수민 옮김, 안그라픽스, 2016, 14쪽.

큐레이터의 핵심적인 일은 시각문화 분야의 전문가가 수행하는 업무와 동일시되는 경우가 많은데, 이러한 생각은 19세기 중후반에 형성되기 시작해 20세기 중반에 굳어졌다. 이 시기에는 박물관의 역할도 바뀌어, 박물관은 단순히 수집품을 보관하는 장소가 아니라 큐레이터와 작가가 협업해 새로운 실험을 하는 장이라는 인식이 생겨났다.[2] 신박물관학 시대에 들어서면서 이러한 실험은 더 강한 도전에 직면했으며, 큐레이터가 협업해야 하는 대상은 작가, 공연 연출가, 음악가 등을 포함한 예술가, 컴퓨터와 테크놀로지 전문가, 관람객 등 더욱 다양해졌다. 이것은 현대의 박물관에게 요구되는 변화의 양상과 맞물려있다.

이러한 현상 가운데서도 박물관 소속의 학예사가 아니더라도 독립큐레이터를 포함한 모든 큐레이터는 직간접적으로 전시기획과 관련이 있다. 이들은 전시라는 미디어를 통해 대중과 만나고 그들에게 무엇인가를 이야기하는 직업이다. 마이클 벨처(Michael Belcher)는 "조각과 회화와 같은 일반적인 예술 형태와 마찬가지로, 전시 또한 사회의 역사·경제·교육 및 정치적 배경과 더불어 역동적으로 변화하는 매체 중 하나이다. 이는 허버트 마셜 맥루한(Herbert Marshall McLuhan)이 언급한 "매체(medium)가 곧 메시지이다"와 일맥상통하며, 전시는 그 자체로서 또한 그것이 전달하는 메시지로서 가치를 부여받는다."고 했다.[3] 이러한 전시를 실행하기 위해 전제가 되는 것은 유물이나 미술작품을 관리하는 방법, 보존하는 방법, 목록으로 만들고 기록하는 방법을 알아야 한다는 것이다. 또한 관람객이 어떤 작품을 보고 싶어 하는지, 작품을 어떻게 만나고 싶어 하는지, 어떠한 체험 프로그램을 원하는지, 사회적 이슈가 무엇인지를 정확하게 인식하고 전시를 기획해야 한다.

2 위의 책, 16쪽.

3 마이클 벨처, 앞의 책, 2013, 68쪽.

유물을 해석해 전시를 하는 경우에는 보유하고 있는 유물의 현황을 정확하게 파악하고 있어야 하고 만약 대여를 할 경우에는 어떤 기관을 섭외하고 어떤 절차와 방법으로 대여를 할지, 비용은 어느 정도로 예상해야 하는지도 알고 진행할 수 있는 능력이 있어야 한다. 또한 미술품을 전시하는 경우에는 섭외 가능한 작가와 작품의 수, 예상 수입과 소요되는 예산 규모 등을 종합적으로 고려해 기획안을 작성해야 한다.

전시기획을 실현시키기 위해 큐레이터는 오브제[4]에 대한 해석뿐만 아니라, 작가 섭외, 전시 인테리어 콘셉트 설정 및 실행의 지휘, 또 작품의 운반과 설치, 디스플레이, 전시 비용 관리, 작품 이동 시 발생할 수 있는 파손이나 도난 등에 대비한 보험 가입, 작품설명과 전시를 안내하기 위해 필요한 리플릿 제작, 전시 도록 제작, 기념품 제작, 전시 홍보 등의 업무를 잘 이해하고 처리할 수 있어야 한다. 또한 오프닝 행사도 큐레이터가 챙겨야 하는 매우 중요한 일 가운데 하나이다. 이 자리는 내외 귀빈, 관계자, 관람객, 기자단을 초정해 전시회의 시작을 알리고 기획 의도와 내용을 소개하면서 전시의 성공적인 진행을 도모하는 자리이다. 따라서 이 행사를 준비하고 진행하는 것도 큐레이터의 업무 영역이다.

이처럼 큐레이터는 전시의 전반을 총괄하는 사람이다. 한 사람이 이렇게 많은 일을 하기 위해서는 업무에 대한 명확한 인식과 동료 및 전문가와의 분업, 정확한 스케줄 관리, 전체를 리드할 수 있는 역량 등이 동시에 요구된다.

---

4 오브제(Object)는 사물 · 물건이라고 번역되는데, 물질적이고 삼차원의 형태를 가진 모든 종류의 물체이다. 이와 대비해 박물관 오브제(Museum Object)는 그 자체가 목적이 되어 수집된 것으로, 박물관의 소장품에 속한 오브제이다. 출처: 조지 엘리스 버코, 『큐레이터를 위한 박물관학』, 양지연 옮김, 김영사, 2001, 15쪽.

2 큐레이터와 박물관 전문직

큐레이터는 업무 영역에 따라 학예사, 에듀케이터, 보존전문가, 독립큐레이터 등으로 세부 명칭이 나뉘기도 한다. 이 절에서는 각각의 개념과 그 업무 영역에 대해 살펴보고자 한다.

1) 학예사(curator)

우리나라의 경우 뮤지엄(박물관·미술관)[5]에 종사하는 큐레이터를 학예사 또는 학예연구사라고 칭하는데, 이에 대해서는 「박물관 및 미술관 진흥법」(법률 제15817호, 2018. 10. 16., 일부 개정, 이하 「박물관미술관법」)에서 규정하고 있다.

「박물관미술관법」 제4조에 따르면 박물관 및 미술관의 사업에 대

5 우리나라는 「박물관 및 미술관 진흥법」이 있어 마치 박물관과 미술관이 분리된 것으로 여겨지나 실제로 이 두 기관은 그 목적이나 사업에서 서로 같은 분야의 기관이며, 영어로는 뮤지엄(Museum)이라고 한다. 이 책에서 뮤지엄이라는 용어는 박물관·미술관을 모두 합해 칭하는 것이다.

해 다음과 같이 기술하고 있다.

제4조(사업) ① 박물관은 다음 각 호의 사업을 수행한다. 〈개정 2007. 7. 27., 2016. 2. 3.〉

1. 박물관자료의 수집·관리·보존·전시
2. 박물관자료에 관한 교육 및 전문적·학술적인 조사·연구
3. 박물관자료의 보존과 전시 등에 관한 기술적인 조사·연구
4. 박물관자료에 관한 강연회·강습회·영사회(映寫會)·연구회·전람회·전시회·발표회·감상회·탐사회·답사 등 각종 행사의 개최
5. 박물관자료에 관한 복제와 각종 간행물의 제작과 배포
6. 국내외 다른 박물관 및 미술관과의 박물관자료·미술관자료·간행물·프로그램과 정보의 교환, 박물관·미술관 학예사 교류 등의 유기적인 협력

6의2. 평생교육 관련 행사의 주최 또는 장려

7. 그 밖에 박물관의 설립 목적을 달성하기 위하여 필요한 사업 등

② 미술관 사업에 관하여는 제1항을 준용한다. 이 경우 제1호부터 제5호까지의 규정 중 "박물관자료"는"미술관자료"로 보며, 제6호 및 제7호 중 "박물관"은 "미술관"으로 본다.

여기서 우리나라 법이 박물관과 미술관을 따로 분리해 다루고 있는 것을 확인할 수 있는데, 사실 이 두 가지 기관은 뮤지엄이라는 하나의 기관으로 보는 것이 옳다. 위의 조항은 박물관과 미술관을 따로 분리했지만 제5조에서는 뮤지엄이라는 하나의 기관으로 보고 있다. 그러나 이 두 기관을 분리하는 것보다는 뮤지엄이라는 하나의 기관으로 봐야 한다고 생각한다.

> 제5조(적용 범위) 이 법은 자료관, 사료관, 유물관, 전시장, 전시관, 향토관, 교육관, 문서관, 기념관, 보존소, 민속관, 민속촌, 문화관, 예술관, 문화의 집, 야외 전시 공원 및 이와 유사한 명칭과 기능을 갖는 문화시설 중 대통령령으로 정하는 바에 따라 문화체육관광부장관이 인정하는 시설에 대하여도 적용한다. 다만, 다른 법률에 따라 등록한 시설은 제외한다. 〈개정 2008. 2. 29., 시행일 2009. 3. 5.〉

「박물관미술관법」은 "자료관, 사료관, 유물관, 전시장, 전시관, 향토관, 교육관, 문서관, 기념관, 보존소, 민속관, 민속촌, 문화관, 예술관, 문화의 집, 야외 전시 공원 및 이와 유사한 명칭과 기능을 갖는 문화시설 중 대통령령으로 정하는 바에 따라 문화체육관광부장관이 인정하는 시설에도 적용된다"고 했는데, 결국 이 모든 것이 뮤지엄이라고 볼 수 있다는 논리로 해석할 수 있다. 이러한 견지에서 뮤지엄의 학예사는 다음과 같이 규정된다.

> 제6조(박물관·미술관 학예사) ① 박물관과 미술관은 대통령령으로 정하는 바에 따라 제4조에 따른 박물관·미술관 사업을 담당하는 박물관·미술관 학예사(이하 "학예사"라 한다)를 둘 수 있다.
>
> ② 학예사는 1급 정(正)학예사, 2급 정학예사, 3급 정학예사 및 준(準)학예사로 구분하고, 그 자격제도의 시행 방법과 절차 등에 필요한 사항은 대통령령으로 정한다.
>
> ③ 제2항에 따른 학예사 자격을 취득하려는 사람은 학예사 업무의 수행과 관련된 실무경력 등 대통령령으로 정하는 자격요건을 갖추어 문화체육관광부장관에게 자격요건의 심사와 자격증 발급을 신청하여야 한다. 이 경우 준학예사 자격을 취득하려는 사람은 문화체육관광부장관이 실시하는 준학예사

시험에 합격하여야 한다. 〈신설 2013. 12. 30.〉
④ 제3항에 따른 준학예사 시험에 응시하려는 사람은 문화체육관광부령으로 정하는 바에 따라 응시수수료를 납부하여야 한다. 〈신설 2013. 12. 30.〉
⑤ 학예사는 국제박물관협의회의 윤리 강령과 국제 협약을 지켜야 한다. 〈개정 2013. 12. 30.〉

위의 법령을 학예사의 업무에 적용하면, 학예사는 첫째, 박물관자료를 수집 · 관리 · 보존 · 전시하고, 둘째, 박물관자료에 관한 교육 및 전문적 · 학술적인 조사 · 연구를 수행하고, 셋째, 박물관자료의 보존과 전시 등에 관한 기술적인 조사 · 연구를 수행하고, 넷째, 박물관자료에 관한 강연회 · 강습회 · 영사회(映寫會) · 연구회 · 전람회 · 전시회 · 발표회 · 감상회 · 탐사회 · 답사 등 각종 행사를 개최하며, 다섯째, 필요시에 박물관자료를 복제하거나 각종 간행물을 제작하고 배포하며, 여섯째, 국내외 다른 박물관 및 미술관과의 박물관자료 · 미술관자료 · 간행물 · 프로그램과 정보를 교환하고, 박물관 · 미술관 학예사들과 교류하는 등 상호 유기적으로 협력하며, 일곱째, 평생교육 관련 행사를 주최 또는 장려하고, 끝으로 그 밖에 박물관의 설립 목적을 달성하기 위해 필요한 사업 등을 담당하는 전문직이다.

학예사가 되려면 관련 전공을 수학해 관련 업종에 종사하거나 학예사 자격증을 취득해야 하는데, 준학예사의 경우는 준학예사 자격시험을 거쳐 1년의 수습기간을 거쳐 심사를 받게 되고, 3급 정학예사의 경우는 석사학위 소지자에 한해 2년의 수습기간을 거쳐 심사를 받아 적합한 경우에 학예사 자격을 취득하게 된다. 이에 대해서는 다음 절 '준비방법과 직업전망'에서 좀 더 자세하게 다루고자 한다.

2) 에듀케이터(educator)

에듀케이터는 뮤지엄에 속한 교육전문가를 말하며, '교육사'라고 칭하기도 한다. 아직까지 우리나라에서는 활성화되지 않은 직책이지만 최근 들어서는 그 중요성이 부각되고 있다. 미국이나 영국 등에서는 이미 매우 활성화되어 있다. 이들은 큐레이터와 협력해 전시를 해석하고 이를 기반으로 한 연계 교육 프로그램을 개발하고 대중과 만난다. 어떤 면에서는 큐레이터보다 더 직접적으로 대중에게 전시를 설명하는 역할을 하고 있다고도 볼 수 있다. 그러나 현재 우리나라의 「박물관 미술관법」은 에듀케이터에 대한 별도의 법 조항을 두고 있지는 않고, 학예사의 업무 중 교육 업무만을 분리해 담당하고 있는 상황이다.

최종호는 "우리나라 박물관 교육에서 지속적으로 추진해야 할 과제는 첫 번째, 문화재 현장과 박물관 등에서 전시연계교육을 활성화하는 것, 두 번째, 문화재 현장과 문화재 전수 교육관이 평생교육기관으로 인정을 받는 것, 세 번째, 유산 보존과 문화 전수를 위한 비정규 교육기관에 박물관 교육 전문인력을 배치하는 것, 네 번째, 유네스코(UNESCO)와 국제박물관협의회(ICOM), 국제기념물유적협의회(ICOMOS), 세계자연보전연맹(IUCN) 등의 국제기구가 권고하는 기준의 교과과정으로 박물관 교육 전문인력을 양성하는 것, 다섯 번째, 현장에서 활동하고 있는 박물관 교육 전문인력의 역량 강화를 위해 정기적으로 직무연수 프로그램을 제공하는 것, 여섯 번째, 박물관 교육 전문인력과 박물관 교육 학습자를 위한 맞춤형 교육 프로그램과 교안·교재·학습지를 개발해 공유하는 것, 일곱 번째, 다문화 시대에 포용과 화합을 위한 박물관 교수-학습 프로그램을 개발해 실행하는 것, 여덟 번째, 유비쿼터스 체제의 박물관 교육 프로그램을 개발해 언제 어디서든 누구나 쉽게 박물관 교육에 참여할 수 있게 하는 것, 아홉 번째, 박물관 교육

전문인력의 고용 창출을 증대하고 합당한 예우를 하는 것, 열 번째, 박물관 교육 전문인력이 유산을 보존하고 활용하는 데 반드시 참여해야 하는 전문가임을 인식하는 것이다."[6]라고 주장한 바 있다. 이는 박물관에서 교육 인력의 전문성을 확보해야 됨을 주장하는 것이다.

한편, 미술관 교육사의 역량에 대해서는 미술관 학예사로 활동하는 이지민의 주장이 설득력이 있다. 그는 몇 가지 요건에 대해 이야기하는데, 그에 따르면 첫째, 전시와 관람객 사이의 매개자 역할을 해주기 위해서는 미술관 교육사(에듀케이터)의 전문적 기획력이 수반되어야 하며, 내실 있는 프로그램 기획을 위한 전문인력의 전문적 기획력이 필수적이다. 전시를 기획한 전시 담당 큐레이터와 전시기획 단계부터 꾸준한 소통과 공유를 통해 그와 연계한 교육 프로그램 기획을 체계적으로 진행해야 하고, 전시에 참여한 작가의 작품 분석, 아이디어 개발 등 다양한 역할 수행의 주체가 되어야 한다. 두 번째로 갖추어야 할 역량은 미술관이 위치하고 있는 지역과의 연관성을 활용해 그의 특성에 맞는 지역 특화 프로그램을 기획하는 것이다. 그 지역이 지니고 있는 자연 환경, 지역의 인적·문화자원을 활용한 그 미술관만의 창의적 문화예술 교육을 이끌어내고자 하는 노력이 필요하다. 세 번째 갖추어야 할 역량으로는 장르 특화 프로그램 기획 및 개발 능력의 중요성이다. 국내 공·사립 미술관들 중 공립의 경우에는 특정 장르를 중심으로 한 미술관보다는 종합적인 주제를 고루 다루는 형식의 미술관들이 대부분이다. 이에 반해 사립미술관들의 경우, 특정 주제 혹은 장르를 중심으로 운영되고 있는 미술관들의 비중이 꽤 높은 편이고, 관람객들이 특성화된 주제의 전시를 보기 위해 찾아갈 수 있는 시스템을 활성화하는 데

---

6 최종호, 「초등학교 연계 박물관 교육 프로그래밍의 이론과 실제: 3 · 4학년 군을 위한 학교 연계 박물관 교육 수업안 설계를 중심으로」, 『박물관학보』 33호, 한국박물관학회, 2017, 306쪽.

큰 기여를 하고 있다. 마지막으로 미술관 교육사(에듀케이터)의 끊임없는 자질 개발과 전문 분야에 대한 연구가 필수적이다. 특정 주제와 연계한 교육 프로그램을 다채롭게 기획, 운영하기 위해 전문인력 역시 참여 대상별·연령별로 상이한 주제의 특화된 커리큘럼 개발을 통해 대중과 소통할 수 있는 다양한 시도와 노력이 요구된다.[7]

앞으로 뮤지엄에서 에듀케이터의 역할은 점차 중요해질 것이다. 이들의 창의적 노력이 전시와 대중의 간극을 매우는 주요한 수단으로 부각될 것이기에 이 분야에 대한 관심을 갖고 준비하는 것도 좋을 것이라고 본다.

3) 보존전문가(conservator)

큐레이터 유사직군으로 보존전문가가 있다. 이는 우리나라에서 복원사, 보조과학자, 수복가, 보존복원가 등으로 불리는데 외국에서는 컨서베이터(conservator), 레스토러(restorer)라고 불린다. 이들은 역사적·예술적으로 가치가 있는 건조물, 서적, 미술품, 공예품, 조각품 등의 유형문화재를 보존·수리·복원하는 업무를 한다. 보존전문가는 보존하려는 대상에 따라서 세분화되어 있어 요구되는 전문지식이나 기술에 있어서도 차이를 보인다. 미술품이나 문화재의 보존과 수복이란 예술작품의 수명을 연장시키고 손상된 작품이나 유물에 적절한 조치를 취해 작품이나 유물의 훼손을 회복시키는 활동이라고 할 수 있다.

7 이지민, 「미술관 교육사의 자질과 역량, 역할 수행에 관한 사례연구: 영은미술관 사례를 중심으로」, 『박물관학보』 25호, 한국박물관학회, 2013, 54-55쪽.

수복 방법에 있어 미술작품과 문화재가 차이점을 가지는데, 역사적·기록적 의미가 우위인 유물은 극히 조심스럽게 다루어지며 연구되는 반면, 미적 감상의 목적이 우위인 미술작품은 순회전 등 잦은 이동과 설치의 대상이 되므로 내구성을 함께 고려해야 한다. 보존의 분야도 매우 다양해 각기 요구되는 지식도 매우 전문적이다. 예를 들어 한옥 보존전문가라면 한옥 건축물에 대한 이해와 이를 보수할 수 있는 기술을 습득하고 있어야 할 것이다. 또는 청동기와 철기 유물 보존전문가라면 금속의 화학적 반응에 따른 산화에 대해 이해하고 있어야 하고, 이를 막을 수 있는 과학적 지식이 있어야 할 것이다.

모든 분야의 보존전문가는 꼼꼼하고 치밀하며 인내심이 필요한 직업이라고 할 수 있다. 한 번 훼손되면 영원히 복구할 수 없는 유물이나 미술작품을 진단하고 이를 복원하는 일은 상당한 시간과 정성이 요구되기 때문이다.

4) 독립큐레이터(independent curator)

프리랜서로 활동하는 큐레이터의 경우를 말한다. 독립큐레이터의 업무 영역은 공공전시, 행사기획, 공공예술 제작, 건축가나 인테리어 디자이너의 의뢰를 받고 일하는 경우, 상업갤러리 전시기획 등으로 다양하다.

예를 들면 파울로 베난시우 필류(Paulo Venancio Filho)는 브라질의 리우데자네이루에서 활동하는 큐레이터로 학자이며 저술가이다. 그는 2000년 런던의 테이트 모던 초청 큐레이터로《세기의 도시: 현대 메트로폴리스의 예술과 문화》전을 기획한 바 있다. 또한 스티븐 클레이던

(Steven Claydon)은 2007년 런던의 캠든아트센터(Camden Art Center)에서 일한 경험을 바탕으로 독립큐레이터의 자유에 대해 언급한 바 있다.[8]

이러한 작가 겸 큐레이터는 기관의 규범이나 관례로부터 자유롭게 자신의 예술 영역을 구축할 권한이 있다. 이런 경우는 이들의 경험과 역량이 신뢰할 만한 것으로 판단되며, 이들의 전시 자체가 예술로 받아들여지기 때문에 이들의 작업 자체가 매우 높은 가치를 부여받을 수 있다.

8 에이드리언 조지, 앞의 책, 2016, 20쪽.

3 준비방법과 직업 전망

그렇다면 이러한 큐레이터를 지망하는 경우에 무엇을 준비해야 할까? 최근에는 대학에 큐레이터학과가 생기고, 대학원 과정에 박물관학과, 미술관학과, 예술학과 등이 개설되는 등 전문적인 교육을 받을 수 있는 곳이 많아졌다.

국공립박물관에서는 주로 시험을 통해 공개채용을 하고 있기 때문에 시험을 치러야 한다. 국립박물관의 사례를 보면, 2017년도 국립중앙박물관 학예연구직 경력경쟁 채용시험 공고 내용에 따르면 학예연구사(6·7급 상당)는 학예일반직(고고학), 학예일반(미술사학), 학예일반(역사학)을 채용하는데, 고등교육법에 의해 설치된 국내외 대학(대학원 포함) 해당 학과에서 선발 예정 분야를 전공한 석사학위 이상 소지자를 자격 요건으로 하거나, 관련 분야 3년 이상의 경력자를 대상으로 했다. 해당 학과에서 선발 예정 분야 전공의 구분은 학예일반직(고고학)의 경우 고고학과, 인류학과, 역사학과, 박물관학과, 문화재학과 등 고고학 관련 학과이고, 학예일반(미술사학)의 경우 미술사학과, 미술학과, 역사학과, 박물관학과, 문화재학과, 예술학과 등 미술사학 관련 학과이며, 학예일반(역사학)의 경우 역사학과, 고고학과, 미술사학과, 박물관학과, 문화재학과 등 역사학 관련 학과로 제한을 두고 있다.[9] 이 자격을 충족시키는 사람 가운데 필기시험, 서류전형, 면접시험을 거쳐서 인재를 채용했다.

이 외에도 지방 공무원 가운데 학예직을 채용하기도 하는데, 2018년도 채용 사례를 살펴보고 정리하면 〈표 3-1〉과 같다.

임용 및 시험 응시자격 요건은 지자체별로 조금씩 차이를 보이는데, 서울특별시 일반임기제공무원 채용시험의 경우는 ① 관련 분야 학사학위를 취득한 사람, ② 전문대학 관련 학과 졸업자 등으로서 1년 이상 관련 분야 실무경력이 있는 사람을 자격요건으로 한다.

대구광역시 지방임기제공무원 임용시험의 경우는 고등교육법에 의해 설치된 4년제 정규대학 또는 이와 동등한 자격을 인정할 수 있는 국내외 대학(교), 대학원(과정)의 미술사, 미술교육, 미술관학, 미술경영학, 예술학, 예술경영학, 미술학, 미학, 미술이론 분야 등 관련 학과를 전공하고, ① 학사학위 취득 후 5년 이상 관련 분야 실무경력이 있는 사람, ② 8년 이상 관련 분야 실무경력이 있는 사람, ③ 6급 또는 6급 상당 이상의 공무원으로 2년 이상 관련 분야 실무경력이 있는 사람을 자격요건으로 두고 있다.

대전광역시 2018년도 제8회 임기제공무원 경력경쟁 임용시험은 세 가지 자격 요건 중 어느 하나를 갖추고 있는 사람으로 명시했는데, ① 관련 학사학위 취득 후 5년 이상 관련 분야 실무경력이 있는 사람, ② 8년 이상 관련 분야 실무경력이 있는 사람, ③ 6급 또는 6급 상당 이상의 공무원으로서 2년 이상 관련 분야 실무경력이 있는 사람이다.

경기도 2018년도 제3회 경력경쟁 임용시험의 임용 및 시험 응시

9 국립중앙박물관, "2017년 국립중앙박물관 학예직연구직 공무원 경력경쟁채용시험 공고", https://www.museum.go.kr/site/main/archive/post/article_13522, 공고일: 2017년 9월 18일, 검색일: 2018년 2월 1일.

표 3-1 :: 2018년도 지방 공무원 학예직 채용 사례

시험명/출처	임용 분야	임용 등급(직급) 및 인원	담당 직무 내용	시험 방법
서울특별시 일반임기제 공무원 채용시험 http://gosi.seoul.go.kr/	박물관 학예요원 *근무기간 2년	임기제 지방학예연구사 (7급 상당) 2명	- 박물관 전시 콘텐츠 개발 - 유물조사 및 전시자료 수집 - 박물관 전시 공사 관리 · 감독 등	가. 1차 시험: 서류전형 나. 2차 시험: 면접시험
	미술관 학예요원 *근무기간 2년	임기제 지방학예연구사 (7급 상당) 1명	- 미술관 전시 콘텐츠 개발 - 자료조사 및 전시자료 수집 - 미술관 전시 공사 관리 · 감독 등	
대구광역시 지방임기제 공무원 임용시험 http://www.daegu.go.kr/	대구미술관 전시기획 및 운영 분야 (학예연구실장) *근무기간 2년	지방행정 사무관 (일반임기제) 1명	- 학예연구실 업무 - 총괄 전시 종합계획 수립 및 시행 - 작품 수집 및 관리업무 총괄 - 교육 관련 업무 등	가. 1차 시험: 서류전형 나. 2차 시험: 면접시험
대전광역시 2018년도 제8회 임기제공무원 경력경쟁 임용시험 http://www.daejeon.go.kr/exa/index.do	대전시립미술관 학예연구실장 *근무기간 1년	지방행정 사무관 (일반임기제) 1명	- 학예연구실 업무 총괄 - 전시기획의 구조화 및 중장기 전시계획 수립 - 소장품 수집 및 관리의 체계화 · 특성화를 위한 연구 및 실행 - 미술관 홍보 및 마케팅 활성화를 위한 전략수립 및 추진	가. 1차 시험: 서류전형 나. 2차 시험: 면접시험

시험명/출처	임용 분야	임용 등급(직급) 및 인원	담당 직무 내용	시험 방법
울산광역시 제1회 임용시험 http://www.ulsan.go.kr	학예연구	연구사 2명	학예일반	가. 제1, 2차 시험(병합실시): 선택형 필기시험(과목별 20문제, 4지택1형) *시험과목: 필수(2)-문화사 · 한국문화사, 택(1)-한국미술사 나. 제3차 시험: 서류전형 및 면접시험
경기도 2018년도 제3회 경력경쟁 임용시험 https://www.gg.go.kr/sihum	학예연구	연구사 총 9명 (경기도 3, 수원 2, 안산 3, 하남 1)	학예일반	가. 제1, 2차 시험(병합실시): 선택형 필기시험(과목별 20문제, 4지택1형) *시험과목: 문화사, 한국문화사, 박물관학 나. 제3차 시험: 서류전형 다. 제4차 시험: 면접시험 라. 합격자 결정방법: 지방공무원 임용령 등 관계법령 및 규정에 따라 결정
강원도 제3회 임용시험 (경력경쟁) http://www.provin.gangwon.kr	학예연구	연구사 총 2명 (원주 1, 평창 1)	학예일반	시험과목: 문화사, 한국문화사, 민속학
	학예연구	연구사 총 1명 (고성 1)	미술	시험과목: 문화사, 현대미술론, 한국미술사

시험명/출처	임용 분야	임용 등급(직급) 및 인원	담당 직무 내용	시험 방법
충청북도 제2회 임용시험 http://www.chungbuk.go.kr/job/index.do	학예연구	연구사 총 4명 (청주 2, 제천 1, 증평 1)	학예일반	가. 제1, 2차 시험(병합실시): 선택형 필기시험 *시험과목: 문화사, 한국문화사, 문화재관리학 나. 3차 시험: 면접시험
충청남도 제3회 경력경쟁 임용시험 http://www.chungnam.go.kr/main.do	학예연구	연구사 총 1명 (보령 1)	학예일반	가. 제1, 2차 시험(병합실시): 선택형 필기시험(매 과목당 100점 만점, 과목별 20문제, 4지택1형) *시험과목: 문화사, 한국문화사, 한국고고학 나. 서류전형 다. 제3차 시험
전라남도 제5회 임용시험 http://www.jeonnam.go.kr/	학예연구	연구사 총 4명 (목포 1, 나주 1, 보성 1, 해남 1)	학예일반	가. 제1, 2차 시험(병합실시): 선택형 필기시험(4지택1형, 과목당 20문항, 100점 만점) *시험과목: 필수(2)-문화사 · 한국문화사, 선택(1)-박물관학 나. 서류전형 다. 제3차 시험: 면접시험

주: 지자체별 임용 공고문을 조사해 표로 작성함.

자격 요건은 경기도와 수원, 안산, 하남으로 자격을 구분하는데, 경기도의 경우 고고학, 역사학, 역사교육학, 문화재관리학, 문화유적학, 박물관학을 전공하고 관련 분야 석사학위 이상을 취득한 사람으로 학교장의 추천을 받은 사람이고, 수원·안산·하남의 경우는 고고학, 역사학, 박물관학, 문화재관리학, 문화유적학, 인류학, 민속학, 미술학(미술사 포함)을 전공하고 학교장 추천을 받은 사람으로서 학예사(준학예사 포함) 자격증을 소지한 사람으로 정하고 있다.

강원도의 제3회 임용시험(경력경쟁)은 학예연구직을 학예일반과 미술로 나누어 임용하는데 학예일반직은 고고학, 역사학, 박물관학, 문화재관리학, 문화유적학, 민속학 또는 보존과학을 전공한 사람으로, 미술직은 미술학(미술사를 포함한다), 미술관학, 예술학 또는 미학을 전공한 사람으로 명시했다.

충청북도 제2회 임용시험의 경우는 두 가지 자격요건으로 나뉘는데, 청주시와 제천시는 공통적으로 고고학, 역사학, 역사교육학, 박물관학, 문화재관리학, 문화유적학, 인류학을 전공한 자이고, 증평군은 국어국문학, 고고학, 역사학, 역사교육학, 박물관학, 문화재관리학, 문화유적학, 인류학, 민속학을 전공한 자로, ①「고등교육법」제29조에 따른 대학원에서 국어국문학, 문예창작, 문학창작 또는 국어교육 분야를 전공하고 석사학위 이상을 취득한 사람, ②「박물관미술관법」제6조제2항에 따른 정학예사 이상의 자격을 취득한 자, ③ 문학관에서 문학관 자료의 수집 및 관리, 전시 및 교육 프로그램 기획 등의 업무를 담당한 경력이 5년 이상인 사람 중 어느 하나 이상에 해당하는 자로 명시했다.

충청남도 제3회 경력경쟁 임용시험의 경우는 역사학, 문화재관리학, 문화유적학, 보존과학을 전공한 자로 자격을 제한하고 있다. 전라남도 제5회 임용시험에서는 국어국문학, 고고학, 역사학, 역사교육학,

박물관학, 문화재관리학 또는 문화유적학을 전공한 자로서, 정학예사(1·2·3급) 또는 준학예사 자격 소지자로 임용 및 자격규정을 명시했다.

이러한 공채를 통해 큐레이터가 되기 위해서는 1차 필기시험, 2차 서류전형, 3차 면접시험 등을 통과해야 하므로 석사 과정에서 관련 전공을 하는 등의 준비가 필요하다.

그렇다면 큐레이터가 되기 위한 다른 방법은 어떤 것이 있을까? 바로 학예사 자격증 제도이다. 위에서 명시한 관련 분야의 전공자가 아니더라도, 학예사 관련 자격증을 취득해 진로를 모색하는 방법도 있다. 현행 학예사 자격증 제도 안내[10]에 따르면 학예사 자격은 1급 정학예사, 2급 정학예사, 3급 정학예사, 준학예사로 나뉘며, 그 구체적인 내용은 〈표 3-2〉와 같다.

그러나 사립박물관의 경우는 전공에 제한을 두기보다는 그 기관에 적합한 인재인지를 가늠하는 경우도 많다. 이런 경우에는 준학예사 시험을 통과하면 좀 더 유리한 측면이 있다. 박물관 및 미술관 준학예사 자격시험은 한국산업인력공단에서 시행한다. 2018년도 19회 시험 시행 내용은 〈표 3-3〉과 같다.[11]

이렇게 준학예사 1차 필기시험을 치르고 합격한 자에 한해 실무 경력 등에 관한 박물관·미술관 학예사 운영위원회의 심사를 거쳐 문화체육관광부 명의의 자격증을 부여받게 된다. 정학예사(1·2·3급)는 별도의 시험을 보는 것이 아니라 경력인정기관에서의 경력 증빙 서류를 제출해 박물관·미술관 학예사 운영위원회의 서류심사를 거쳐 통과하면 문화체육관광부 명의의 자격증을 부여받게 된다. 자격증을 보유

10 국립중앙박물관, "학예사 자격증 제도 안내", https://www.museum.go.kr/site/main/content/curator_certificate_schemes, 검색일: 2018년 2월 9일.

11 한국산업인력공단, "박물관 및 미술관 준학예사 자격상세정보", http://www.q-net.or.kr/crf005.do?id=crf00503&gSite=L&gId=35&jmCd=9659, 검색일: 2018년 8월 1일.

표 3-2 :: 학예사 자격증 제도 안내

자격 명칭		박물관 · 미술관 학예사
자격 종류		1급 정학예사, 2급 정학예사, 3급 정학예사, 준학예사
자격 부여		박물관 · 미술관 학예사운영위원회의 심의를 거쳐 자격증 부여
시행 근거		- 박물관 및 미술관 진흥법 제6조 - 박물관 및 미술관 진흥법 시행령 제3~5조 - 박물관 및 미술관 진흥법 시행규칙 제2~4조
등급별 자격 요건	1급 정학예사	2급 정학예사 자격을 취득한 뒤 경력인정대상기관에서의 재직경력이 7년 이상인 자
	2급 정학예사	3급 정학예사 자격을 취득 한 뒤 경력인정대상기관에서의 재직경력이 5년 이상인 자
	3급 정학예사	- 박사학위 취득자로서 경력인정대상기관에서의 실무경력이 1년 이상인 자 - 석사학위 취득자로서 경력인정대상기관에서의 실무경력이 2년 이상인 자 - 준학예사 자격을 취득한 뒤 경력인정대상기관에서의 재직경력이 4년 이상인 자
	준학예사	- 고등교육법의 규정에 의해 학사학위 이상을 취득하고 준학예사 시험에 합격한 자로서 경력인정대상기관에서의 실무경력이 1년 이상인 자 - 고등교육법의 규정에 의해 3년제 전문학사학위를 취득하고 준학예사 시험에 합격한 자로서 경력인정대상기관에서의 실무경력이 2년 이상인 자 - 고등교육법의 규정에 의해 2년제 전문학사학위를 취득하고 준학예사 시험에 합격한 자로서 경력인정대상기관에서의 실무경력이 3년 이상인 자 - 학사학위 또는 전문학사학위를 취득하지 아니하고 준학예사 시험에 합격한 자로서 경력인정대상기관에서의 실무경력이 5년 이상인 자
실무경력 요건		경력인정대상기관에서의 실무경력(재직경력, 실습경력 및 실무연수과정 이수경력 등) [경력인정대상기관] http://curator.emuseum.go.kr
실무경력의 시기		최초 자격증 취득을 위한 실무경력은 학위취득시기 또는 준학예사 자격시험 합격시기와 선후관계 구분이 없으나, 학부 졸업 이후의 경력부터 인정
실무경력기간 산정		- 3급 정학예사: 실무경력기간은 상주근무(주5일 근무)를 기본으로 산정하며, 근무기간 2년과 총 근무시간 4,000시간 이상을 동시에 충족시켜야 함 - 준학예사 : 실무경력기간은 상주근무(주5일 근무)를 기본으로 산정하며, 근무기간 1년과 총 근무시간 1,000시간 이상을 동시에 충족시켜야 함

표 3-3 :: 박물관 및 미술관 준학예사 자격시험 시행안내(2018)

개요	박물관이나 미술관 등에서 전시를 기획하고, 작품 수집과 관리를 담당하는 직무를 수행하기 위한 전문적 지식과 경험을 갖춘 학예사를 양성, 박물관 · 미술관의 실질적 진흥을 도모하고자 「박물관미술관법」을 개정, 박물관 · 미술관 학예사 자격제도를 마련
수행 직무	- 박물관 학예사: 박물관에 보관 중인 각종 실물, 표본, 사료(史料), 문헌들을 수집, 정리, 보존하고 전시회 개최 준비를 함 - 미술관 학예사: 미술관의 학예사는 예술작품의 전시를 기획하는 사람으로, 전시회의 주제를 결정하고 작가와 작품에 대한 조사연구를 거쳐 작가 섭외 및 작품을 선정함. 전시회의 명칭을 결정하고, 미술관의 공간과 작품 수량, 주제, 효과적인 관람을 고려해 작품 진열을 함
진로 및 전망	생활수준의 향상과 더불어 문화예술에 대한 욕구가 커지고 있으며, 아울러 지방자치제의 활성화와 정부차원의 사립박물관의 신설을 장려하고 있어 학예사에 대한 수요는 증가할 것으로 보인다. 그러나 국공립박물관과 대학박물관의 경우 학예사 수가 한정되어 있고 결원 시마다 충원하는 방식으로 채용이 이루어지고 있어 취업경쟁률은 높을 것으로 예상된다.
소관부처명	문화체육관광부(국립중앙박물관)
통계자료 (최근 5년)	(아래 표)

구분		2013	2014	2015	2016	2017
1차 필기시험	대상	1,285명	1,122명	1,122명	1,282명	1,394명
	응시 (응시율)	797명 (62.0%)	702명 (62.6%)	774명 (69.0%)	705명 (55.0%)	681명 (48.9%)
	합격 (합격률)	121명 (15.2%)	121명 (17.2%)	107명 (13.8%)	187명 (26.5%)	226명 (33.2%)

시험일정	- 접수기간: 2018. 10. 1. ~ 2018. 10. 10. - 시험일정: 2018. 11. 24. - 합격자 발표기간: 2018. 12. 26. ~
응시자격	제한 없음

시험과목 및 배점

구분	시험과목	문항수	시험방법
공통 과목	- 박물관학 - 영어, 프랑스어, 독일어, 일본어, 중국어, 한문, 스페인어, 러시아어,이탈리아어 중 택 1(9개 언어)	각 40문항 (총 80문항)	객관식 4지택1형

	선택과목	고고학, 미술사학, 예술학, 민속학, 서지학, 한국사, 인류학, 자연사, 과학사, 문화사, 보존과학, 전시기획론, 문학사 중 택 2(13개 과목)	각 2문항 (총 4문항)	논술형
합격기준	매 과목(외국어 과목을 외국어능력검정시험으로 대체하는 경우에는 해당 과목은 제외한다) 100점을 만점으로 매 과목 40점 이상과 전 과목 평균 60점 이상 득점한 자를 합격자로 결정			
응시수수료	30,000원			

하면 다양한 채용에서 유리한 점이 있기 때문에 이를 준비하는 것도 큐레이터가 되는 준비 방법의 하나라고 할 수 있다.

또한 현장에서 일을 하려면 외국어 능력도 중요하다. 업무의 특성상 해외교류가 많기 때문에 해외 뮤지엄 관계자, 외국 작가 등과 함께 일을 하거나, 외국 자료를 보고 판단해야 하는 일이 많다. 영어 이외에 한두 개의 외국어 능력을 더 갖춘다면 좋을 것이다.

다음으로 직업 전망에 대해 생각해보자. 문화로 세계가 경쟁하는 시대에 우리나라에도 박물관과 미술관의 수가 계속 증가해왔고, 다양한 전시가 소개되고 있다. 전시는 큐레이터에 의해 만들어지는 또 하나의 작품이다. 전시라는 것이 결국 큐레이터의 해석에 의해 조명되고 실행되는 것이므로 대중은 큐레이터의 시각을 다시 자신의 눈으로 접하게 되는 것이다. 미래사회에 큐레이터의 역할은 앞으로 더욱 중요해질 것이다. 큐레이터가 뜻을 펼칠 수 있는 현장 또한 매우 다양한 양상으로 증가할 것이다. 정부나 지자체는 문화콘텐츠 개발을 위해 뮤지엄 지원을 지속적으로 할 것이고, 이것이 곧 국가와 지자체의 경쟁력이 될 것이다. 자신의 뜻에 부합하고 근무여건도 좋은 곳으로 진출하려면 치열한 경쟁을 치러야 할 것이고 이를 위한 준비도 필요하다고 본다.

큐레이터는 역사에 대한 풍부한 지식, 유물이나 작품을 해석하는 능력, 철학에 대한 관심, 현대사회에 대한 문제를 제기할 수 있는 능력, 언어능력 등 다양한 소양을 갖춰야만 메시지가 있는 전시를 기획할 수 있을 것이다. 인문학에 기초한 다양한 사고능력과 창의력, 실행력, 리더십, 열정과 도전정신이 진정한 큐레이터의 소양이라고 할 수 있다.

4 큐레이터와의 대화

이번 절은 현재 우리나라의 큐레이터들과 만나 대화하는 형식으로 구성했다. 같은 직업을 선택했지만 각기 다른 길을 걷고 있는 이들로부터 진로 탐색 과정과 직업의 비전 혹은 어려운 점, 준비해야 하는 점 등에 대해 들어보고자 했다. 글의 순서는 「박물관미술관법」 제3조[12]의 구분에 따라서 국립박물관·국립미술관, 공립박물관·공립미술관, 사립박물관·사립미술관, 대학박물관·대학미술관 순서로 각 관에서 근무하는 큐레이터들과의 인터뷰를 담았다. 다음으로 전시업체에서 근무하는 큐레이터와 독립큐레이터의 인터뷰도 실어 현재 우리나라에서 일하는 박물관 현장의 큐레이터를 소개하고자 했

12 제3조(박물관 · 미술관의 구분) ① 박물관은 그 설립 · 운영 주체에 따라 다음과 같이 구분한다.
1. 국립박물관: 국가가 설립 · 운영하는 박물관
2. 공립박물관: 지방자치 단체가 설립 · 운영 하는 박물관
3. 사립박물관: 「민법」, 「상법」, 그 밖의 특별법에 따라 설립된 법인 · 단체 또는 개인이 설립 · 운영하는 박물관
4. 대학박물관: 「고등교육법」에 따라 설립된 학교나 다른 법률에 따라 설립된 대학 교육과정의 교육기관이 설립 · 운영하는 박물관
② 미술관은 그 설립 · 운영 주체에 따라 국립미술관, 공립미술관, 사립미술관, 대학미술관으로 구분하되, 그 설립 · 운영의 주체에 관해는 제1항 각 호를 준용한다.

다. 인터뷰는 대면조사과 이메일 조사를 통해 실시했으며, 총 7개의 문항에 대한 답변을 정리해 실었다.

1) 국립박물관 · 국립미술관

국립박물관과 국립미술관은 국가가 설립해 운영하는 뮤지엄을 말한다. 「박물관미술관법」 제2장에 국립박물관과 국립미술관의 설립과 운영, 설립 협의가 명시되어 있다.[13]

제2장 국립박물관과 국립미술관

제10조(설립과 운영) ① 국가를 대표하는 박물관과 미술관으로 문화체육관광부장관 소속으로 국립중앙박물관과 국립현대미술관을 둔다. 〈개정 2008. 2. 29.〉

② 민속자료의 수집·보존·전시와 이의 체계적인 조사·연구를 위하여 문화체육관광부장관 소속으로 국립민속박물관을 둔다. 〈개정 2008. 2. 29.〉

③ 국립중앙박물관은 제4조제1항의 사업 외에 다음 각 호의 업무를 수행한다. 〈개정 2008. 2. 29.〉

1. 국내외 문화재의 보존·관리
2. 국내외 박물관자료의 체계적인 보존·관리
3. 국내 다른 박물관에 대한 지도·지원 및 업무 협조
4. 국내 박물관 협력망의 구성 및 운영
5. 그 밖에 국가를 대표하는 박물관으로서의 기능 수행에 필요한 업무

13 법제처, 「박물관미술관법」 제2장 제10조 · 제11조, http://www.law.go.kr, 검색일: 2018년 2월 1일.

④ 문화체육관광부장관은 문화유산의 균형 있고 효율적인 수집·보존·조사·연구·전시 및 문화향유의 균형적인 증진을 꾀하기 위하여 필요한 곳에 국립중앙박물관, 국립민속박물관 또는 국립현대미술관의 지방 박물관 및 지방 미술관을 둘 수 있다. 〈개정 2008. 2. 29.〉
⑤ 국립현대미술관은 제4조제1항의 사업 외에 제3항 각 호의 업무를 수행한다. 이 경우 각 호의 "박물관"은 "미술관"으로 본다.
⑥ 국립민속박물관은 민속에 관하여 제4조제1항의 사업 외에 제3항 각 호의 업무를 수행한다. 이 경우 각 호의 "박물관"은 "민속박물관"으로 본다.
⑦ 국립중앙박물관과 국립현대미술관 및 국립민속박물관의 조직과 운영 등에 필요한 사항은 대통령령으로 정한다.
⑧ 국립중앙박물관에는 관장 1명을 두되, 관장은 정무직으로 한다.

제11조(설립 협의) ① 중앙 행정기관의 장은 소관 업무와 관련하여 국립박물관이나 국립미술관을 설립하려면 미리 문화체육관광부장관과 협의하여야 한다. 〈개정 2008. 2. 29.〉
② 제1항의 협의에 필요한 사항은 대통령령으로 정한다.

이상과 같이 국립중앙박물관, 국립현대미술관, 국립민속박물관의 설치를 법으로 보장하고 있다.

국립중앙박물관은 우리 민족의 문화유산을 집대성해 구성된 박물관으로 12개 지방박물관과 1개 전시관이 소속되어 있다. 국립경주박물관, 국립전주박물관, 국립공주박물관, 국립청주박물관, 국립김해박물관, 국립춘천박물관, 국립광주박물관, 국립부여박물관, 국립진주박물관, 국립대구박물관, 국립제주박물관, 국립나주박물관, 국립미륵사지유물전시관이 그것이다.[14]

그 외에도 관세박물관, 국립고궁박물관, 국립등대박물관, 국립민

14 국립중앙박물관, https://www.museum.go.kr/, 검색일: 2017년 12월 20일.

속박물관, 국립어린이과학관, 국립중앙과학관, 국립해양박물관, 국립해양유물전시관, 한국은행화폐금융박물관 등의 국립박물관이 있다.[15] 여기에서는 국립중앙박물관 한수 학예연구관과 국립민속박물관 이관호 학예연구관과의 인터뷰를 진행했기에 그 내용을 담았다.

국립중앙박물관 – 한수 학예연구관

1 선생님이 소속된 기관을 간단하게 소개해주세요.
선생님의 역할도 알려주세요.

저는 국립중앙박물관의 어린이박물관을 맡아 그 전체를 총괄하는 어린이박물관 과장(학예연구관)으로 재직하고 있습니다. (국립중앙박물관 어린이박물관 언제 생겼는지요?) 국립중앙박물관은 여러 차례 이사하다가 2005년 용산 현재 자리에 새로 건물로 지어 이전했는데, 그때 어린이박물관이 처음 만들어져서 2017년 현재 12년째 전시되고 있습니다.

2 선생님은 어떻게 큐레이터라는 직업에 입문하게 되었나요?
그리고 전공이나 특별하게 수학하신 내용이 있다면 알려주세요.
후배들이 그 길을 찾아갈 수 있게요.

저는 원래 한국고고학을 대학원에서 전공했습니다. 그때만 해도 고고학을 하면 실질적이고 다양한 고고학 업무를 익히기 위해 문화재연구소나 국립박물관에서 연구원으로 가서 일하게 되는 경우가 많았습니다. 저도 3~4년 그 과정을 거쳐서 연구원 경력을 쌓은 다음에,

15 한국박물관협회, http://www.museum.or.kr/, 검색일: 2018년 2월 1일.

그림 3-1 :: 국립중앙박물관 전경

국립중앙박물관 학예연구사 시험에 응시해 1997년에 국립중앙박물관 학예연구사가 되었습니다.

국립중앙박물관은 1970년대 초반부터 지금까지 지속적으로 공채로 학예연구사를 채용하고 있습니다. 제가 지원했을 때도 고고학과 미술사학 전공자를 3명씩 뽑았습니다. 당시의 시험과목은 객관식으로 영어, 문화사, 한국사를 보았지요. 제일 준비가 어려웠던 것은 문화사였습니다. 문화사는 세계문화사를 전체적으로 공부해야 했습니다. 지금도 대부분 국립기관에서는 학예사 시험을 볼 때 외국어와 문화사를 보는데, 외국어는 토익 등으로 대체할 수 있지만 문화사는 필수과목으로 치르게 됩니다. 국가공무원을 선발하는 규정에 따라 시험과목을 정하기 때문에, 대부분 문화사를 객관식으로 보고, 전공을 주관식 논술로 보게 됩니다. 저는 전공 시험으로 고고학을 봤습니다.

지금도 국립박물관 공채시험은 같은 패턴입니다. 큰 문제 1~2개, 작은 문제 3~5개 정도로 구성되어 있습니다. 얼마 전에 뽑은 국립중앙박물관 학예사 시험도 똑같은 방식으로 치러졌습니다. 영어와 문화사는 객관식이고 전공과목은 논술형입니다. 국립박물관 필기시험은 대부분 이런 방식으로 치러집니다.

저희 때는 전공과목이 고고학, 사학, 미술사학으로 한정이 되었는데, 최근에는 박물관학이나 역사학, 교육학 등도 해당이 됩니다. 박물관의 역할이 다양하게 증대되었기 때문이라고 생각합니다. 제가 지원했을 때에는 연구자로서의 학예사가 중요했지만, 지금은 박물관의 활동이나 목표가 많이 확장되었기 때문에 다양한 분야의 인재를 선발하고 있습니다.

3 큐레이터로서 가장 보람을 느낀 순간은 언제이며,
어떤 일을 하실 때인가요? 이왕이면 좀 자세하게 알려주세요.
후배들이 꿈을 가질 수 있게요.

국립중앙박물관에 들어와서는 주로 고고학 연구는 하지 않고, 10년 정도 우리 문화재를 외국에 전시하는 일을 했습니다. 이와 관련해 여러 전시가 기억에 나는데, 두 가지 전시가 특히 기억에 남습니다. 2002년 한일 월드컵 기념으로 한일 두 나라가 대표적인 국보 200점씩을 서로 교환해 일본 도쿄박물관과 국립중앙박물관에서 교환 전시를 했습니다.

2002 FIFA 월드컵 한·일 공동개최를 기념하여, 일본 오사카역사박물관 및 도쿄국립박물관에서 개최된 한일문화교류특별전《한국의 명보》는 한국의 예술과 문화의 우수성을 알릴 수 있는 소중한 기회였습니다. 고려청자·조선백자, 정선의 산수화 및 김홍도와 신윤복의 풍속화 등 국보 ·보물급 유물을 중심으로 270여 점이 전시되었습니다.

그림 3-2 :: 《신라, 황금의 나라》 메트로폴리탄 박물관 전시 (자료: 국립중앙박물관)

국립중앙박물관에서 진행된 《일본미술명품전》은 1998년 10월 한일 양국 정상의 "월드컵을 계기로 한·일 상호 문화교류를 활성화한다"는 공동 발표문을 토대로 추진된 문화재 상호교류 전시의 일환으로 마련된 것이었습니다. 전시에 출품된 작품들은 일본 고대에서부터 근세에 이르기까지 일본 미술을 대표하는 것들로, 고고 자료, 공예, 조각, 회화, 서적·고문서 등 총 298점이 출품되었습니다. 제가 큐레이터로서 담당한 첫 전시여서 기억에 많이 남습니다.

가장 최근에는 2013년 미국 메트로폴리탄 박물관에서 처음으로 한국 문화재를 갖고 1층 기획전시실에서 큰 기획전시를 진행했습니다. 《신라, 황금의 나라》라는 제목으로 신라 유물을 갖고 기획전시를 했는데 그것이 기억에 남습니다.

4 전시 혹은 교육 프로그램을 기획할 때 스스로의 한계를 느끼거나 상황의 어려움을 느끼는 순간은 언제이며 어떻게 대처하시나요?

박물관에서 일하는 것은 생각보다 굉장히 힘든 일입니다. 육체 노동을 많이 하는 직업이기 때문입니다. 또한 큐레이터로서 제일 당황하게 되는 것은 자기가 전공하지 않거나 익숙하지 않은 업무도 맡아서 해야 하는 상황에 처할 때입니다. 저는 고고학을 전공했지만 미술사적인 전시를 하거나 교육 프로그램을 기획해야 할 때가 있습니다. 전문화가 제일 잘 되어 있는 국립박물관에서도 이런 상황이니, 자신이 큐레이터가 되어 규모가 작은 곳에서 일을 해야 한다면 정말로 박물관과 관련된 모든 일, 행정적인 것에서부터 디자인 업무까지 다 해야 합니다. 자기가 알지 못하는 것도 자기가 맡아서 해야 하는 상황이 발생하니 이 부분이 제일 어렵습니다.

이것을 헤쳐나가기 위한 방법에는 두 가지가 있습니다. 하나는 주변의 동료나 선생님 등 자신의 인적 네트워크를 통해 도움을 받는 것이고, 다른 하나는 자기 스스로 최소한의 업무에 필요한 역량을 단시간에 익히는 것입니다. 그럴 경우에는 단기간의 교육 프로그램을 통해 배우든지 도제식으로 선배 큐레이터의 도움을 받든지 해야 합니다. 의외로 전공보다는 전공 이외의 일을 많이 하는 곳이라는 것을 꼭 명심했으면 좋겠습니다.

5 앞으로 기획하고 싶은 전시가 있다면 어떤 것인가요?

지금은 제가 어린이들을 위한 전시를 하고 있습니다. 어린이들은 아주 정직해서 가식적이지 않고 반응이 즉각적이고 솔직합니다. 어린이들이 흥미를 갖고 즐거워하는 전시를 한다면 아주 훌륭한 전시가 될 것 같습니다. 우리나라 박물관 전시는 아직은 학문적인 깊이나 다양한 아카이브가 아직 쌓이지 않은 상태라고 생각합니다. 특히 어린이를 위한 전시는 더욱 그런 상황입니다. 제가 어린이 관련 업무를 맡고 있는 동안에는 어린이 관련 전시 중에서 이론적인 체계를 세우고 싶고, 실제로 중앙박물관 콘텐츠를 이용해 어른과 아이 온 가족이 즐겁게 체험할 수 있는 전시를 열어보는 것도 꿈입니다.

6 미래의 큐레이터들을 위해 조언하고 싶은 게 있다면 무엇인가요?

박물관은 급변하는 현대사회에 비하면 잘 변하지 않는 기관입니다. 사회는 항상 빠르게 변하지만 박물관은 상대적으로 아주 보수적이고 변화가 느린 곳이라고 할 수 있습니다. 그럴수록 박물관에 일하는 사람은 사회 변화에 아주 민감해야 합니다. 그렇지 않으면 사회와 동떨어져서 나만의 세계에 빠지기 쉬워집니다. 4차 산업혁명, AI 등 사회의 변화는 매우 빠르기에 지식을 전달하는 그러한 장소로서의 박물관의 역할은 급격히 축소되고 있습니다. 그렇기 때문에 박물관은 새로운 사회에 대비해야 합니다. 박물관에서 일하는 사람도 자기 업무에 대한 일을 제대로 하는 것뿐만 아니라 사회가 어떻게 바뀌었는지 알고, 사회 구성원들이 어떤 것을 필요로 하는지에 대해서도 예민한 호기심이나 감수성을 간직해야 합니다. 이것만은 꼭 기억해줬으면 합니다.

그리고 외국어를 잘해야 합니다. 의외로 외국어를 잘하는 큐레이터들이 많지 않습니다. 또한 학부 전공이 사학이나 미술학이 아니더라도 큐레이터가 될 수 있습니다. 우리 국립중앙박물관에는 대학 학부에서는 박물관과 관계되지 않은 학부를 나온 분들도 계십니다. 기본적으로 어느 박물관이든 대개 박물관에 들어오는 학문적인 베이스는 대학원의 석박사 학위를 요구하는 상황이기 때문에, 학부에서는 박물관, 문화, 미술, 고고학에 대한 감수성을 기르고, 자기가 박물관에서 일해야겠다는 납득할 수 있는 이유만 찾는다면 학부 전공과는 관계 없이 대학원 진학 과정에서부터 박물관에서 일할 수 있는 길을 닦을 수 있습니다. 특히 외국어를 전공한다는 것은 다른 어떤 것보다도 박물관에서 일하는 데에 도움이 되는 학부 전공이라고 생각합니다.

7 후배들에게 보여주고 싶은 선생님의 일하는 모습 혹은 전시장 앞에서 찍은 사진이 있다면 보내주세요.

첫 번째 사진은(그림 3-3)은 국립민속박물관 기획전시에 초대되어 개막식에 참석했을 때 모습입니다. 이관호 학예연구관과 함께 포즈를 취했습니다. 서로 다른 기관에 근무하는 학예사들이 서로 교류하는 것도 중요하다고 생각합니다.

다음 사진(그림 3-4)는 2017년 구글코리아에서 열린 어린이박물관 큐레이터 워크숍에서 강연하는 모습입니다. 오늘날 큐레이터에게 요구되는 테크놀로지에 대해 함께 고민하는 시간이었습니다.

그림 3-3 :: 국립민속박물관 이관호 학예연구관(우)과 함께 한 국립중앙박물관 한수 학예연구관(좌)

그림 3-4 :: 한수 학예연구관의 강연 모습
(자료: 한수)

국립민속박물관 – 이관호 학예연구관

1 선생님이 소속된 기관을 간단하게 소개해주세요.
선생님의 역할도 알려주세요.

제가 근무하고 있는 곳은 국립민속박물관입니다. 우리나라에서 국립기관으로는 유일하게 민속을 주제로 하는 생활사 박물관으로, 경복궁 내에 위치해 있습니다. 1946년 4월 25일 석남 송석하 선생님의 주도로 남산에 국립민족박물관을 개관합니다. 그러다가 한국전쟁이 있던 1950년 12월 국립민족박물관은 국립중앙박물관 남산 분관으로 소속되었다가 전쟁이 끝나면서 중앙박물관에 흡수 통합되어 역사 속으로 사라지게 됩니다. 그 후 1966년 10월 4일 경복궁 내 수정전에 문화재관리국 소속으로 '한국민속관'을 개관합니다. 이어 1975년 4월 11일에는 경복궁 내 구 현대미술관 건물(현재 건청궁)로 이전하면서 '한국민속박물관'으로 명칭을 바꾸게 됩니다.

이어 1979년 4월 13일 문화재관리국 소속에서 국립중앙박물관 소속으로 바뀌게 되고, 이때부터 지금의 '국립민속박물관'이란 명칭을 쓰게 됩니다. 그러다가 1992년 10월 30일 국립중앙박물관으로부터 독립해 문화부 1차 소속기관이 되고, 이어 다음 해인 1993년 2월 17일 현재의 건물로 이전 개관해 오늘에 이르고 있습니다.

현재 우리가 사용하고 있는 건물은 원래 국립중앙박물관이 사용하던 건물이었는데, 그 건립배경을 살펴보면 다음과 같습니다. 1968년 제대로 된 박물관 건물 하나 없이 운영해오던 국립중앙박물관에 대해 전통과 현대가 어우러진 제대로 된 박물관을 건립하라는 전 박정희 대통령의 특별지시로 경복궁 내 선원전 터인 현재 위치에 건물을 짓기 시작했다고 합니다. 이렇게 시작된 건물은 1972년에 완공해 1985년까지 국립중앙박물관으로 사용했습니다. 이후 빈 건물로 있다가 우리 박

그림 3-5 :: 국립민속박물관 전경 (자료: 이관호)

물관이 리모델링을 해 1993년 2월 17일 이전 개관함으로써 오늘에 이르고 있습니다. 여기서 국립민속박물관 건물의 외형에 대해 잠시 살펴보면 경주 불국사 청운교와 백운교를 본떠 만든 중앙계단을 중심으로 2층과 3층 등 난간은 경복궁 근정전의 난간을 본떴고, 3개의 불탑은 속리산 법주사 팔상전(정면), 김제 금산사 미륵전(동쪽), 지리산 화엄사 각황전(북측)을 모델로 만든 시멘트 건물이랍니다. 건물의 생김새에 대해 많은 관람객들이 궁금해하지요.

저는 1992년 1월 20일자로 비정규직으로 민속박물관에 입사해, 구관(현 건청궁 위치)에서 현재의 민속박물관으로 이전하는 작업에 참여했습니다. 따라서 당시 구관에 근무했던 사람들을 일명 '구관 멤버'라고 하는데, 이러한 구관 멤버는 이제 얼마 남아 있지 않네요. 1993년 2월 17일 현재 자리에서 재개관할 때까지 제가 맡았던 곳은 1전시관이었던 농경문화실이었습니다. 그러나 중간에 계획이 변경되면서 1관이 한

민족생활사실로 바뀌었고, 이로 인해 저는 농경문화와 관련된 전시물을 2관 입구에 축소해 설치한 후 3전시실 업무를 담당했습니다.

입사한 지 약 20개월이 지났을 때, 국어·영어 등 기본과목 4과목과 민속학 등 전공과목 3과목, 총 7과목에 대한 시험을 거쳐 1993년 10월 23일 정식 학예연구사가 되어 전시운영과에서 전시 및 유물담당 업무를 담당했습니다. 특히 전시운영과에서 한국인의 얼굴전, 종이문화대전 등 많은 특별전을 담당하면서 큐레이터로서의 업무를 익힐 수 있었습니다.

이어 민속연구과에서의 조사연구 업무 등을 담당하다가 2002년 6월 11일자로 학예연구관이 되어 섭외교육과로 자리를 옮기게 되었습니다. 이러한 예기치 않았던 갑작스런 인사이동으로 박물관 교육에 헌신하게 되었고, 국립어린이박물관의 장을 여는 데 참여한 계기가 되었습니다. 이어 2009년 5월에는 전시운영과장, 2011년 10월에 어린이박물관과장으로, 그리고 2016년 8월 8일에 민속연구과장으로 옮기면서 현재는 다시 15년 만에 민속연구과에서 조사연구 업무를 총괄하고 있습니다.

2 선생님은 어떻게 큐레이터라는 직업에 입문하게 되었나요?
그리고 전공이나 특별하게 수학하신 내용이 있다면 알려주세요.
후배들이 그 길을 찾아갈 수 있게요.

저는 원래 역사교육과를 나왔습니다. 우리 역사를 탐구하는 방법에는 몇 가지가 있는데요. 첫째가 기록된 역사를 연구하는 문헌사학이고, 둘째가 땅 속에 묻혀 있는 역사를 구명하는 고고학이라는 학문이 있습니다. 여기서 사실 기록의 역사는 양반층의 역사로, 가진 자들의 눈으로 보는 역사이고, 땅 속에 묻힌 역사는 물질문화를 조사하는 것으로, 수천 년 전의 역사를 해석해야 한다는 점에서 어려움이 있습니다.

역사교육과에서 역사학과 고고학을 공부했던 저는 이러한 한계점에 대한 문제의식이 생겼습니다. 또한 사회적으로도 민주화운동이 한창이었던 시대에 역사학 방법론에 대한 회의가 들기 시작했습니다. 즉 당시는 1980년대 중반으로, 군대를 제대한 후, 복학해보니 민주화운동이 한창이었고 이런 상황에서 민중에 대한 여러 고민을 하다가 진정한 민중의 역사는 무엇일까 하는 측면에서, 그러니까 진정한 민중의 역사는 민속학이겠다는 생각을 하게 되어 1986년부터 마을을 다니면서 민속조사를 하게 되었습니다. 특히 전통사회 전체 인구의 90% 이상이 서민들이었고 조상 대대로 내려오는 이들의 생활 풍습과 관습 등을 조사 연구하는 것이 진정한 민중의 역사라고 생각해 민속학 전공으로 대학원을 가게 되었습니다. 대학원에 들어갈 때만 하더라도 사실 박물관에 관심이 없었고, 아니 관심이 없다기보다는 박물관을 잘 몰랐었습니다.

사실 대학원에 들어갈 때 저는 제대로 된 민속학자가 되어 대학교수가 되고 싶었습니다. 그러던 것이 결과적으로는, 석사를 마칠 때쯤 국립민속박물관이 이전 문제로 석사 이상의 전공자들을 뽑게 되면서 민속박물관에 발을 들여놓게 되었던 겁니다. 당시 저는 한양대학교 문화인류학과 종교민속 전공 1호였기 때문에 당시 문화인류학과 학과장이었던 배기동 교수님(현재 국립중앙박물관장)의 소개로 오게 되었던 거지요. 즉 1992년 1월 20일 국립민속박물관 비정규직으로 약 20개월을 근무하다가 1993년 10월 23일자로 정식 학예연구사가 되어 오늘에 이르고 있습니다. 아무튼 이런 과정을 거쳐 학예사가 되었고, 지금은 그 누구보다도 박물관을 좋아하고 사랑하고 아끼는 사람이 되었습니다.

특히 민속박물관에서 큐레이터를 하고 있다는 것은, 내가 농촌 출신이라는 점, 대학교에서 역사를 배웠으며, 대학원에서는 민속학을 공부한 입장에서, 내가 배운 것을 민속박물관에서 직접 관람객들과 함께 할 수 있다는 점에서 저는 매우 만족합니다. 민속박물관을 세우신 석남 송석하 선생님의 민속에 대한 실천정신을 저도 현장에서 실현해보고 싶다는 생각에서 일하고 있습니다. 사실 제가 박물관에서 가장 많이 담당했던 것이 전시 분야이고, 이어 교육과 어린이박물관 분야입니다.

3 큐레이터로서 가장 보람을 느낀 순간은 언제이며, 어떤 일을 하실 때인가요? 이왕이면 좀 자세하게 알려주세요. 후배들이 꿈을 가질 수 있게요.

큐레이터로서 보람을 가진 업무는 세 가지 정도로 정리할 수 있을 것 같습니다.

첫 번째가 전시입니다. 일용직으로 일을 할 당시에는 박물관 이전 준비를 했습니다만 1993년 학예사가 된 이후 첫 번째로 맡은 특별전이 《한국인의 얼굴》이었습니다. 민속학을 전공하고 미에 대해서는 문외한이었던 저에게 미술사적인 개념이 많은 《한국인의 얼굴》이란 큰 전시를 맡긴 겁니다. 이때 경험 부족과 까다롭던 상사분의 간섭으로 매우 힘들고 어려웠지만 반면에 미적인 감각을 가지고 계시던 상사의 가르침으로 전시를 배울 수 있었습니다. 그 이후 여러 차례 전시를 담당하면서 디스플레이를 배울 수 있었고, 이런 경험을 통해 스스로를 디스플레이의 대가라고 할 정도로 자신감을 갖게 되었습니다. 심지어 하루에 10~12시간씩 진열장에서 전시를 한 적도 있는데, 힘들었지만 배운 것도 많았습니다. 아무튼 1994년부터 98년경까지 1년에 2~3개의 특별전을 담당하면서 전시에 대한 감각을 익혔습니다. 이러한 전시 경험은 지금도 전문가로서 나의 역량을 펼치는 데 큰 도움이 되고 있습니다. 지금은 몸이 둔해져서 예전처럼 직접 하기에는 어려움이 있지만요.

두 번째는 2002년 연구관으로 승진 발령이 났을 때의 일입니다. 발령이 나기 전날까지만 하더라도 저는 섭외교육과가 아닌 유물과학과로 배정된 것으로 알고 있었는데, 당일 출근해보니 당시에는 학예직이 가기 싫어하던 섭외교육과로 발령이 나 있더군요. 많이 화가 났지만 발령이다 보니 어쩔 수 없이 섭외교육과에서 박물관 교육을 비롯해 홍보, 교류업무 등 다양한 업무를 2008년까지 담당하게 되었습니다. 연구직으로서는 쉽지 않은 행정직 과장님을 9분씩이나 모시면서 말입니다. 그런데 이렇게 가기 싫었던 부서가 지나고 보니 나에게 있어서는 정말 고마운 일이었습니다.

특히 다른 어떠한 업무보다도 박물관 협력망을 통해 인맥을 얻을 수 있었고, 2002년부터 2008년까지 있으면서 나름대로 우리나라 박물관 교육의 기본적 틀, 특히 민속박물관 교육의 기본적 틀을 잡는 일을 할 수 있었습니다. 교육 프로그램 개발에서부터 교육평가, 그리고 강사 교육 등록제 등 박물관 교육과 관련된 다양한 시스템을 만들어내고 예산이나 인력을 확보하면서 많은 보람을 느꼈습니다. 거기에 더해 2003년 2월 17일에는 어린이박물관을 개관하게 됩니다. 국립으로서는 중앙박물관보다 먼저 어린이박물관을 개관함은 물론, 박물관 교육, 특히 어린이를 대상으로 하는 박물관 교육을 확장하게 됨으로써 이후 박물관 교육의 디딤돌 역할을 했다는 점에서 자부심을 갖습니다.

세 번째는 국내 최초로 국립어린이박물관을 정식 직제화하는 데 큰 역할을 했다는 점입니다. 2009년 5월에 국립민속박물관 1차 소속기관으로 국립어린이박물관이 발족하게 된 것입니다. 아쉽게도 내부적인 힘에 의해 8개월 만에 소속박물관이 어린이박물관과로 축소되기는 하지만, 아무튼 어린이박물관에 대해 관심이 적던 당시로서는 큰 쾌거였습니다. 26년간의 박물관 큐레이터 활동 중에서 국립어린이박물관 정식 직제를 만든 일에 주도적으로 참여했던 것이 가장 보람 있었던 일입니다. 이렇게 남들보다 먼저 새로운 사업을 구상하고 실천해나가면서 박물관 전문인력을 창출했고, 이에 따른 예산을 확보하면서 명실공히 국내 최고의 박물관 교육 실천 문화공간으로 변화시킨 것에 큰 보람을 느낍니다. 현재 국립어린이민속박물관의 경우 연간 2,200회 정도의 교육 프로그램을 진행하고 있으며, 이 외에도 타 기관에 앞서 문화다양성 교육 프로그램인 다문화꾸러미를 비롯해 전문가에 의한 박물관 교육평가, 270여 명에 달하는 박물관 교육 전문강사 등록제 등을 실시하고 있습니다.

4 전시 혹은 교육 프로그램을 기획할 때 스스로의 한계를 느끼거나 상황의 어려움을 느끼는 순간은 언제이며 어떻게 대처하시나요?

사실 저는 굉장히 어렵게 살아온 사람입니다. 충남 홍성에서 나고 자라서 어렵게 공부했고, 대학교 3학년 때부터 고학을 합니다. 대학원도 혼자 벌어서 다니고 결혼도 자력으로 합니다. 그래서 어떤 상황에서도 웬만한 어려움은 잘 이겨냅니다.

단지 박물관 일을 하면서 최근에 어려움을 겪었던 것은 일보다는 인간관계였습니다. 일이라는 것은 자기가 몰입하면 몸은 고되더라도 행복할 수 있습니다. 하지만 사람의 관계는 내가 아무리 열심히 일해도 박물관에 대한 이해나 최근 동향에 대해 공부를 하지 않으면 남들보다 앞서서 하는 일에 대해 동료 간에 오해할 수 있는 부분들이 생깁니다. 정말 열심히 일하고 싶은데 그 일을 이해하지 못하는 동료들의 반대 때문에 하려는 일을 하지 못한다면, 이는 큐레이터로서 정말 불행한 일이라고 생각합니다. 이처럼 외부에서는 많은 사람들이 원하는데, 내부의 이해 부족 또는 넘지 못할 벽을 허물지 못해 내가 하고 싶은 일을 맘껏 하지 못 할 때가 제일 슬픕니다.

제가 섭외교육과로 발령 났을 때도 처음에는 서운했지만, 제가 6년 동안 9명의 행정직 과장님을 모시면서 하고 싶은 일을 맘껏 했을 때 감사하는 마음을 가졌습니다. 왜냐하면 내가 하고 싶은 일을 할 수 있게

도와주셨기 때문입니다. 그 일을 하면서 저도 우리 박물관도 성장할 수 있었던 것 같습니다. 우리보다 훨씬 박물관 교육을 먼저 시작했던 큰 박물관보다도 우리 민속박물관 교육 프로그램이 단시일 내에 질적으로 양적으로 성장할 수 있었던 것은 바로 윗분들의 배려와 함께 도와준 직원들의 열정이 있었기 때문이라고 생각합니다. 여기에 더해 제가 그래도 일을 주선할 수 있는 학예연구관이라는 직급에 있었기에, 일을 추진할 수 있는 힘을 갖고 성공적으로 추진할 수 있었다고 생각합니다.

또 하나 큐레이터가 주의해야 할 것은 큐레이터가 아무리 하고 싶은 일이 있다고 하더라도, 검증되지 않은 채, 고객이 아닌 큐레이터 자기만족에 의해 전시를 하는 것은 안 하느니만 못하다고 생각합니다. 큐레이터들이 자기만족을 위한 전시를 기획하는 경우가 많습니다. 물론 자신을 만족시키는 것도 중요하지만 전시에서 중요한 것은 첫 번째도 관람객이고 두 번째도 관람객이어야 합니다. 관람객을 만족시킬 수 있을 때 나도 만족할 수 있다고 생각합니다. 최근 박물관의 변화이기도 하고요. 이것은 매우 중요한 이야기입니다. 큐레이터는 총체적인 지식을 갖고 있는 사람입니다. 큐레이터가 느끼는 만족감과, 일반인이 갖는 만족도는 다를 수가 있습니다. 특히 어린이 관람객의 경우 더욱 심합니다. 자꾸 어른들의 입장에서 그리고 전문가의 입장에서 전시와 프로그램을 기획하면 거기에 참여하는 관람객들은 재미가 없습니다. 이 점을 우리 큐레이터들은 조심해야 합니다.

5 앞으로 기획하고 싶은 전시가 있다면 어떤 것인가요?

이제 직접 전시를 기획할 기회는 없겠지만, 만약 제가 전시를 기획할 기회가 생긴다면 민속예술품 전시를 해보고 싶습니다. 민속박물관 하면 전통 민속에 초점을 두다가 최근에는 근현대민속에 관심을 갖는 것이 현실입니다. 근현대민속이 중요하지 않다는 것이 아니라, 전통민속에 비해 최근 근현대 쪽에 비중을 더 많이 두고 있다는 점입니다. 특히 '민속' 하면 허접하다는 생각을 많이 합니다. 그런데 민속유물들이 모두 그런 것이 아닙니다. 일상생활 속에서 서민들이 사용하던 생활용품들도 얼마든지 값지게 거듭날 수 있다고 생각합니다. 단적인 예로 얼마 전 농업박물관에서 열렸던 농기구 보물전이 그 실례라고 생각합니다. 따라서 저는 민속유물 중에서 예술성이 강하면서도 맥락을 이해할 수 있는 유물들을 대상으로 예술적인 전시를 하되, 유물 각각을 대상으로 하는 것이 아니라 맥락 있는 전시를 해보고 싶습니다. 요즘 구성주의에서 말하는 고객과 소통하고 고객이 참여할 수 있는 전시를 구현해보고 싶습니다. 전시장에서 직접 고객이 참여하면서 소통할 수 있는 그러한 전시를 해보고 싶습니다.

다른 하나는, 우리 민속문화와 인근 지역의 민속문화를 비교전시하는 작업을 해보고 싶습니다. 사실 제가 전시운영과장으로 있을 때, 샤머니즘전과 유라시아전을 해본 경험이 있는데, 이처럼 우리 문화를 기반으로 인근 나라의 유사한 문화를 비교해 전시를 해보고 싶습니다. 그러니까 세계 민속문화에 대한 전시를 해보고 싶은 것입니다.

6 미래의 큐레이터들을 위해 조언하고 싶은 게 있다면 무엇인가요?

유물을 다루는 일이나 교육 프로그램을 진행하다 보면 많은 일들이 일어납니다. 유물 사고가 날 수도 있고, 교육 프로그램에 민원이 들어올 수도 있습니다. 밤낮 연휴 없이 일하는데 학생들이 와서 힘들게 할 때는 내가 왜 이렇게 해야 하는가 하고 반문을 하기도 합니다. 그러나 큐레이터는 자기가 이론적으로 배운 것을 큐레이팅하는 것, 즉 관람객과 소통하는 것이 중요합니다. 100명 중에 99명이 행복할 수만 있다면, 우리가 불만을 제기하는 1명 때문에 큐레이터의 본분을 포기해야 한다고는 생각하지 않습니다.

특히 큐레이터라는 직업이 매력적인 이유는, 첫째, 큐레이터는 종합적인 학문을 아우르는 직업으로 총체적인 지식이 있어야 하기에 끊임없이 공부해야 한다는 점입니다. 예를 들어 저는 민속학을 전공했지만, 지금은 민속학보다도 박물관학을 더 열심히 공부합니다. 그중에는 유물 구입, 유물 감정도 포함됩니다. 전통 민속유물뿐만 아니라 근현대 유물도 공부해야 합니다.

두 번째는 자신의 전문영역이 쌓인다는 점입니다. 전시에 대한 노하우가 생기고, 그리고 박물관 교육과 어린이박물관에 대한 노하우가 생깁니다. 사실 지금 이러한 목적이 성사될 거라 생각하고 일을 한 것은 아니지만, 현직에 있으면서 조직의 업무에 따라서 그것에 최선을 다하다 보면 어느 날 갑자기 이 분야에서 전문가가 되어 이쪽저쪽에 도움을 주게 됩니다. 저 역시 원래 전공은 민속학이고, 박물관학은 제대로 공부해본 적이 없는데도, 어느 날 현장에서 열심히 일하다 보니 박물관학의 전문가가 되어 있었고, 대학원에서 박물관학을 가르치고 있습니다. 결과적으로 이러한 노력들은 사회에 봉사한다는 의미를 갖기도 하고, 나아가 생활에도 도움이 되어 나를 위한 일이기도 합니다.

특히 이러한 노력들의 장점은 정년퇴직 이후에도 전문가로서 할 일이 생긴다는 점입니다. 이로 보아 현직에서 일할 때 조직을 위해 최선을 다하는 것 같지만 결과적으로는 자기 자신을 위해, 특히 자기 역량을 키우는 일이기도 하다는 것입니다. 요즘에는 장수시대라서, 60세에 퇴직한다고 해도, 70까지만 해도 10년 이상을 더 일해야 하는데, 자기의 아무런 노하우나 역량이 없다고 한다면, 미래 노후가 더욱 힘들어질 것입니다. 하지만 이러한 경험 속에서 자신의 노하우가 쌓여간다면 노후 생활이 윤택해질 수 있다고 자신합니다.

그래서 저는 후배 큐레이터들에게 조직을 위해 일하는 것이 아니라 나 자신을 위해 일하는 것이니 현직에 있을 때 "전문성을 갖춰라"라고 말하고 싶습니다. 특히 한국의 큐레이터들에게 "전시, 교육, 유물 수집 및 관리 등 모든 분야에서 전문가가 되라"는 말을 해주고 싶습니다.

7 후배들에게 보여주고 싶은 선생님의 일하는 모습 혹은 전시장 앞에서 찍은 사진이 있다면 보내주세요.

제가 박물관 유물 중에 쌍계사 장승을 참 많이 아끼고 사랑합니다. 제가 민속신앙 전공자이기 때문만은 아닙니다. 쌍계사 장승은 사찰 장승으로 1968년 우리 박물관에 들어오게 되는데, 이 장승은 1930년경에 만든 것으로 추측됩니다. 보시다시피 나무뿌리를 거꾸로 세워 얼

그림 3-6 :: 국립민속박물관 제2전시관 입구에서 필자를 반갑게 맞이하는 이관호 학예연구관

그림 3-7 :: 제2전시관 입구에 있는 쌍계사 사찰 장승을 소개하는 이관호 학예연구관

굴을 새겼는데, 남쪽에서 흔히 볼 수 있는 통방울눈에 큰 코가 특징입니다. 아주 정겨운 시골 할아버지 할머니의 모습이라고나 할까요? 전통적인 우리 민속신앙에 오랜 불교적인 요소가 함축되어 있는 그러한 유물이기에 2전시관 입구를 지키고 있는 이 나무장승을 좋아합니다.

2) 공립박물관 · 공립미술관

공립박물관과 공립미술관은 지방자치단체에서 설립해 운영하는 뮤지엄이다. 도립, 시립, 구립, 군립 등 설립과 운영주체가 다양하다. 「박물관미술관법」 제3장에 국립박물관과 국립미술관의 설립과 운영이 명시되어 있다.

제3장 공립박물관과 공립미술관

제12조(설립과 운영) ① 지방자치단체는 지역사회의 박물관자료 및 미술관자료의 구입·관리·보존·전시 및 지역문화 발전과 지역주민의 문화향유권 증진을 위하여 대통령령으로 정하는 절차와 기준에 따라 박물관과 미술관을 설립할 수 있다.

② 제1항에 따른 박물관과 미술관 운영에 필요한 사항은 지방자치단체의 조례로 정한다.

공립박물관은 지자체가 설립과 운영의 주체인 관계로 명칭에 지명이 붙는 경우가 많다. 강원도DMZ박물관, 강진고려청자박물관, 강화역사박물관, 거제어촌민속전시관, 경기도박물관, 경산시립박물관, 경상북도산림과학박물관, 광주시립민속박물관, 군산근대역사박물관, 남양주시립박물관, 남원향토박물관, 대구약령시한의약박물관, 대전선사박물관, 목포생활도자박물관,보령석탄박물관, 부산근대역사관, 부산해양자연사박물관, 부안청자박물관, 부천교육박물관, 부천수석박물관, 부천옹기박물관, 부천펄벅기념관, 부천활박물관, 부산시립박물관, 부평역사박물관, 상주박물관, 서대문자연사박물관, 서대문형무소역사관, 서울역사박물관, 속초시립박물관, 수원박물관, 수원화성박물관, 영암도기박물관, 인천시립박물관, 전곡선사박물관, 울산박물관, 울산옹기박물관, 장생포고래박물관, 제주4.3평화기념관, 제주돌박물관, 제주민속자연사박물관, 청주고인쇄박물관, 태백고생대자연사박물관, 태백석탄박물관 등이 지명을 명칭으로 활용한 사례이다.

한편 지역사의 중요 인물을 주제로 한 경우는 지명 없이 인물의 이름을 박물관의 명칭에 활용하기도 한다. 성호기념관, 최용신기념관, 추사박물관, 허준박물관 등이 사례이다.

그 외에도 박물관이 다루는 주제를 명칭으로 사용한 사례도 많이 있다. 녹청자박물관, 대가야박물관, 방짜유기박물관, 백제역사문화관, 벽골제농경문화박물관, 별마로천문대, 실학박물관, 암각화박물관, 애니메이션박물관, 자연생태박물관, 자유수호평화박물관, 판소리박물관, 포로수용소유적박물관, 한국만화박물관, 한국이민사박물관, 한국족보박물관, 한국차박물관, 한국천연염색박물관, 해녀박물관 등이 사례이다.

최근에는 지자체들이 박물관의 필요성과 중요성에 대해 인식하고 지역의 문화유산을 발굴한 박물관들을 짓는 사례가 많아지면서, 전반적인 공립박물관 서비스의 질을 향상하고 공립박물관의 문화서비스 기관으로서의 역할을 강화하기 위한 정책이 요구되었다. 이에 따라 문화체육관광부는 공립박물관 평가인증제[16]에 의거, 2017년 1월에 190개 공립박물관을 평가 대상으로 고시하고, 2017년 8월부터 11월까지 '경영전략', '경영관리', '사업관리', '고객관리' 등 4개의 평가 지표를 기준으로 서면조사와 현장평가를 실시한 후에 인증심사위원회의 심의를 거쳐 최종적으로 우수인증 공립박물관 123개관을 선정했다. 인증박물관에는 인증서가 발급되고 '2017년 우수박물관 인증'을 외부에 공시할 수 있는 자격이 주어진다. 인증기간은 발표일로부터 2년이며, 향후 2년마다 평가를 진행할 예정이다. 또한 인증을 받지 못한 박물관에는 운영컨설팅 등을 통해 대국민 서비스를 향상할 수 있도록 협조할 예정이라고 했다.[17] 정부의 이러한 노력은 공립박물관의 양적 성장에 따른 질적 성장을 도모하기 위한 방안이라고 본다.

---

16 공립박물관 평가인증제는 운영 · 관리 평가를 통한 공립박물관의 운영 내실화와 대국민 서비스 향상을 위해 2016년 11월 「박물관미술관법」의 개정으로 도입됐다.

17 문화체육관광부 보도자료, "공립박물관 우수인증기관 123개관 선정: 전국 190개 공립박물관 대상 평가인증제 실시", http://www.mcst.go.kr/, 게시일: 2018년 3월 5일, 검색일: 2018년 7월 1일.

이 가운데 경기도 과천시에 있는 추사박물관의 허홍범 학예사와 허준박물관 박정영 학예사와의 인터뷰를 소개하고자 한다.

추사박물관 – 허홍범 학예연구사

1 선생님이 소속된 기관을 간단하게 소개해주세요.
선생님의 역할도 알려주세요.

과천시 추사박물관은 '조선 후기 학자 추사(秋史) 김정희(金正喜, 1786-1856) 선생의 삶과 학문, 예술을 종합적으로 연구·전시·체험할 수 있는 1종 전문박물관'입니다. 추사 김정희 선생은 39세 때부터 과천 주암동에 과지초당(瓜地草堂)이라는 가문의 별장을 지으면서 과천과 인연을 맺었습니다. 두 번의 유배를 다녀온 추사의 말년 4년간을 보통 '과천 시절'이라고 합니다. 추사 학예에 있어 과천 시절은 학예가 무르익은 원숙기여서 좋은 작품을 이 시기에 많이 남겼습니다.

그래서 추사박물관은 추사 선생 생신날인 2013년 6월 3일 개관했습니다. 주요 소장유물로는 추사 김정희 서신(3종, 23통)과 〈북한산비고〉(北漢山碑攷) 등을 소장하고 있습니다. 소장유물의 대부분은 추사 연구자 후지츠카 치카시(藤塚鄰, 1879-1948) 박사와 그 아들 아키나오(藤塚明直, 1912-2006)의 기증유물입니다. 추사 관련 박물관/전시관은 제주 서귀포에 '추사관'이 있으며, 충남 예산에 '추사기념관'이 있습니다. 후발주자로서 과천시 추사박물관은 가장 늦게 개관했지만, 추사 관련 학적 근거와 콘텐츠를 풍부하게 보유한 장점이 있습니다.

저는 과천에 있는 추사박물관에서 학예사로 근무하고 있고, 추사 관련 연구를 수행하면서 전시를 기획하고 진행하는 일을 담당하고 있습니다.

그림 3-8 :: 과천시 추사박물관 전경 (자료: 과천시 추사박물관)

2 선생님은 어떻게 큐레이터라는 직업에 입문하게 되었나요? 그리고 전공이나 특별하게 수학하신 내용이 있다면 알려주세요. 후배들이 그 길을 찾아갈 수 있게요.

저는 역사학을 전공하고, 석사 과정부터 한국중세사 중 조선시대사를 주로 공부했습니다. 이후 방법론으로는 생활사(生活史, Life History)나 구술사(口述史, Oral History), 기록학(Archival Science) 등을 공부했습니다. 그리고 경기 지역의 가문 소장 고문헌 조사를 15년 정도 한 후, 경기문화재단 실학현양추진위원회 전문위원을 역임했습니다. 그 후 2006년 과천시에 후지츠카 아키나오 선생의 기증유물 정리를 위해 2007년부터 6년간 과천문화원 학예사로 재직하다가 2012년 추사박물관 개관작업에 참여했고, 2013년부터 과천시 추사박물관 학예사로 재직하고 있습니다.

저의 전공 분야인 한국중세사, 지역학, 문헌학, 기록학을 주로 공부했고, 한문 초서(草書)를 학습하고, 2007년부터는 추사학(秋史學)을 보다 깊이 이해하고자 18~19세기 조선의 학예를 중심으로 공부하고 있습니다.

3 큐레이터로서 가장 보람을 느낀 순간은 언제이며,
어떤 일을 하실 때인가요? 이왕이면 좀 자세하게 알려주세요.
후배들이 꿈을 가질 수 있게요.

추사 관련 인물로 잘 알려지지 않은 정벽(貞碧) 유최관(柳最寬, 1788-1843) 관련 자료를 발굴해 2015년 하반기에 《정벽 유최관》 특별 기획전을 개최했을 때입니다. 그러니까 박물관의 5대 기능이 '조사·연구·전시·보존·교육'이라고 요약했을 때, 새로운 자료를 발굴해 전시하는 일은 박물관 이용자들에게 현장의 생생함을 전하고, 나아가 관련 연구에도 기여하는 점임을 강조하고 싶습니다. 《정벽 유최관》 전은 조사와 준비에 10년 이상이 걸린 전시여서, 정벽 및 추사 관련 유물의 발굴로 인해 학계의 호평을 받은 바 있습니다.

그러나 한국의 박물관'미술관의 특별기획전은 대체로 1~3년의 준비와 기획을 거쳐 개최하는 경우가 많은 것 또한 현실입니다. 이것이 오늘, 한국의 학예사가 직면한 차가운 현실이라는 점도 상기할 필요가 있다고 생각합니다.

4 전시 혹은 교육 프로그램을 기획할 때
스스로의 한계를 느끼거나 상황의 어려움을 느끼는 순간은
언제이며 어떻게 대처하시나요?

1970~80년대 한국학의 바로미터가 다산학(茶山)이었다고 한다면, 2000년대 이후에는 가히 추사학(秋史學)이 한국학의 핵심 분야라고 할 수 있습니다. 다산학 연구자들은 정약용의 방대한 저작 『여유당전서』(與猶堂全書)를 2013년 표점(標點)화함으로써 한 단계 도약할 수

있는 기틀을 마련했습니다. 이른바 다산 문집의 정본화(定本化, Canon of the Dasan Works)입니다. 추사학도 마찬가지로 추사의 진품(眞品)을 모두 모아 정본화(Canon of the Chusa Works)하는 게 추사박물관의 핵심적 목표입니다.

박물관의 개관작업도 매우 힘든 작업입니다만, 특별기획전에서 자료의 성격을 잘 알 수 없을 경우 가장 큰 한계를 느낍니다. 예를 들어 유물의 (절대)연대 파악, 문서나 서화에 적힌 인장 판독, 유물의 선후관계 등이 명확하지 않거나 잘 알 수 없는 경우가 가장 힘들지 않나 생각합니다. 이럴 경우 주위 전문가들에게 조언을 구합니다. 그래도 해결되지 않는 문제는 늘 머릿속에 남아 있습니다.

5 앞으로 기획하고 싶은 전시가 있다면 어떤 것인가요?

추사 김정희를 잘 드러내는 전시를 하고 싶습니다. 추사는 19세기 전반 동아시아에서 가장 국제적인 안목과 정보를 가지고 있었던 인물입니다. 한마디로 동아시아의 대표선수라는 표현이 과하지 않을 정도입니다. 그래서 추사 관련 전시를 중국, 일본, 북한을 포함한 자료를 집적·연구해 《추사를 읽다: 전환기 동아시아의 관점에서》(가제)라는 국제전을 꼭 하고 싶습니다.

6 미래의 큐레이터들을 위해 조언하고 싶은 게 있다면 무엇인가요?

"찾지 않는 한 현장은 어디에도 없으며, 깨닫지 않는 한 현실은 존재하지 않습니다." (박태순, 「서문」, 『작가기행』, 민음사, 1975)

저 기나긴 1970년대를 국토의 현장을 찾아다니며 한국인의 삶을 기록한 소설가 박태순 선생의 경구(警句)입니다. 부정 어법으로 인해 더욱 강한 어조를 보여주는 이 경구 의미를 반추하시길 빕니다.

한마디 더 하자면, '도상향동(濤上向東, 들끓는 파도의 현실 위에서라도 진리를 향하라)'하라고 애써 권하고 싶습니다. 현실에서 사실(事實, fact)과 의견(意見, idea)을 엄정하게 구분하는 지혜를 가지십시오.

7 후배들에게 보여주고 싶은 선생님의 일하는 모습 혹은 전시장 앞에서 찍은 사진이 있다면 보내주세요.

▲ 그림 3-9 :: 2017 특별기획전《추사 가문의 글씨》 개막 전시 설명
(자료: 허홍범)

▼ 그림 3-10 :: 추사박물관 2층 전시실 '제주 시절' 코너에서 권광희 주무관(우)과 함께한 허홍범 학예사(좌)
(자료: 허홍범)

허준박물관 – 박정영 학예연구사

1 선생님이 소속된 기관을 간단하게 소개해주세요.
선생님의 역할도 알려주세요.

2005년 3월 23일에 개관한 허준박물관은 허준 선생이 태어나고 성장했으며, 『동의보감』을 집필하고 돌아가신 곳으로 알려진 서울 강서구에 설립된 공립박물관입니다. 허준의 업적을 기리고자 우리나라에서 처음 문을 연 한의학전문박물관으로 보물 2점을 포함한 1,200여 점의 유물을 소장하고 있는 제1종 전문박물관입니다.

2016년에 시설노후화로 인해 박물관 내부 리모델링을 실시하고 재개관했는데, 이때 기획전시실이 신설되었습니다. 어린이 체험실이 새로 만들어져 어린이들이 한의사 체험을 해볼 수 있는 공간이 생겼고, 상설전시실은 짜임새 있는 공간으로 재탄생되었습니다. 또한 관람객들이 보다 편리하게 관람할 수 있도록 전시실 패널 내용이 수정·보완되었고, 야외 데크가 만들어져 편히 쉴 수 있는 휴게 공간이 마련되었습니다.

박물관 로비에는 『동의보감』 관련 조형물과 함께 유네스코 세계기록유산 및 국보 『동의보감』에 대한 정보를 얻을 수 있는 정보검색대가 설치되었고, 체험교육실을 신설해 초등학생들이 편하게 교육받을 수 있는 쾌적한 교육공간이 생겼습니다. 박물관 옥상에는 한강이 내려다보이는 옥상정원과 『동의보감』에 소개된 약초 120여 종의 식물이 심어져 있는 약초원이 꾸며져 있어, 학생들이 언제든지 약초를 관찰할 수 있는 자연학습장으로 이용되고 있습니다.

허준박물관은 허준 관련 자료를 수집하고 업적을 기리는 사업과 아울러 강서구민의 휴식공간과 문화향수의 장으로서 역할을 수행하면서 쉽게 찾고 친숙하며 흥미 있는 박물관이 되도록 지속적인 노력을

그림 3-11 :: 허준박물관 전경 (자료: 허준박물관)

하고 있습니다. 또한 박물관 인근에는 구암공원, 허가바위, 대한한의사협회 등이 함께 있어 한국 한의학 연구의 중요한 메카로서 자리매김하고 있습니다.

저는 허준박물관의 학예연구사로 근무하고 있으며, 1년에 두 번 특별전을 전시기획하고, 개관 기념 학술세미나를 개최하며, 유물을 관리하고, 전통문화 관련한 강좌인 〈박물관대학〉, 건강 관련 강좌인 〈허준건강의학교실〉 등 성인을 대상으로 하는 교육 프로그램을 기획, 진행하고 있습니다. 또한 박물관에서 판매하는 문화상품도 개발하고 허준 축제, 학교연계 체험 프로그램 등을 진행하고 있습니다. 박물관에서 발간하는 박물관 관람학습지, 특별전 도록, 강의집 등 각종 출판물을 제작하고 있습니다.

2 선생님은 어떻게 큐레이터라는 직업에 입문하게 되었나요? 그리고 전공이나 특별하게 수학하신 내용이 있다면 알려주세요. 후배들이 그 길을 찾아갈 수 있게요.

제가 대학 입학시험을 치를 때는 선지원 후시험 제도로, 자신이 가고 싶은 학교, 학과로 지원하고 그 학교에 가서 시험을 보는 입학 제도였습니다.

내가 무엇을 좋아하나 고민하다가 역사와 미술을 좋아한다는 사실을 깨달았습니다. 역사와 미술을 같이 공부할 수 있는 학과가 무엇이 있을까 알아보다가 '고고미술사학과'가 있다는 것을 알게 되었고, 고려대학교 고고미술사학과에 입학하게 되었습니다. 대학교에서 고고학, 한국도자사, 불교미술사, 한국회화사, 일본미술사, 중국회화사, 중국불교미술사 등 다양한 과목의 수업을 수강했습니다. 그리고 학교 정규 과정 중 하나로 4년 동안 전국에 있는 유적지, 박물관 등으로 답사를 다녔습니다. 그 후 미술사 중에서 회화에 관심이 있어 더 공부를 하게 되었고, 중국, 일본 등지의 역사유적지로 해외 답사도 다녀왔습니다. 학부와 석사 때 일본어와 중국어를 배웠는데 다양한 외국 서적을 보고 공부하는 데 많은 도움이 되었습니다.

학부생일 때 고려대학교박물관에서 자원봉사로 활동하다가 박물관에서 근무하는 선생님들을 통해 학예연구사(큐레이터)가 있다는 것을 알게 되었고, 석사를 마치고 국립현대미술관에서 인턴을 하고, 고려대학교박물관에서 연구원으로 근무를 하면서 학예사 자격증을 취득했습니다. 그 후 좀 더 공부를 하고 싶어 숙명여대 대학원에서 박사과정을 수료했으며, 현재는 허준박물관 학예연구사로 근무하고 있습니다.

3 큐레이터로서 가장 보람을 느낀 순간은 언제이며,
어떤 일을 하실 때인가요? 이왕이면 좀 자세하게 알려주세요.
후배들이 꿈을 가질 수 있게요.

가장 보람을 느끼는 순간은 아무래도 전시를 기획하고 첫 선을 보이는 개막식 날이지 않나 싶습니다. 자신이 기획한 전시를 많은 사람들이 관람하고 좋은 전시였다는 얘기를 들을 때가 고생 끝에 가장 큰 보람을 느끼는 때라고 할 수 있습니다.

가장 기억에 남는 전시는 국립민속박물관과 함께 실시한 공동기획전 《약장, 건강을 염원하다》를 들 수 있습니다. 국립민속박물관에서 실시하는 공모사업에 공모한 뒤 기획전에 대한 전시 브리핑을 한 후 공동기획전 대상기관으로 선정되고, 전시를 개최하는 일련의 과정이 힘들었지만 가장 알차고 기억에 남는 전시라고 할 수 있습니다. 또한 국립민속박물관은 어떤 식으로 업무를 하고 전시를 진행하는지를 배울 수 있는 좋은 기회였고 저 또한 한 걸음 도약할 수 있는 계기가 된 것 같아서 힘들지만 보람된 순간이라고 할 수 있습니다.

2006년 허준박물관에 근무하면서 처음으로 만든 책인 『재미있는 허준박물관』 관람학습지가 발간되었을 때가 가장 기억에 남습니다. 이 책은 초등학생을 대상으로 박물관 전시실을 관람하면서 풀 수 있는 학습지이자 박물관 안내서입니다. 이 책은 다른 박물관이나 체험학습 업체에서도 벤치마킹할 정도로 인기가 많았습니다. 이후에 유치원생을 위한 『즐거운 허준박물관』 관람학습지도 만들어 유치원생들도 어려운 한의학을 쉽게 접할 수 있도록 했습니다.

또한 영·중·일 3개 국어로 허준박물관을 소개하는 박물관 안내 책자를 제작해 박물관을 찾는 외국인들에게 한의학을 쉽게 접하고 허준 선생에 대한 이해를 높이는 데 도움이 되는 책을 만들었을 때도 보람을 느꼈습니다.

4 전시 혹은 교육 프로그램을 기획할 때 스스로의 한계를 느끼거나 상황의 어려움을 느끼는 순간은 언제이며 어떻게 대처하시나요?

매년 전시기획을 할 때마다 한계를 느끼고 힘든 순간이 찾아오는 것 같습니다. 그때는 주위의 전문가를 찾아 조언을 구하거나 감수를 받는 것이 가장 어려운 상황을 이겨내는 좋은 방법이라고 생각합니다.

특히 2016년 박물관 내부 리모델링을 실시하면서 제 전공이 한의학이 아닌데 한의학 전시를 기획 및 진행해야 했기 때문에 많이 힘들었습니다. 제게는 이런 종류의 한의학 관련 체험 전시물이 있었으면 하는 아이디어가 있지만 실제적으로 검증된 전시물을 만들 때는 한의학 전문가의 적극적인 도움을 청하고 받는 것이 가장 중요하다고 생각되어 대한한의사협회, 사상체질 전공 한의사, 한의과대학 교수님 등 다양한 분야의 전공 선생님들의 도움을 받았습니다. 이렇게 어린이들이 체험할 수 있는 전시물을 만들었을 때가 힘들지만 보람이 있었습니다.

예를 들면 박물관 어린이 체험실에는 혈자리 체험이 있습니다. 아이들이 혈자리를 찾아 침을 놓아보는 체험을 할 수 있도록 하기 위해, 한의사의 도움을 받아 아이들이 알면 좋은 혈자리와 정확한 위치를 조언 받아 인체 모양의 동인 전시물을 제작했습니다. 그렇지만 혈자리 체험 전시물은 어린이들의 극성에 나무 침이 하루에도 수십 개나 부러지고, 고장이 발생하기 일쑤였습니다. 그래서 '아! 나무 침 말고 쇠침으로 바꾸면 괜찮겠구나' 하고 쇠침으로 바꾸어 혈자리 체험을 실시했는데, 어린이들이 쇠침을 휘어놓고 전시물을 망가뜨리는 일이 종종 발생했습니다. 결국 혈자리 체험은 버튼식으로 바뀌면서 침을 직접 놓아볼 수는 없게 되었지만 혈자리 버튼을 눌러보면서 인체를 이해하는 데 도움이 되는 전시물을 만들 수 있게 되었습니다.

전시 및 교육 프로그램을 기획할 때 아이디어가 떠오르지 않거나

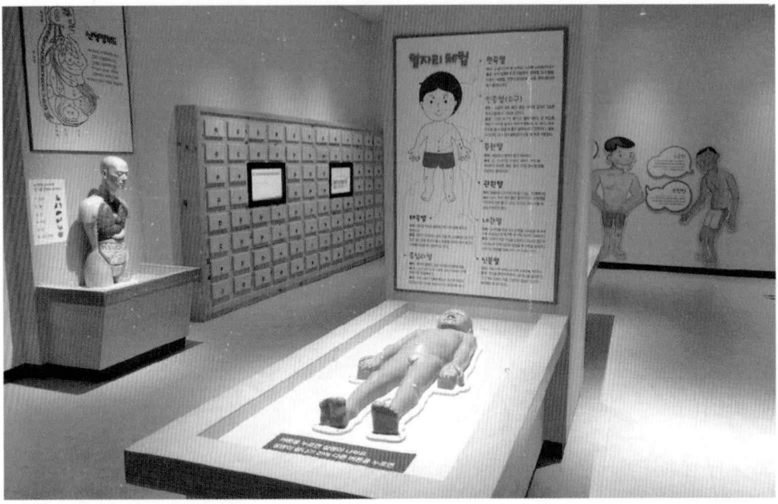

그림 3-12 :: 허준박물관 혈자리 체험존

어려움을 느끼면 타 기관에서 개최되는 특별전을 관람하는 것이 큰 도움이 됩니다. 타 박물관에서 개최되는 특별전을 관람하면서 아이디어를 얻고 전시기법을 배울 수 있는 좋은 기회가 되기 때문에 다른 기관의 전시를 자주 보러 가려고 노력합니다.

박물관 전시를 관람할 때는 전시물만 보지 마시고, 조명, 레이블(네임텍), 파티션, 받침대, 리플렛, 포스터 등 전시 기법을 보면서 다양한 시각으로 전시를 보면 그동안 보이지 않던 것들이 보이게 됩니다. 여기서 느낀 좋은 점들을 우리 박물관에 적용해보려고 노력하다 보면 한 단계씩 발전하게 된다고 생각합니다.

5 앞으로 기획하고 싶은 전시가 있다면 어떤 것인가요?

지금까지 우리 박물관은 자체 유물만 가지고는 기획전을 개최하기가 어려워서 다른 박물관에서 유물을 대여해 특별전을 실시했습니다. 타 기관에서 유물을 대여하는 것이 어렵고 힘들어서 유물 위주의 전시에서 벗어나 올해는 지금까지 해보지 않았던 현대 민화작가들의 작품을 전시하는《장생을 위한 염원》특별전을 기획했습니다. 현대 민화작가들의 십장생 및 장수를 염원하는 작품을 전시해 호평을 받았습니다.

이와 비슷한 맥락에서 여럿이 모이면 시너지가 발생하는 것처럼 하나의 주제로 여러 박물관이 모여서 연합전을 개최하면 좀 더 양적·질적으로 내용이 풍부한 전시가 되지 않을까 하는 생각에 연합전을 해 보고 싶습니다.

6 미래의 큐레이터들을 위해 조언하고 싶은 게 있다면 무엇인가요?

우선 유물이나 작품에 대한 기본 지식과 애착이 가장 중요하다고 생각됩니다. 이런 기본 마음가짐을 가지고 다양한 경험과 좋은 전시를 많이 보러 다니는 것을 추천합니다. 폭넓게 여러 분야의 책을 많이 읽어서 글쓰기 연습이 되어 있으면 좋겠습니다. 박물관에서 근무하다 보면 축사, 발간사, 전시를 열며, 초청장, 패널 등 다양한 글을 쓰게 되는 경우가 많이 있습니다. 이럴 때 글을 잘 쓸 수 있다면 훨씬 수월하게 일을 할 수 있습니다.

요즘 박물관에서는 내국인뿐만 아니라 외국인 관광객을 적극 유치하기 위해 외국인을 위한 체험 프로그램을 기획·운영하고 있습니다. 이런 상황에서 어느 정도의 외국어 공부는 필요하다고 생각됩니다.

일례로 강서구는 의료관광특구로 지정되어 관광과 의료를 함께 활성화시키려고 의료기관과 박물관이 상호 협력해 프로그램을 만들고 협력하고 있습니다. 일을 하다 보면 여러 기관과 같이 상호 협력해 일을 하게 되는 경우가 생기게 됩니다. 협동심과 이해심, 배려심과 상호

존중이 있어야 좋은 파트너로서 서로 일을 즐겁게 할 수 있습니다. 이런 점을 잊지 말고 준비하면 앞으로 좋은 큐레이터가 되리라고 생각합니다.

7 후배들에게 보여주고 싶은 선생님의 일하는 모습 혹은 전시장 앞에서 찍은 사진이 있다면 보내주세요.

사진은 학생 도슨트(전시해설사) 교육을 하는 모습입니다. 어린 학생들이 박물관 전시 해설을 통해 새로운 경험을 하고 보람을 찾는 것을 발견하면 매우 기쁩니다.

그림 3-13 :: 학생 도슨트 교육 중인 박정영 학예연구사

3) 사립박물관 · 사립미술관

「박물관미술관법」 제4장에서는 사립박물관과 사립미술관의 설립과 육성에 대해 다음과 같이 명기하고 있다.

제4장 사립박물관과 사립미술관

제13조(설립과 육성) ① 법인·단체 또는 개인은 박물관과 미술관을 설립할 수 있다. 〈개정 2007. 7. 27.〉

② 국가나 지방자치단체는 제1항에 따른 박물관 및 미술관의 설립을 돕고, 문화유산의 보존·계승 및 창달(暢達)과 문화 향유를 증진하는 문화 기반 시설로서 지원·육성하여야 한다.

③ 사립박물관과 사립미술관은 제1조 및 제2조에 따른 목적과 기능에 맞도록 설립·운영하여야 한다.

사립박물관 및 사립미술관이란 「민법」, 「상법」 기타 특별법에 의해 설립된 법인, 단체 또는 개인이 설립, 운영하는 박물관·미술관이다. 대부분 다양한 동기와 컬렉션에서 시작되어 한 가지 주제를 특색 있게 전시하는 전문 박물관의 형태를 띠고 있다.[18] 2017전국문화기반시설총람에 따르면 현재 우리나라에는 국공립박물관이 388개관, 국공립미술관이 57개관, 사립박물관이 361개관, 사립미술관이 157개관, 대학박물관이 104개관, 대학미술관이 15개관으로 박물관 합계는 853개관, 미술관 합계는 229개관, 박물관과 미술관의 총계는 1,082개관이다. 다시 말해 국공립 박물관·미술관은 445개관, 사립 박물관·미술관은

18 양지연 외, 「사립박물관 비영리법인화 및 발전방안 연구」, 한국미술기획경영연구소, 2011, 9쪽.

518개관, 대학 박물관·미술관은 119개관이다.[19] 이 가운데 사립 박물관·미술관은 전체의 약 47.9%를 차지하고 있으며, 개성 있고 특색이 있는 컬렉션을 보유하고 다양한 체험 프로그램을 펼치고 있어 대중의 관심과 방문횟수가 증가하는 상황이다.

이제 사립박물관에 종사하는 명인박물관 박진선 학예사, 코리아나화장박물관 이지선 학예사, 초전섬유·퀼트박물관 주선 학예사, 환기미술관의 김예진 학예사를 통해 그들의 직업 세계로 들어가보고자 한다.

명인박물관 - 박진선 학예연구실장

1 선생님이 소속된 기관을 간단하게 소개해주세요.
선생님의 역할도 알려주세요.

저는 북촌에 있는 명인박물관에 학예연구실장으로 근무하고 있습니다. 저희 박물관은 가면 전문박물관입니다. 관장님께서 세계를 돌며 모아오신 세계의 가면과 민속조각품이 전시되어 있습니다.

2 선생님은 어떻게 큐레이터라는 직업에 입문하게 되었나요?
그리고 전공이나 특별하게 수학하신 내용이 있다면 알려주세요.
후배들이 그 길을 찾아갈 수 있게요.

저는 학부에서 민속학을 전공하고 민속박물관에서 6개월간 인턴 생활을 했습니다. 이후에 박물관협회에서 진행하는 학예인력지원 사업을 통해 사립박물관에서 정직원으로 근무하게 되었습니다. 학예

19 문화체육관광부, 앞의 보고서, 2008, 9쪽.

그림 3-14 :: 명인박물관 내부 모습 (자료: 박진선)

사는 유물 관리, 전시, 체험교육 등 여러 방면에서 일을 하면 할수록 공부를 하고 배워야 할 것들이 많아지는 직업입니다. 저도 혼자서 여러 가지 자료를 찾아보기도 하고 동료 학예사들에게 물어보기도 하면서 일을 했지만 부족함을 느껴 대학원에 진학해 박물관학을 전공했습니다.

3 큐레이터로서 가장 보람을 느낀 순간은 언제이며,
어떤 일을 하실 때인가요? 이왕이면 좀 자세하게 알려주세요.
후배들이 꿈을 가질 수 있게요.

전시를 준비하는 과정이나 체험학습을 준비하는 과정들이 힘들 때도 있지만 관람객들이 박물관의 전시를 보거나 체험학습에 참여하고 전시가 재미있었다든가, 교육이 재미있었다든가 하면서 말을 걸어주실 때 보람을 느낍니다.

4 전시 혹은 교육 프로그램을 기획할 때
스스로의 한계를 느끼거나 상황의 어려움을 느끼는 순간은
언제이며 어떻게 대처하시나요?

그런 순간은 꽤 많습니다. 매번 새로운 전시를 해야 한다는 건 힘듭니다. 특히나 박물관의 주제가 한정적인 곳은 전시 주제의 폭이 좁아 기획의 한계가 있습니다. 몇 년 전에 했던 주제를 유물만 바꿔서 전시를 한다든지 하는 경우도 있습니다. 저 같은 경우는 갑자기 생각해내려고 하면 아무것도 안 떠오르는 성격이기 때문에 평소에 떠올랐던 생각을 모으는 편입니다. 다른 박물관의 전시를 본다거나 세계의 탈과 민속조각품들에 대한 정보나 아이디어를 얻기 위해 해외여행 프로그램 방송이나 다큐멘터리 프로그램 방송을 봅니다.

5 앞으로 기획하고 싶은 전시가 있다면
어떤 것인가요?

제가 근무하는 박물관은 가면을 주제로 한 박물관이다 보니 처음 방문하신 분들 중에는 무섭다고 못 들어오시는 분들도 계십니다. 그러나 아프리카 가면 같은 경우는 해외의 유명 화가들이 작품의 모티브로 사용했을 만큼 예술적 감각이 뛰어난 것들도 있습니다. 그러나 박물관이 협소하다 보니 여러 가지 기획을 하는 데 어려움이 있어 기회가 된다면 조금 더 넓은 공간에서 디지털콘텐츠라든지 여러 가지 방법을 활용해 유물을 잘 알리는 전시를 만들고 싶습니다.

6 미래의 큐레이터들을 위해
조언하고 싶은 게 있다면 무엇인가요?

박물관에서 학예사는 여러 가지 업무를 동시에 해야 합니다. 전시, 교육, 유물 정리는 가장 기본적인 일이고 그 외에도 학예사의 손

이 가야 하는 일은 굉장히 많습니다. 특히나 사립박물관은 '학예사가 이런 일까지 해야 되는 거야?' 하는 생각이 들 정도로 모든 일을 학예사들이 해야 합니다. 어떤 때는 스스로 한계를 느끼기도 하지만 그 안에서 즐거움과 보람을 찾는 것이 가장 중요하다고 생각합니다.

7 후배들에게 보여주고 싶은 선생님의 일하는 모습 혹은 전시장 앞에서 찍은 사진이 있다면 보내주세요.

박물관 유물이 외부로 나가서 교류전시를 하게 되면 유물을 다 종이로 포장하고 외부의 미세한 충격에도 다치지 않도록 해야 합니다. 사진 속 모습은 교류 전시를 위해 유물을 포장하는 장면입니다.

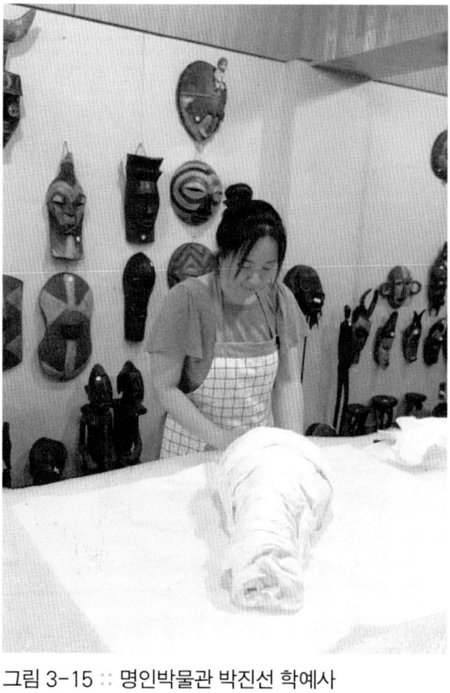

그림 3-15 :: 명인박물관 박진선 학예사

코리아나화장박물관 – 이지선 학예사

1 선생님이 소속된 기관을 간단하게 소개해주세요.
선생님의 역할도 알려주세요.

저는 코리아나화장박물관 학예사 이지선입니다. 코리아나화장박물관은 한국 옛 여인의 화장문화를 보존하고 널리 알리고자 설립한 국내 최대 규모의 전문 화장박물관입니다. 코리아나 화장품의 창업자인 유상옥 회장이 지난 40년간 소중하게 모아온 컬렉션을 기반으로 운영하고 있습니다. 박물관은 남녀 화장도구를 비롯해 화장용기, 장신구 및 생활문화에 관련된 유물 300여 점을 전시해 한국 화장의 역사와 문화를 한자리에서 감상할 수 있도록 했을 뿐 아니라, 전통천연화장재료와 제조도구를 함께 전시해 선인들의 지혜와 미감을 체험할 수 있도록 했습니다.

또한, 전통화장품 만들기 체험 프로그램을 통해 한국의 화장문화에 대한 이해의 폭을 넓히고 전통문화를 배울 수 있는 기회를 제공하는 데 큰 기여를 하고 있습니다.

그림 3-16 :: 코리아나화장박물관 내부
(자료: 이지선)

2 선생님은 어떻게 큐레이터라는 직업에 입문하게 되었나요?
그리고 전공이나 특별하게 수학하신 내용이 있다면 알려주세요.
후배들이 그 길을 찾아갈 수 있게요.

학부 때 민속학을 전공하면서 자연스럽게 학예사라는 직업에 관심을 갖게 되었습니다. 이후 대학원에 진학해 보다 전문적인 공부를 할 수 있었고, 석사 수료 후 박물관협회에서 주관한 박물관 청년인턴사업에 참여하면서 본격적으로 박물관에서 근무하게 되었습니다. 현행 학예사자격증 제도에 의하면 대학원 졸업 후 경력 인증기관에서 2년 이상의 근무경력이 있으면 자격증을 신청해 심사를 받아 자격이 적격이라고 판단되면 3급 정학예사 자격증이 나오는데, 제 경우 대학원 진학 전, 준학예사 시험도 합격을 해놓은 상태라 1년의 인턴 큐레이터 과정을 마친 후 준학예사 자격증을 바로 취득할 수 있었습니다. 그래서 인턴 근무 종료 후 실습기관의 등록학예사로 계속 근무할 수 있었습니다.

3 큐레이터로서 가장 보람을 느낀 순간은 언제이며,
어떤 일을 하실 때인가요? 이왕이면 좀 자세하게 알려주세요.
후배들이 꿈을 가질 수 있게요.

무수히 나열된 유물 속에서 스토리를 만들고, 그 이야기를 좀 더 유익하고 재미있게 풀어내기 위해 다방면의 자료를 찾아 하나의 전시로 만들어내는 것이 가장 즐겁습니다. 전시 개막 이후 관람객들에게 박물관 유물을 보는 것이 이렇게 재미있을 줄 몰랐다는 얘기를 들을 때 가장 보람을 느낍니다.

4 전시 혹은 교육 프로그램을 기획할 때 스스로의 한계를 느끼거나 상황의 어려움을 느끼는 순간은 언제이며 어떻게 대처하시나요?

전시를 준비하는 매번, 모든 순간마다 한계를 느끼고 있습니다. 전시 주제에 적합한 유물 선정이 어려울 때, 관련 자료를 찾기 어려울 때, 인쇄물 디자인 작업을 할 때, 전시 제목을 정할 때까지 한순간도 쉽게 되는 것이 없기 때문에 항상 이 길이 맞는 길인가 생각하고 또 생각합니다. 그럴 땐 다른 학예사들에게 도움을 얻기도 하고, 좀 더 넓은 시각을 가질 수 있도록 다양한 분야의 책을 보면서 도움을 얻고 있습니다.

5 앞으로 기획하고 싶은 전시가 있다면 어떤 것인가요?

근무하고 있는 곳이 화장박물관이다 보니 화장문화와 관련한 다양한 전시를 해보고 싶습니다. 특히, 근래 들어 한국 화장품과 화장법을 일컫는 K-뷰티가 널리 퍼지면서, 우리나라뿐만 아니라 각 문화권에서 볼 수 있는 다양한 화장문화를 비교하는 전시를 해보고 싶습니다.

6 미래의 큐레이터들을 위해 조언하고 싶은 게 있다면 무엇인가요?

박물관에서 근무를 하다 보면 학예사가 되고 싶어 하는 학생 및 일반인을 많이 만나게 됩니다. 대부분 외국 여행길에 들렀던 박물관을 보거나, 미술사 수업을 듣다가 흥미를 느껴서, 심지어는 영화와 드라마 속 큐레이터라는 직업이 멋있어 보여서라는 대답을 많이 들었습니다. 그러나 이 분야는 단순한 흥미만 갖고 다가와서는 안 되는 분야라고 생각합니다. 영화를 보거나 이야기를 듣는 데서 오는 관심과 호기심은 박물관과 미술관을 찾아다니며 문화적 소양을 쌓는 것으로 충분히 충족된다고 생각합니다. 이 분야에서 일하고자 한다면, 좀 더 냉정하게 현실을 바라볼 필요가 있습니다. 조언해줄 선배가 없다면, 박물관 자원봉사활동을 통해 박물관이나 미술관 현장을 반드시 경험해보기 바랍니다.

7 후배들에게 보여주고 싶은 선생님의 일하는 모습 혹은 전시장 앞에서 찍은 사진이 있다면 보내주세요.

코리아나화장박물관이 2014년에 오사카한국문화원에서 《자연을 닮은 아름다움, 한국의 화장문화》 오사카전을 개최해 5세기경부터 근대까지의 화장도구와 장신구 등 화장과 관련된 유물 100여 점을 전시했습니다.

〈봉선화 물들이기〉나 〈전통향유 만들기〉 등의 체험 프로그램도 진행했습니다. 그 당시에 현지의 일본인, 재일교포 등이 많이 와서 한국의 화장문화를 관람하고 체험하는 기회를 가졌습니다.

그림 3-17 :: 체험 프로그램을 진행 중인 이지선 학예연구사(2014. 5. 9~20, 오사카 한국문화원 미리내갤러리) (자료: 오사카 한국문화원)

초전섬유·퀼트박물관 – 주선 학예연구사

1 선생님이 소속된 기관을 간단하게 소개해주세요.
선생님의 역할도 알려주세요.

남산 기슭에 위치한 초전섬유·퀼트박물관은 지난 1998년 10월 27일에 개관한 박물관으로서, 다양한 국내외 섬유예술작품들을 보유한 국내 유일의 섬유예술박물관입니다.

박물관의 설립자인 김순희 관장은 사라져가는 한국 전통 조각보 기법의 전승과 한국섬유예술의 세계화라는 생애 목표를 이루고자 수도 서울의 심장부인 남산 끝자락에 본 섬유예술박물관을 개관했습니다. 저희 박물관은《세계의 전통섬유직물전》등 퀼트와 텍스타일 분야를 넘나드는 다양한 기획전들을 다수 개최했습니다. 젊은 세대들에게 민족의 우수한 전통 섬유예술 전수해 세계로 발돋움할 수 있는 기반이 되어주고자 합니다. 또한 국내의 기존 섬유예술작가들에게 해외 각국의 독특한 섬유예술을 소개함으로써 새로운 기법과 아이디어를 얻음

그림 3-18 :: 초전섬유 · 퀼트박물관 전시장 (자료: 초전섬유 · 퀼트박물관)

과 동시에 폭넓은 안목, 국제적인 감각을 키울 수 있는 기회를 제공하고자 합니다.

2 선생님은 어떻게 큐레이터라는 직업에 입문하게 되었나요?
그리고 전공이나 특별하게 수학하신 내용이 있다면 알려주세요.
후배들이 그 길을 찾아갈 수 있게요.

저는 예원학교에서 미술을 전공했고 대일외국어고등학교에서 프랑스어를 전공했습니다. 대학은 일본에서 복장사회학(패션마케팅과 머천다이징)을 전공했고 대학원 석사과정에서는 피복(의상: fashion)학을 전공하고 박사과정에서는 피복(의상)환경학을 전공하며 사회학, 철학, 심리학, 문화인류학 등의 다양한 접근법으로 의상(fashion)을 연구, 조사했습니다.

고등학교 시절부터 언어에 대한 관심이 컸기 때문에 영어, 프랑스어를 좋아했으며 일본에 건너간 후에도 석사과정을 다니며 일본어 교사 양성과정을 병행하며 공부했고 외국인에게 한국어와 한국 문화를 가르칠 수 있는 한국어 교사 양성코스도 수료했습니다. 아마 교육행정학을 전공하고 편물명장 1호이신 어머니의 영향이 매우 컸던 것 같습니다. 어머니가 유년 시절부터 자연스럽게 미술, 섬유, 패션, 교육, 언어 쪽으로 길을 열어주신 것 같습니다.

그리고 석사과정 때 박물관이 개관을 맞이했기 때문에 일본과 한국을 오가며 박물관 관련 업무(기획과 교류)를 자연적으로 하게 되었습니다. 박물관 개관과 동시에 첫 기획전인 일본 국제 퀼트 콘테스트 공모전 입상작 전시를 시작으로 다년간에 걸친 한·일 친선문화교류패션쇼, 시무라 후쿠미 모녀 일본전통염색전 등을 함께 기획, 전시하게 되었습니다.

2005년 3월에 박사학위를 취득하고 한국으로 돌아와 본격적인 박물관 업무를 시작하게 되어 2007년에 박물관 정학예사 자격증 3급을 취득하고 2015년 정학예사 2급 자격증을 취득했습니다. 같은 해 6월 24일에는 한·일 국교 정상화 50주년을 맞이해 덕혜옹주 유품 7점이 한국에 기증되며 큰 가교 역할을 한 본관 김순희 관장님이 은관문화훈장을 수상했습니다. 곁에서 기증에 이르기까지 조력자 역할을 하며 임무를 수행한 공으로 박물관발전유공자 문화체육관광부장관 표창을 받게 되었습니다. 10년을 넘게 관장님 곁에서 다양한 전시와 교육 프로그램을 기획하며 업무수행에 있어 사람들과의 인연을 중요시하며 정확하고 세밀하게 그리고 꾸준히 성실하게 묵묵히 임하는 자세를 배운 것 같습니다.

3 큐레이터로서 가장 보람을 느낀 순간은 언제이며,
어떤 일을 하실 때인가요? 이왕이면 좀 자세하게 알려주세요.
후배들이 꿈을 가질 수 있게요.

요즘에는 자유학기제, 진로체험, 박물관 탐방 등의 일환으로 '패션산업(섬유: textile)' 또는 '학예사'라는 직업을 소개하고 업무 내용(소장품 관리와 환경)에 대해 이야기하고 질의응답을 갖는 시간이 종종 있습니다. '어떻게 하면 학생들이 학예사란 직업에 흥미가 생기고 한번 해보고 싶다는 마음이 생길까', '섬유, 패션에 관련된 콘텐츠에 관심을 가질까'라는 고민 끝에 이 직업에 대한 적성, 자격요건 등을 제 경험을 바탕으로 적극적으로 소개하며 타 분야에 관심과 흥미가 있는 친구들을 위해 타 박물관 등도 알립니다. 이때 학생들로부터 받는 질문에 대해 성심성의껏 답변하고 학생들과 소통할 때, 그리고 저에게 그에 대한 감사의 마음을 표현할 때 보람을 느낍니다. 또한 좋은 전시와 체험교육 프로그램이라는 칭찬과 격려의 설문지 내용을 볼 때도 기쁘고 이 일에 종사하길 참 잘했다고 생각합니다. 2년 전에 학예사와의 인터뷰 시간

에 학생들과 다양한 대화를 나누고 학교로 돌아간 중학교 반 친구들 모두가 손글씨로 한 장씩 소감문을 관장님과 저에게 우편으로 보내와 격하게 감동을 받은 적이 있습니다. 그리고 외국인 관람객들과도 소통하면서 우리 전통문화의 아름다움을 소개하고 본국으로 돌아가 이메일로 본인의 작품 사진과 자료를 보내오거나 자국의 민속인형을 전달하거나 관람 소감과 관람에 대한 고마움을 표현할 때도 뿌듯하고 자랑스럽습니다.

4 전시 혹은 교육 프로그램을 기획할 때
스스로의 한계를 느끼거나 상황의 어려움을 느끼는 순간은
언제이며 어떻게 대처하시나요?

교육체험 프로그램은 90~120분이라는 한정된 시간 내에 박물관의 좋은 전시와 양질의 교육을 제공해야 한다고 생각합니다. 학생들의 전시 관람 이해를 돕기 위한 지식 전달, 전시를 관람하고 얻은 지식과 기술과 경험을 통해 창의적인 체험활동의 효과성을 제고시키는 것은 실로 어렵습니다. 개개인의 진로, 직업 활동에 좋은 영향을 줄 수 있고 되도록 교과서와 연계되는 내용으로 구성합니다. 참신한 아이디어로 학생들의 머리와 마음과 오감을 자극하며 단순한 지식 전달이 아닌 무엇을?(what) 어떻게?(how) 왜?(why) 등의 다양한 열린 질문을 통해 흥미 유발에 힘쓰고 있습니다. 학생들과 선생님들의 설문통계를 통해 개선안과 발전방향을 모색하고 해결을 위해 다각적으로 시도하도록 노력하고 있습니다. 일방이 아닌 '소통' 속에 이루어지는 교육으로 박물관이 지니고 있는 사회문화적 역할을 다할 수 있도록 더욱더 노력하며 발전을 기대합니다.

5 앞으로 기획하고 싶은 전시가 있다면 어떤 것인가요?

2016년 개관 18주년 기념 《뉴욕퀼트 — 서울 초전에》(Newyork Quilt — Chojun Seoul) 특별전을 전시·기획했습니다. 뉴욕섬유스터디그룹(TSGNY: Textile Study Group of New York)의 작가들은 66점의 전시 작품을 통해 현대 섬유·퀼트의 경향과 다양한 재료 및 표현기법을 선보였습니다. 또한 스위스 출신 작가 루트 마르케세(Ruth Marchese)가 한국 보자기에서 영감을 받고 재해석한 작품을 통해 한국 보자기의 세계 속 역할을 볼 수 있는 좋은 기회가 되었습니다.

초전섬유·퀼트박물관의 김순희 관장은 덕혜옹주 복식을 소장해 온 일본 학교법인 문화학원 박물관 오오누마 이사장과의 50여 년간 교류로 2012년 국립고궁박물관에서 덕혜옹주 탄생 100주년·환국 50주년을 기념해 개최된 덕혜옹주 특별전을 유치하는 데 가교 역할을 했습니다. 또한 2015년 6월 24일에는 한·일 국교정상화 50주년을 맞이해 덕혜옹주 유품 7점이 한국에 기증되었는데, 이는 오오누마 이사장과

그림 3-19 :: 덕혜옹주 복식 기증특별전 (자료: 주선)

오랜 교분을 쌓아온 김순희 관장의 꾸준한 설득 끝에 결정된 것이었습니다. 일본 도쿄 주일한국문화원에서 오오누마 스나오 이사장과 나선화 문화재청장이 복식 기증 양해각서를 체결했고 유품들은 국립고궁박물관에 보관됐습니다. 같은 날, 김순희 관장은 주일한국문화원에서 한·일 국교정상화 50주년 특별기획전《조선왕조 궁중의상 및 예복 장식과 수보자기》전을 개최해 우리 궁중의 멋과 품격을 알렸으며 일본 현지에서 높은 평가를 받았습니다.

2017년에는 개관 19주년 기념《조선왕조 궁중의상과 덕혜옹주 복식복원 특별전》을 개최했습니다. 이 전시는 대한제국 초대 황제 고종의 고명딸인 덕혜옹주가 일본에 머물 때 남긴 복식 유품이 한국에 돌아온 지 2년을 기념해 기획되었습니다.

전시에는 당시 우리나라에 돌아온 덕혜옹주 복식유품인 녹색 당의와 홍색 스란치마, 진분홍 저고리와 풍차바지, 노랑 반회장저고리와 분홍치마, 명주 단속곳 등 30여 벌을 재현했습니다. 이를 통해 덕혜옹주의 생애를 더듬어보고 궁중 복식문화를 배우는데 귀중한 기회가 되

길 바라며 우리의 아름다운 전통복식이 보존되고 계승되길 기대합니다. 2016년과 2017년에 오랫동안 기획해왔던 전시회가 많은 관심과 격려 속에 마쳤고 진행되고 있습니다. 이와 같은 큰 의미를 갖는 전시회를 앞으로도 다양하게 기획, 전시하고 싶습니다.

6 미래의 큐레이터들을 위해
조언하고 싶은 게 있다면 무엇인가요?

다양한 박물관이 한국에 존재하듯 각 박물관의 특색과 전시, 교육체험 프로그램도 다양하다고 생각합니다. 세계 여러 나라의 박물관을 방문해 이를 보고 경험하고 느낀 점과 자기의 생각을 정리하고 때로는 의문을 가지고 바라보는 연습을 많이 했으면 좋겠습니다. 다문화를 다루고 이해하는 것에는 그 나라의 사회적, 문화적, 역사적 환경이 기초가 됩니다. 그 나라 언어를 포함한 기후, 풍토, 역사, 문화에 관심과 흥미가 있다면 그 나라를 이해하고 다가가기가 쉽습니다. 또한 사람들과의 다양하고 소중한 만남도 중시하며 함께 공존하는 방법을 항상 염두하고 준비하면 수월할 것이라 생각됩니다.

아마 대다수의 박물관 전문직 준비생과 관계자 여러분들도 위치한 자리에서 많은 어려움들을 겪고 있을 거라 생각됩니다. 저도 10년 넘게 종사하며 다양한 경험과 소중한 인연들이 만들어진 것 같습니다. '천천히 걷더라도 절대 멈추지 말자!'라는 말처럼 꾸준히 노력하며 묵묵히 그 자리를 지키면 박물관인으로서의 삶도 아름다워질 것이라 생각됩니다.

7

후배들에게 보여주고 싶은 선생님의 일하는 모습 혹은 전시장 앞에서 찍은 사진이 있다면 보내주세요.

그림 3-20 :: 퀼트 체험 프로그램을 운영하는 주선 학예연구사 (자료: 주선)

환기미술관 - 김예진 큐레이터

1

선생님이 소속된 기관을 간단하게 소개해주세요. 선생님의 역할도 알려주세요.

환기미술관은 수화(樹話) 김환기(金煥基, 1913-1974)의 예술을 보존, 연구, 전시하는 기념적 성격의 미술관으로 개관했습니다. 1987년 파리 국립조형예술센터에서 열린 《김환기의 뉴욕시대》 회고전을 기해 김환기의 부인 故 김향안 여사는 남편의 작품을 유럽의 유수한 미술관에 기증할 계획이었으나, 작가와 인연이 깊은 환경에서 전시하는 것이 의미가 있다고 판단해 한국에 미술관을 세우게 되었습니다.

미술관을 건립하기 위한 기초 작업으로 먼저 뉴욕과 파리에 있던

◀ 그림 3-21 :: 환기미술관 전경 (자료: 김예진)
▼ 그림 3-22 :: 환기미술관 본관 1층 중앙홀 (자료: 김예진)

환기재단을 서울 환기재단으로 통합하고, 미술관 건립을 모색했습니다. 미술관의 위치는 북악산 자락에 위치한 서울 종로구 부암동으로 정하고 보스톤에서 활동하고 있는 건축가 우규승이 미술관 설계를 맡았습니다. 1990년에 착공을 시작한 미술관 건축은 1992년 11월에 마무리되어 11월 5일 개관기념전《김환기 뉴욕 1963-1974》를 시작으로 현재까지 약 200여 회의 특별기획전이 진행되고 있습니다.

환기미술관은 피카소미술관이나 마티스미술관과 같이 한 작가를 기리기 위한 기념적 성격의 미술관으로서 김환기의 유화, 과슈, 드로잉, 오브제 등의 작품과 유품, 저서, 편지, 다큐멘터리 사진 등의 자료들을 폭넓게 소장하고 있습니다. 본 사료들을 통해 환기미술관에서는 이를 보존, 관리, 연구하면서 다양한 콘셉트의 '특별기획전'을 선보이고 있습니다. 더불어 환기미술관의 중요한 소장품을 중심으로 매년 4~8 차례의 특별기획전시와 연구 프로젝트, 출판사업, 교육 프로그램 등 미술관에서 담당하고 있는 문화·예술 활동을 선보이고 있습니다.

또한 김환기의 예술에만 그치는 것이 아니라, 환기미술관은 근현대 미술을 함께 아우르는 연구전시와 동시대 작가들을 지원하는 전시가 활발하게 운영되고 있습니다. 또한 환기미술관은 다양한 대상을 위한 교육 프로그램을 활발히 진행하며 전문가 교육, 사회교육과 평생교육을 실천하고 있습니다.

저는 환기미술관에서 김환기의 예술세계를 다양한 자료의 고증을 통해 시대별로 충실하게 연구하고 다양한 분야의 전문가들과 함께 새로운 시각으로 재해석하는 특별기획전을 만들어나가며, 이를 어린이부터 노인에 이르는 다양한 연령층에게 효과적으로 전달하기 위한 출판·교육 등의 업무를 담당하고 있습니다.

2 선생님은 어떻게 큐레이터라는 직업에 입문하게 되었나요? 그리고 전공이나 특별하게 수학하신 내용이 있다면 알려주세요. 후배들이 그 길을 찾아갈 수 있게요.

저는 미술이라는 테두리 속에서 학창시절을 보내며 늘 '미술'을 통해 자신을 표현하기를 즐기는 사람들과 함께였습니다. 대학에 진학하며 저는 '미술'을 통해 나를 표현하기를 즐기는 사람이기보다 그 과정을 기록하고 연구하며 소통하는 데 더욱 관심을 가지고 있음을 깨달았습니다. 한국에서 실기와 더불어 부전공으로 미술사를 공부한 후 저는 프랑스로 유학을 떠났습니다. 그곳에서 저는 문화예술 자산들이 하드웨어적인 구조로서의 중요성(한 예로 보존·복원 분야 등을 생각할 수 있음)을 잃지 않음과 동시에 전시·교육 등의 형태를 지닌 소프트웨어적인 개념으로 확대되어 많은 사람들과 소통하며 전시 스스로 재생산되고 재해석되는 현장을 경험하게 됩니다. 아울러 전시와 관람객 사이를 이어주는 다양한 형태의 매개에 대해 깊이 있게 연구하며 이를 미술관 현장에 적용하기 위해 노력하는 과정에서 큐레이터라는 직업에 자연스럽게 입문하게 되었습니다. 2006년 귀국 후 한국문화예술교육진흥원의 문화예술교육전문인력 1기로 선정되어 2007년부터 환기미술관에서 전시와 교육을 담당하는 학예사로 재직하고 있습니다.

3 큐레이터로서 가장 보람을 느낀 순간은 언제이며, 어떤 일을 하실 때인가요? 이왕이면 좀 자세하게 알려주세요. 후배들이 꿈을 가질 수 있게요.

지금 현재 환기미술관에서는《김환기 색채의 미학》이라는 전시를 진행 중에 있습니다. 이 전시는 김환기가 얼마나 치열하게 자신의 작업을 완성하기 위해 다양한 실험과 연구를 진행했는지를 보여주는 목적으로 보존과학 분야의 전문가들과 함께 작품과 김환기가 다룬 채색 재료를 과학적으로 분석하는 과정을 심층적으로 다루고 있습니다. 재료를 자신만의 기법으로 다루는 김환기의 독보적인 미학적 감각뿐 아니라 새로운 시도와 도전을 두려워하지 않았던 연구자적인 그의 모습을 관람객들이 함께 느끼고 거대한 작품 앞에서의 감동을 나누며 오랜 시간을 머무는 모습을 지켜보는 순간 큐레이터로서 보람을 느낄 수 있었습니다.

또한 2013년부터 환기미술관은 치매노인을 위한 미술관 프로그램을 진행하고 있습니다. 〈노크 프로젝트: 예술로 마음을 두드리다〉(이하 노크 프로젝트)는 일상적인 기억을 잊어가는 치매노인들에게 미술작품을 통한 새로운 시각적 자극을 선사하고 정답이 존재하지 않는 작품에 대한 감상을 공유하며 그들의 자존감을 높이고 삶의 활력을 되찾아주는 프로젝트입니다. 이러한 환기미술관의 〈노크 프로젝트〉는 뉴욕

현대미술관 MoMA에서 진행되는 치매노인을 위한 미술관 교육 프로그램(Alzheimer Project)에 초청되어 저를 비롯한 환기미술관 학예사들이 직접 뉴욕 MoMA에서 치매노인을 대상으로 프로그램을 진행했습니다. 한국을 대표하는 김환기의 콘텐츠를 활용한 전시와 교육을 국제적으로 진행하고 고령(화)시대의 미술관의 역할에 대해 함께 고민할 수 있었던 보람 있는 순간이었습니다.

환기미술관은 현재까지 지속적으로 치매노인을 위한 문화예술 프로그램을 진행하고 있으며 국내외 박물관, 미술관과의 교류협력을 통해 이 분야의 리더로서 다양한 역할을 수행하고 있습니다. 이러한 노력의 결과로 2017년 여름 환기미술관은 박물관, 미술관으로서는 최초로 중앙치매센터에서 '치매극복선도단체'로 지정되는 성과를 이끌어낼 수 있었습니다.

4 전시 혹은 교육 프로그램을 기획할 때 스스로의 한계를 느끼거나 상황의 어려움을 느끼는 순간은 언제이며 어떻게 대처하시나요?

미술관의 전시는 작가, 작품, 자료, 텍스트 등의 다양한 재료를 가지고 새로움을 느낄 수 있는 맛을 내는 하나의 음식이라고 볼 수 있습니다. 큐레이터는 각자의 고유한 맛과 향을 지닌 재료들을 오랜 시간 연구해 최상의 배합을 찾아내고 새로운 철학과 이론을 양념으로 더하는 창조적인 요리사의 위치에 있다고 생각합니다. 각자의 개성을 해치지 않는 범위 내에서 전시 안에 들어가는 다양한 재료들을 조화롭게 엮어내는 과정에서 가끔은 불협화음이 일어날 수도 있고 모두를 만족시키는 결과가 나오지 않을 수도 있습니다. 저는 이러한 어려운 상황 속에서 미술관과 전시 그리고 작품 모두 사람의, 사람에 의한, 사람을 위한 일임을 되새기며 인본주의적인 관계와 소통에 집중하고자 노력합니다.

또한 교육 프로그램 기획 시 특정한 대상을 위한 맞춤형 프로그램을 기획할 때 저 스스로 한계에 부딪힐 때가 있습니다. 예를 들어 장애우를 위한 프로그램을 준비하면서 지능 및 운동발달 장애, 언어발달 장애, 시각, 청각 등의 특수 감각기능 장애 등을 고려한 프로그램을 섬세하게 설계하기 위해서는 각 대상에 대한 전문적인 지식과 함께 그들의 상황을 깊이 있게 이해하는 충분한 경험이 필요하기 때문입니다. 이러한 특정한 대상과 함께하는 프로그램을 위해 학예사들은 항상 다양한 분야에 관심을 갖기 위해 노력하며 전문가들과 함께 세미나를 개최해 이해도를 높이고, 참여 대상자와 눈높이를 맞추고 함께 호흡해나갈 수 있는 훈련을 진행하기도 합니다.

5 앞으로 기획하고 싶은 전시가 있다면 어떤 것인가요?

김환기의 작품을 새로운 분야의 전문가들과 함께 교차 연구해 그의 삶과 예술정신을 새롭게 반추해볼 수 있는 전시를 기획하고 싶습니다. 과학과 화학, 심리학, 건축학, 문학, 철학의 관점에서 김환기의 작품을 입체적으로 연구하고 그의 예술정신이 오롯이 드러나는 전시를 긴 호흡으로 이어나갔으면 합니다. 아울러 김환기의 예술정신을 동시대 작가들과 함께 나누고 서로 영향을 주고받을 수 있는 장으로서 환기미술관은 문화예술 플랫폼의 역할을 적극적으로 수행해나가고자 합니다. 이와 함께 우리 고유의 서정성을 세계 공통의 조형언어로 표현해 전 세계적으로 주목받고 있는 김환기 예술의 정수를 국제적으로 알릴 수 있는 전시를 기획하고 있으며 이를 성공적으로 개최해나갈 것입니다.

6 미래의 큐레이터들을 위해 조언하고 싶은 게 있다면 무엇인가요?

"필기는 정확한 사람을 만들고, 담론은 재치 있는 사람을 만들며, 독서는 완성된 사람을 만든다."는 프랜시스 베이컨의 말을 미래의 큐레이터 분들에게 전해드리고 싶습니다. 큐레이터는 자신의 모든 에너지를 소비하는 업무가 아닌 독서와 깊이 있는 연구를 통해 자신의 내면을 채워가는 직업입니다. 우리 스스로 정확하면서도 재치 있는, 세심하면서도 담대한 매력을 지닌 사람으로 성장한다면 우리 안에서 파생되어 밖으로 표현되는 문화예술 활동의 매개물들이 더욱 많은 사람들의 공감을 이끌어낼 수 있을 것입니다.

더불어 미술관과 전시, 그리고 작가와 큐레이터의 범위가 전 세계로 확장된 지금 다양한 어학학습에도 에너지를 집중하라는 말씀을 드리고 싶습니다. 가능한 어학의 범위가 넓어지면 연구, 조사의 범위가 확장되고 전시, 교육, 출판, 아카이브 등 큐레이터의 활동 결과가 한층 풍성해질 것입니다.

7 후배들에게 보여주고 싶은 선생님의 일하는 모습 혹은 전시장 앞에서 찍은 사진이 있다면 보내주세요.

그림 3-23 :: 전시장에서 관람객을 이끄는 김예진 큐레이터 (자료: 김예진)

4) 대학박물관 · 대학미술관

「박물관미술관법」의 제5장에는 대학박물관과 대학미술관의 설립과 운영, 업무에 대해 다음과 같이 규정하고 있다.

제5장 대학박물관과 대학미술관

제14조(설립과 운영) ①「고등교육법」에 따라 설립된 학교나 다른 법률에 따라 설립된 대학 교육과정의 교육기관은 교육 지원 시설로 대학박물관과 대학미술관을 설립할 수 있다.

② 대학박물관과 대학미술관은 대학의 중요한 교육 지원 시설로 평가되어야 한다.

③ 대학박물관과 대학미술관은 박물관자료나 미술관자료를 효율적으로 보존·관리하고 교육·학술 자료로 활용할 수 있도록 지원·육성되어야 한다.

제15조(업무) 대학박물관과 대학미술관은 제4조제1항의 사업 외에 다음 각 호의 업무를 수행한다.

1. 교수와 학생의 연구와 교육 활동에 필요한 박물관자료나 미술관자료의 수집·정리·관리·보존 및 전시
2. 박물관자료나 미술관자료의 학술적인 조사 · 연구
3. 교육과정에 대한 효율적 지원
4. 지역 문화 활동과 사회 문화 교육에 대한 지원
5. 국·공립 박물관 및 미술관, 다른 박물관 및 미술관과의 교류·협조
6. 박물관 및 미술관 이용의 체계적 지도
7. 그 밖에 교육 지원 시설로서의 기능 수행에 필요한 업무

위의 내용에 따르면 대학박물관과 대학미술관은 대학의 중요한 교육 지원 시설이며, 교수와 학생의 연구와 교육활동을 지원하며 지역 문화 활동과 사회문화 교육을 지원하면서 교류 협력하는 기관이다. 이번에는 각 대학박물관에서 오랜 기간 근무하면서 대학은 물론이고 지

역사회에 봉사하고 기여하는 고려대학교박물관 김상덕 학예연구팀장과 전주대학교박물관 박현수 학예연구실장을 만나서 경륜이 쌓인 지혜를 배우고자 한다.

고려대학교박물관 – 김상덕 학예연구팀장

1 선생님이 소속된 기관을 간단하게 소개해주세요.
선생님의 역할도 알려주세요.

고려대학교박물관 학예부장입니다. 유물 관리, 전시, 교육, 대학 기록물 관리 등의 업무를 총괄하고 있습니다.

올해로 만 27년이 지났고 곧 28년차인데, 한 업무만 지속적으로 할 수 있게 해준 고려대학교가 고맙습니다. 전시를 비롯해 다양한 아이디어가 생기면 반영할 수 있는 여건이 좋아 이러한 아이디어를 실행할 수 있었습니다. 업무가 3~4년마다 바뀌었더라면 하지 못했을 것입니다.

2 선생님은 어떻게 큐레이터라는 직업에 입문하게 되었나요?
그리고 전공이나 특별하게 수학하신 내용이 있다면 알려주세요.
후배들이 그 길을 찾아갈 수 있게요.

저는 박물관 학예사, 큐레이터로 1990년부터 근무하고 있습니다. 학부에서는 역사교육을 전공했고, 대학원 진학하려고 할 때 조선시대 역사 쪽으로 관심이 많았습니다. 사료를 많이 봐야 해서 교수님 소개로 지방에 있는 서당에서 한문을 공부했는데, 그것만으로는 부족했습니다. 사료를 보면 해석이 잘 안 되고 한 페이지 해석하는 데 하루 종일 걸려서, 이 상태로 대학원 가도 의미가 없겠다 싶었고 대학원 시험

▲ 그림 3-24 :: 이동하는 엘리베이터에서 바라본 고려대학교박물관 건물 모습 (맞은편이 도서관)

▼ 그림 3-25 :: 현대미술 전시실

에서도 떨어졌습니다.

그러던 중에 교수님께서 고려대학교박물관에서 학예사 직원을 뽑는다고 하니 여기에 지원을 하라고 제안하셨습니다. 이곳에서 일하면 월급 받으면서 생활할 수 있고, 박물관은 다른 사무직과 다른 곳이니 공부도 할 수 있다고 추천하셨습니다. 고민하다가 스승님의 말씀을 따르기로 해서 시험을 봐서 합격했습니다. 사실상 박물관에 꿈을 갖고 큐레이터가 되겠다고 생각한 적은 없었습니다.

이전에 서당에서도 1년 정도 한문을 배웠고, 박물관에는 고문서도 많고 역사 자료가 많으니 하고 싶은 전시를 할 수 있을 것이라고 생각

그림 3-26 :: 조선시대 전시관 '혼천의'

했는데, 박물관에서 막내라서 그럴 기회가 주어지지 않았습니다. 일한 지 3년이 됐을 때 선배가 박물관에서 하는 고미술, 도자기 등에 관한 특별전은 너무 전문적이어서 전공자들만 좋아하고 대중성이 너무 없으니, 교직원, 학생을 포함해 학내 구성원이 흥미롭게 느낄 수 있는 전시를 해보자고 제안했습니다. 그러면서 교사 자료 특별전시를 제안하시더군요. 교사, 학교 역사 자료 등이요. 박물관 자료 중 교사 자료가 있었습니다. 전시를 기획하려고 자료를 뒤져보니 보성전문학교 시대의 책상이나 제1회 졸업장 등 몇 가지가 있어서 이 위주로 하려고 했는데, 이것만으로는 콘텐츠가 너무 부족했습니다. 사실 처음에 시작했을 때는 섭섭했습니다. 박물관이면 고문서, 도자기 같은 것을 다루는 곳인데 아무도 신경 쓰지 않는 교사 자료, 학교 자료를 다루라고 하니, 그때는 선배는 중요한 일 하면서 후배는 시시한 일을 시킨다고 불만스러웠습니다.

그렇지만 시작한 이상 잘해야겠다고 생각해 자료를 구하고 고려대의 역사를 알기 위해 역사를 샅샅이 공부했습니다. 거기에 맞춰서 제1회 입학이 1905년이니 그 당시 학교 설립 관련 문서, 입학시험을 치렀다면 시험 문서 등이 있겠지 생각하면서 수집 대상 내용을 설정하고,

연표를 만들어 자료를 역추적했습니다. 자료가 없으니 처음부터 발굴을 시작해 교내를 다 찾아보았습니다. 처음에는 각 부서로 문서를 보내서 이런 기획을 하고 있는데 각 부서에서 보관하고 있는 자료를 보내달라고 했습니다. 특히 보성전문시대나 1960년대 이전 자료가 있다면 보내달라고 했는데 응답이 없었습니다. 일선 행정부서에서는 자기들 일 하기 바빠서 어디 있는지 모르는 자료를 제대로 찾아주지 못하니, 제가 직접 날짜를 정해 부서를 찾아다녔습니다. 사무실에 가면 저에게 문서 창고의 열쇠를 주고, 알아서 찾아보게 해줬습니다. 그래서 여러 가지 자료를 직접 찾을 수 있었고 이 자료를 바탕으로 전시를 시작했습니다.

그때 1994년에 전시를 치러보니, 고려대가 1905년 개교이니 90주년 가까이 되었었고, 곧 있으면 100주년 행사를 크게 할 것이라는 생각이 들었습니다. 그런데 민족고대, 나라의 운명을 구하겠다는 훌륭한 정신을 갖고 설립한 학교가 이를 증거할 만한 사료나 자료를 제대로 보관하지 않고 있었습니다. 습기 차 있고 곰팡이 슬어 있고 그냥 모아놓은 자료도 이러고 있어서 보존도 엉망이고 자료도 없다는 것을 제 눈으로 파악하고 자료를 모으기 시작했습니다.

지금 생각해보면 그때 그 선배가 고맙습니다. 하찮다고 생각했는데 이것이 저의 전문 영역이 되었습니다. 교사 자료, 서양의 아카이브였습니다. 그 기관, 국가의 역사와 관련된 문서, 자료, 동영상 등 모든 기록물이 바로 아카이브였습니다. 유럽이나 미국에는 아카이브 역사가 오래 되었습니다. 프랑스의 경우에는 혁명 이후 국가기록보존소를 만들어 기록 관리를 철저히 합니다. 미국 대학의 사례를 들자면 1636년 개교한 하버드대학교는 초창기부터 수집된 자료가 300년이 넘도록 꼼꼼히 정리되어 있었습니다.

그때 학교 자료를 수집해 전시를 한 후 이듬해 1995년에 사진전을 한 번 더 하고 나니 전체의 역사가 한눈에 들어오게 됐습니다. 전시를 하려 하니 흩어져있는 자료를 모아야 했기 때문에 고려대학교 역사에 대해 집중적으로 연구하게 되었습니다. 이 자료를 모아놓고 보니 내가 맡은 일인데 자료들을 함부로 방치하면 안 되겠구나 싶었습니다. 미국이나 유럽의 대학에는 대학의 기록물을 관리하는 아카이브 전문기구가 다 있습니다. 이 무렵에 아카이브 전담 부서가 필요하다는 대학기록관 설립에 관한 제안서를 학교 기획처에 냈습니다. 그때가 2002년입니다. 사실 사립대학에서 부서를 만든다는 것이 보통 일이 아닙니다. 학교 정관을 바꿔야 하고 이사장 승인을 받아야 하고 직원의 수를 증원하고, 공간을 확충해 기록자료실을 대학교 직제로 만든 것이 대학 최초인 것 같습니다.

2002년 10월에 제안서를 내서 2004년 11월에 최종 인가를 받기까지 만 2년이 걸렸습니다. 명칭은 '고려대학교 기록자료실'이고, 박물관에서 교사 자료로 시작했으니 박물관 산하에 두기로 했습니다. 박물관 산하에 기존의 박물관 업무를 하는 학예부, 대학기록관의 역할을 하는 기록자료실, 이렇게 두 개 기구가 있는 것입니다. 1993년부터 제가 학예연구와 병행하다가 2004년부터는 기록자료실 과장으로 2014년까지 10년간 그 일만 전담했습니다. 2014년부터 학예부장으로 가게 되어 현재 학예부장과 기록자료실 팀장을 겸직하고 있습니다.

서양에서는 라키비움(Lachiveum)이라고 하지요. 라키비움이란 도서관(Library)과 아카이브(Archives), 그리고 박물관(Museum)의 기능을 합해 만든 조어(造語)로, 오늘날과 같은 디지털 환경 속에서 더욱 부각되고 있는 개념입니다. 라키비움은 말 그대로 자료의 디지털화를 기본 전제로 기록을 보존(아카이브의 아카이빙 프로세스 개념), 연구, 전시(박물관의 학예연구와 전시기획의 개념)하고 이를 자유롭게 열람(도서관의 자료 열람 개념)할 수 있도록 제공하는 것을 목표로 하는 총체적 개념의 디지털 아카이브를 지칭하는 말로 현재 사용되고 있습니다. 고려대학교가 굉장히 빠른 편이지요.

우리 학교는 자연발생적으로 라키비움이 조성되었습니다. 라이브러리는 단독으로 있지만, 뮤지엄과 아카이브는 한 군데에서 같이 하면서 여러 사업을 진행하고 있습니다. 엄밀히 말해 제 전공은 사실 매뉴스크립트 큐레이터라고 할 수 있습니다. 아카이브의 역할, 단순히 문서관리만 하는 것이 아니라 문서, 자료, 기록물, 영상자료, 행정박물도 기록물에서 다룹니다.

기록물을 모으면서 분류, 정리, 등록해야 하는데, 이것을 박물관의 역사품이나 고고품처럼 분류하기 어려웠습니다. 문서로 된 것이 파일로 쌓여 있는데 정리하기 어려웠습니다. 처음에는 성대 사서교육원에서 분류 정리법을 배워야겠다고 생각했습니다. 마침 장서각 연구원으로 있는 후배를 만나서 이런 어려움이 있다고 얘기했더니, 국가기록물 관련해 세미나가 있다는 것을 알려주었습니다. 그 당시가 1990년대 후반이었습니다. 이후에 공공기관의 기록물 관리에 관한 법률이 1999년에 제정되었고, 2000년부터 발효가 됩니다. 국가적으로도 기록 관리를 체계적으로 하겠다고 법률을 만든 것입니다. 마침 이 법이 발효가 되어 전문가를 길러야 하는 상황이 되었습니다. 명지대에서 기록 관리에 관한 교육과정이 만들어져서 기록연구사(아키비스트) 과정을 수학했습니다. 그 이후에 명지대학교 대학원에 기록관리학과가 생겨서 대학원을 다니게 되었습니다.

3 큐레이터로서 가장 보람을 느낀 순간은 언제이며,
어떤 일을 하실 때인가요? 이왕이면 좀 자세하게 알려주세요.
후배들이 꿈을 가질 수 있게요.

하나는 1994년 학교사자료 특별전을 꼽을 수 있습니다. 모든

부서를 찾아다니면서 자료를 수집하고 사진관에 가서 사진을 뽑고 합판에 종이 색지를 발라서 패널을 만들었습니다. 지금 같으면 그래픽 패널 디자인으로 했을 텐데, 당시 패널은 고교 시절 환경미화 수준이었습니다. 특수 진열장도 없어서 테이블을 구하고 이 위에 전시를 했습니다. 당시 관람객으로 학교 총장님, 이사장님, 교우회장님 등 귀빈들이 오셨는데, 자신들의 학창시절 추억을 떠올리면서 즐거워하셨습니다. 그 전시가 성공해 오늘날까지 박물관에서 일을 할 수 있었던 것 같습니다. 관람객과 소통하는 전시를 했을 때 가장 보람 있는 것 같습니다.

또 하나는 유길준 선생의 기록물을 수집한 것입니다. 2000년 초 어느 날 유길준 선생의 후손 댁에서 전화가 왔습니다. 집에 옛날 책이 많은데 처분하려 하니 혹시 고려대에서 관심이 있으면 가져가라고 했습니다. 책은 대부분 복본이어서 귀한 자료가 아닐 수도 있지만 그래도 혹시나 해서 그 댁을 방문했습니다. 그런데 가서 보니 오래된 트렁크에 편지가 가득 쌓여 있었습니다. 상자에는 대한제국 당시의 문서로 보이

그림 3-27 :: 개화파 유길준 선생의 유물

는 기록물도 많이 보였습니다. 편지는 노끈으로 묶여 있었는데, 살짝 들춰보니 박영효, 김옥균의 이름이 보였습니다. 당시 개화파 인사들이 주고받은 서간문이었습니다. 문서는 의정부관제, 화폐국 등의 제목이 기록된 것으로 보아 1894년부터 1896년 갑오개혁 시기의 문서임을 알 수 있었습니다. 이때 유물, 편지, 문서, 도서 등 약 5천 점을 수집했습니다. 온몸에 전율이 느껴졌습니다. 이런 순간이 드문데, 좋은 자료를 보면 아키비스트로서 전율이 느껴집니다. 역사책 교과서에서 보던 것을 직접 만지고 기증받았을 때 정말 보람이 있습니다.

4 전시 혹은 교육 프로그램을 기획할 때 스스로의 한계를 느끼거나 상황의 어려움을 느끼는 순간은 언제이며 어떻게 대처하시나요?

큐레이터라고 하면, 미국에서는 3대 지성 중 하나로 인정합니다. 큐레이터, 라이브러리언, 프로듀서, 엄청난 공부와 내공에 의해 직업의 세계를 펼쳐나갑니다. 전문가로서 교수 이상의 대우를 받고, 학술적인 측면에서도 존경을 받습니다. 우리나라는 아직 그러한 인식도 부족하고 사실상 인력도 많이 보강이 안 되다 보니 큐레이터가 학술 연구뿐만 아니라 전시 한 번 시작하면 망치, 드라이버를 들고 다니며, 작품 걸고 조명 조절하고 이 모든 것을 해야 합니다. 자료 수집부터 전시까지 모든 것을 해야 하니, 학문적 깊이가 없습니다. 도록도 좀 더 학문적으로 깊이가 있는 괜찮은 것을 내야 하는데, 전시, 보여주기에 급급하고, 리플릿 정도를 만드는 데 급급한 것이 현실이고, 이것이 제일 안타깝습니다. 외국은 레지스트러(registerer)라 해서 유물 관리만 하는 사람도 따로 있고, 에듀케이터 다 따로 있습니다. 심지어 공보관이라는 언론 담당관이 또 따로 있어 언론 담당만 합니다. 우리나라는 큐레이터가 보도자료도 직접 쓰고, 기자들에게 일일이 연락해야 합니다. 기자도

문화부 기자가 미술, 학술 따로 있어 맞는 사람을 찾아 자료를 줘야 합니다. 그런데 대학교가 재정난 때문에 있는 스태프도 점점 줄여나가는 추세여서 점점 힘들어지고 있습니다. 선진국과 갭이 생기는 것이지요. 겉으로 인프라는 좋아졌는데, 내실이 아직 못 따라간다 싶습니다. 하드웨어는 거의 선진국 수준이지만요.

5 앞으로 기획하고 싶은 전시가 있다면 어떤 것인가요?

두 가지입니다. 하나는 '선비'라는 주제로 전시를 하는 것입니다. 저희 자료 중 조지훈의 자료가 있습니다. 승무라는 시로 유명한 시인인데 고대 국문과 교수였습니다. 이 분의 시가 교과서에도 많이 실렸었습니다. 이 분의 육필 원고나 쓰던 시계, 곰방대, 안경 등이 1층 100년사 전시실에 전시되어 있습니다. 이분의 상징이 '지조'입니다. 선비, 학자의 지조, 불의에 굴하지 않는 조선시대 선비정신을 계승한다고 볼 수 있습니다. 이분이 남긴 유물들과 조선시대 선비들의 유물들을 연결해 '선비'라는 주제로 전시를 해보고 싶습니다. 지금은 현대이지만, '선비정신'이란 무엇이며 현대에 어떻게 이어지는지, 과거와 현재를 잇는 전시를 해보고 싶습니다.

다른 하나는 스포츠 관련 전시를 하는 것입니다. 고려대가 스포츠로 유명합니다. 대한민국의 축구, 야구 주요 종목에 이름을 들어 알 만한 사람은 거의 고려대 출신입니다. 요즘 세대는 김연아 선수를 기억하지요. 제 세대는 차범근, 야구 선동렬, 축구 월드컵 4강의 홍명보 등을 기억하는데 이분들이 고대 출신입니다. 우리 박물관의 스포츠 코너에 가면 홍명보가 고대 시절 입었던 축구 유니폼도 있습니다. 그리고 베를린 올림픽 손기정 선생님도 보성전문 출신으로, 1937년에 보성전문 상과에 입학했습니다.

고대는 축구, 야구, 농구, 럭비, 아이스하키 등 단체 종목 다섯 종목으로 연대와 정기적으로 대결을 합니다. 고연전을 하면서 학원 스포츠가 세집니다. 2014년에 고연전 역사상 최초로 고대가 다섯 종목에서 승리를 했습니다. 5 대 0 전승을 거두자 동문들은 물론이고 학교 전체가 축제 분위기였습니다. 그러나 2017년에는 거꾸로 전패를 당했습니다. 아주 치욕적인 결과였습니다. 그때는 동문들이 총장 물러가라 하면서 하루 종일 항의 전화를 해서 아주 많이 시달렸습니다. 그 정도로 스포츠에 열광합니다. 요즘 재학생들은 전만큼 관심이 없지만요.

전에 제가 본 바로는 와세다대학교가 100주년 때인가 『와세다의 스포츠』라고 해서 책을 냈는데, 옛 운동부 모습, 경기 모습, 와세다 선수 중에서도 올림픽 등 주요대회에 출전한 사람들은 메달을 따지 않았더라도, 예선을 탈락했다 하더라도, 연도와 기록까지 잘 정리해 사진과 함께 도록으로 출판한 것을 보았습니다. 그것을 보고 우리도 해야겠다 싶었습니다. 고려대의 스포츠 역사 사진을 찾아서 해보고 싶습니다. 최소 몇 년은 잡아야 합니다. 비용도 문제입니다. 그렇지만 이것은 꼭 해보고 싶습니다. 고려대 스포츠만 갖고 따로 특별전 하고 책까지 내보고 싶습니다.

6 미래의 큐레이터들을 위해 조언하고 싶은 게 있다면 무엇인가요?

자신의 일에 사명감이 있어야 합니다. 사명감이 생기려면 자신이 소속된 기관이든 자기가 주제로 삼은 것에 애정이 있어야 합니다. 애정이 있어야 하는데 애정이 그냥 생기는 것이 아닙니다. 알아야 하고, 고전에서 많이 응용하는 것처럼 아는 만큼 보입니다. 선배들이 하는 말이, 저도 그렇게 표현하는데, 누구에게는 이게 하찮은 물건으로 보일지 몰라도 나에게는 그것이 보물로 보입니다. 왜냐하면 그것이 주제가 되고 애정이 가면 그것이 귀한 소재가 될 수 있기 때문에요.

그런 사례 중 하나가 학생처에 갔는데 상자가 엄청 많이 쌓여 있어서 보니 80년대 학생운동 유인물을 매일 일지와 함께 모아둔 것이었습니다. 박물관에서는 당시 고대 내에 배포된 학생운동 유인물을 수집해 연도별로 분류해놓았습니다. 이것이 고스란히 남아 있는 것이 대학 최초입니다. 이런 것처럼 누구 눈에는 버려야 할 폐기물이, 제 눈에는 다 보물로 보입니다. 이런 것이 다 모여서 학교의 중요한 역사 기록물이 되고 역사를 증거할 만한 자료가 되고, 여러 가지 학술자료, 연구자료, 방송자료 등 다양한 용도로 제공되어 쓰이고 있습니다.

마지막으로 하고 싶은 말은, 아는 만큼 보인다고 하듯이 다양한 분야의 책을 많이 읽어야 한다는 것입니다. 큐레이터가 속한 박물관이, 그러니까 박물관학이 융합학문이니까 다방면의 독서, 체험, 경험이 필요합니다. 시간이 되는 대로 하는 것이 좋습니다. 김정운 교수의 『에디톨로지』라는 책이 있습니다. 그 책의 주장은 창조는 결국 편집이라는 것입니다. 일례로 스마트폰도 스티브 잡스가 발명한 것이 아니라, 이미 있는 것을 잘 결합한 것입니다. 이것이야 말로 에디톨로지입니다. 이를 위해서는 일단 많이 알고, 서로의 연관성과 중요성을 알아야 합니다. 이를 위해 독서와 여러 가지 경험이 중요한데, 일단은 독서가 가장 중요합니다. 제가 최근에 이것을 깨닫고 매달 독서모임을 갖고 노력하고 있습니다. 이런 것을 학창시절에 깨닫고 실천했다면 인생에 큰 도움이 됐을 것이라고 생각합니다.

7 후배들에게 보여주고 싶은 선생님의 일하는 모습 혹은 전시장 앞에서 찍은 사진이 있다면 보내주세요.

그림 3-28 :: 조선시대 전시관 '동궐도'의 내용을 설명하고 있는 김상덕 학예연구팀장

그림 3-29 :: 고려대학교 김상덕 학예연구팀장의 인터뷰 모습

전주대학교박물관 – 박현수 학예연구실장

1 선생님이 소속된 기관을 간단하게 소개해주세요.
선생님의 역할도 알려주세요.

저는 전주대학교박물관 학예연구실장입니다. 전주대학교는 한국전쟁이 한창이던 1952년 남문교회에서 부모 잃은 고아와 가난한 집의 아이들을 모아 가르치는 사설강습소에서 시작해 현재 8개 단과대학, 59개학과에 1만 2천여 명의 학생들이 재학 중에 있습니다. (대학구조 개혁평가 'A등급', 2015~2016년 2년 연속 중앙일보 평가 '호남권 사립대 1위' 및 '전국지역사립대 9위', 전라북도 주요 4년제 대학 중 '입시경쟁률 1위' 등의 괄목할 만한 성과를 거두고 있습니다.)

전주대학교박물관은 1985년 개관해 약 1만여 점의 유물을 소장하고 있으며, 역사·고고·인류·민속·예술 등에 관한 자료를 수집·보존·조사·연구·전시·교육하는 문화교육 중심 역할을 하고 있습니다. 특히 '기독교 정신의 구현'이라는 건학이념을 실천하고자 오래 전부터 기독교 자료를 중점적으로 수집해온 결과 2014년 호남기독교박물관을 개관해 운영하고 있습니다.

이 밖에도 학예인력·교육인력 지원사업과 소장품 DB화 사업, 길 위의 인문학 등 국고지원사업을 시행하고 있으며, 국립중앙박물관 지정 '경력인정대상기관'으로 전문인력 양성에 힘쓰고 있습니다.

저는 박물관 자료의 수집·보존·전시와 매장문화재 조사, 교육 프로그램 진행 등 박물관 업무를 총괄하고 있습니다. 또한 수년간 쌓아온 지식과 노하우를 바탕으로 재학생 및 졸업생의 멘토링과 실습교육을 통해 후학 양성에도 노력을 기울이고 있습니다.

그림 3-30 :: 전주대학교 박물관 교육 프로그램이 끝난 후 학생들이 안전하게 귀가할 수 있도록 지도하는 박현수 학예연구실장 (자료: 박현수)

2 선생님은 어떻게 큐레이터라는 직업에 입문하게 되었나요? 그리고 전공이나 특별하게 수학하신 내용이 있다면 알려주세요. 후배들이 그 길을 찾아갈 수 있게요.

대학교 1학년 때 우연찮은 기회로 박물관에서 진행하는 문화재 발굴 조사에 참여하면서 학예연구사란 직업을 처음 접하게 되었습니다. 학예연구사는 흥미롭고 멋있어 보이는 직업이었지만 각종 연구 활동과 유적조사 등을 하는 선생님들을 보면서 도전조차 하지 않으려 했었습니다. 그때에 박물관에 계시는 선생님께서 진로에 대한 많은 조언과 응원을 해주셔서 현재 학예연구사의 길을 가는 데 많은 도움이 되었습니다.

학예연구사가 되고 싶다면 박물관 또는 미술관 관련 분야(고고학·

미술사학 · 예술학 · 민속학 · 인류학 · 서지학 · 자연사 · 과학사 · 박물관학 · 역사학 및 보존과학 등)의 전공지식을 쌓는다면 도움이 될 것 같습니다. 또한 박물관 · 미술관에 찾아가 아르바이트나 자원봉사 등으로 근무해봤으면 합니다. 실무 경험뿐만 아니라 학예연구사 선생님들과 친분도 쌓고 중요한 정보도 얻을 수 있어 더욱 좋을 것입니다.

3 큐레이터로서 가장 보람을 느낀 순간은 언제이며, 어떤 일을 하실 때인가요? 이왕이면 좀 자세하게 알려주세요. 후배들이 꿈을 가질 수 있게요.

현재는 박물관 총괄업무를 하고 있지만, 처음 학예연구사가 되었을 때는 유물을 등록 · 관리하는 업무를 담당했습니다. 그러다 보니 전시 시즌이 다가오면 관련 유물을 찾는 담당선생님들의 문의가 자주 있었습니다. 한 번은 의료선교에 관련된 유물이 있는지 문의가 왔었습니다. 그런데 원하는 유물을 찾을 수 없어 무작정 수장고에 내려가 관련이 없는 유물이라도 하나씩 보게 되었습니다. 그러던 중 손에 잡힌 잡지 한 권을 넘기다 보니 광고 페이지에 1970년대 초 미국 남장로교 선교부와 한국 농촌부가 주축이 되어 결성된 대한의료보험조합에서 발행한 의료보험운영 안내문을 발견해 전시의 한 부분을 채울 수 있었습니다. 단순히 겉모습만을 본다면 보통 잡지이지만 그 내면에 품고 있는 무궁무진한 이야기를 찾았을 때, 그 순간의 감정은 이루 말할 수 없습니다.

단편적인 예이지만 하나의 유물이 가지고 있는 모습은 어느 시각에서 보느냐에 따라 달라질 수 있다는 것을 세삼 깨닫는 시간이었습니다.

4 전시 혹은 교육 프로그램을 기획할 때 스스로의 한계를 느끼거나 상황의 어려움을 느끼는 순간은 언제이며 어떻게 대처하시나요?

전시나 교육 프로그램을 기획할 때, 가장 많은 어려움을 겪습니다. 새로운 아이디어가 떠오르지 않을 경우, 시선을 밖으로 돌려 인근 박물관이나 박물관 속에 갇혀있는 유물과 대화를 합니다. 유물이 담고 있는 여러 가지 표현방식들을 놓고 계속해 대화를 하다 보면 의외로 많은 힌트를 얻어 전시나 교육 프로그램을 기획합니다.

새로운 전시나 교육을 진행하고 싶지만 아이디어가 떠오르지 않을 때면 스스로 한계를 느끼게 됩니다. 이런 순간에는 동료나 선후배들과 커피 한잔 하면서 많은 대화를 나눕니다. 꼭 관련된 이야기가 아니더라도 대화를 하다 보면 스트레스도 해소되고 뜻하지 않은 결과물을 얻는 경우도 더러 있었습니다.

결국 매번 느끼는 것이지만 박물관에서도 소통이라는 것에 많은 답이 숨어 있습니다. 유물 속에 숨겨진 과거 다양한 사람들의 숨결을 보고, 느끼고, 들으며 적극적으로 소통하려고 노력한다면 해결하지 못할 어려움은 없을 것입니다.

5 앞으로 기획하고 싶은 전시가 있다면 어떤 것인가요?

대학박물관의 특성에 맞게 학부 학생들과 함께 특별전을 열어보았으면 합니다.

즉 주제 선정부터 시작해 전시품 선정과 의미를 부여하는 전시조직, 디자인, 홍보, 전시, 운영 등 하나의 특별전을 시작부터 끝까지 함께 진행해보고 싶습니다. 이를 통해 학생들은 전시의 실무를 익히고 성취감 등을 얻을 수 있을 것이고, 학생들의 재치 있고 신선한 아이디어에 자극을 받아 새로운 전시를 준비할 수 있을 것이라 생각됩니다. 학생들이 박물관 활동을 통해 보여주는 다양한 잠재력은 그 박물관의 미래라고 할 수 있습니다.

6 미래의 큐레이터들을 위해 조언하고 싶은 게 있다면 무엇인가요?

학예연구사가 되고 싶다면 학교 밖으로 나가 방방곡곡에 있는 박물관·미술관을 직접 보고 느끼고 소통하는 시간을 가졌으면 합니다.

요즘 학예연구사가 되고 싶다고 하는 친구들을 보면 책만 보며 이론공부에 치중해 있는 모습을 자주 봅니다. 책을 통해 지식을 쌓는 것도 물론 중요합니다. 하지만 많은 전시 관람을 통해 넓힌 견문과 박물관·미술관에서 근무하면서 직접 체험한 경험은 그 어느 것보다 학예연구사가 되는데 더 큰 자산이 될 것입니다.

7 후배들에게 보여주고 싶은 선생님의 일하는 모습 혹은 전시장 앞에서 찍은 사진이 있다면 보내주세요.

그림 3-31 :: 전주대학교 학부생들과 교육 프로그램을 진행 중인 박현수 학예연구실장 (자료: 박현수)

그림 3-32 :: 익산 평장리 유적 발굴현장에서 회의 중인 박현수 학예연구실장 (자료: 박현수)

5) 독립큐레이터

독립큐레이터는 기관에 소속되지 않고 개인 역량을 발휘해 국제적인 전시나 비엔날레를 기획하고 주도하는 등 국가 간이나 기관 간의 영역을 뛰어넘어 좀 더 자유롭게 다양한 시도를 하기도 한다. 2017년 영월국제박물관 포럼에 참석한 모스코바 현대미술비엔날레재단 총괄디렉터 안드레이 마르티노프(Andrey Martynov)는 자신의 경험을 바탕으로 한국과 러시아 간의 전시를 통한 문화 교류에 있어 독립큐레이터의 역할을 강조했다.[20] 이번에는 박물관과 미술관에서 근무하다 이제는

20 안드레이 마르티노프, 「한국과 러시아간 문화적 교환 영역에서 독립적인 큐레이터 개인활동이 가지는 역할」, 『2017 영월 국제박물관포럼: 지역사회 상생과 박물관의 미래상』 1권, 영월

독립해 새로운 전시를 기획하면서 모험을 시도하는 황규진 큐레이터를 만나보자.

황규진 큐레이터

1 선생님이 소속된 기관을 간단하게 소개해주세요.
프리랜서로 일하신다면 선생님께서 진행하신 인상 깊은 전시를 소개해주세요.

저는 큐레이터로서 좀 독특한 이력을 가졌다고 할 수 있는데요. 대부분의 선생님들이 미술관이면 미술관, 박물관이면 박물관 한쪽에서 계속 근무하시는데 저는 처음은 박물관으로 시작해 평소에 미술에 관심이 많았었던 것이 계기가 되어 미술관에서도 근무해서 박물관과 미술관을 오가는 경력을 가지게 되었어요. 지구촌민속박물관 학예사, 창조자연사 박물관 학예사, 자하미술관 학예사, 왈츠와 닥터만 커피박물관 부관장을 거쳐, 현재는 프리랜서 전시기획자로 일하고 있으며 최근 진행했던 전시로는《2017 TEAF 태화강 국제설치미술제》가 있습니다.

태화강 국제설치미술제는 한국의 대표적인 산업도시인 울산의 도심을 관통하는 태화 강변에서 매년 열리는 야외설치미술제로, 공업발전으로 오염되었던 태화강이 환경개선 노력으로 생명의 강으로 되살아난 것을 국내외에 알리고 예술을 통해 울산이 새로운 문화도시로 발돋움하기 위해 실시되었으며, 2017년에는 6월 1일(목)부터 11일(일)까지 "천변만화/千變萬化/Diversity Hybridizing"라는 주제로 진행되었습

군청, 2017, 58-68쪽.

그림 3-33 :: 《2017 TEAF 태화강 국제설치미술제》 전시 모습 (자료: 황규진)

니다. 이는 문화예술이 도시민의 실천적인 삶과 정신적인 풍요로움을 매개하는 역할을 수행해야 한다는 전제를 가지고 동시대 삶의 환경과 연동하는 미술의 다양성에 주목한 개념입니다.

이 국제설치미술제에는 국내 작가 16명과 울산대학교 학생팀, 그리고 독일, 프랑스, 네덜란드, 영국, 인도, 미국, 일본, 중국, 홍콩 등 해외 작가 14명이 참여했습니다. 하나의 주제로 각국의 예술가들이 함께 고민하고 작품을 설치하는 동안 새로운 에너지를 받을 수 있었고 매우 즐거운 경험을 가졌습니다.

2 선생님은 어떻게 큐레이터라는 직업에 입문하게 되었나요? 그리고 전공이나 특별하게 수학하신 내용이 있다면 알려주세요. 후배들이 그 길을 찾아갈 수 있게요.

제 경우 큐레이터는 학생 시절부터 꿈이었어요. 고등학교 시절 학교 앞에서 지하철을 타면 갈아타지 않고 한 번이면 갈 수 있었기에, 당시 경복궁 내 구 중앙청 건물에 있던 국립중앙박물관에 토요일 하교

후면 매주 가곤 했어요. 처음에는 고궁의 고즈넉한 분위기에 빠져 입시 스트레스를 풀려던 거였는데 차츰 건물의 아름다움에 빠졌어요. 신데렐라가 구두를 잃어버렸을 듯싶은 휘어져 내려오는 대리석 계단, 높은 천장고, 과거 무도회가 열렸음 직한 커다란 홀의 카페테리아, 그 아래 휘영청 달려있는 샹들리에 등 현대적 건물들과는 다른 네오르네상스식 건물의 분위기는 고풍스럽고 아름다웠죠. — 물론 식민지의 흔적이고 철거해야만 하는 당위성을 가진 건물이었지만 추억이 있는 장소라 저는 그 건물이 사라져버린 데에 대한 아쉬움도 있어요. — 조도가 아주 낮은 고서화실에 한참 있곤 했는데 그 분위기에 취해 당시에는 큐레이터라는 직업에 대해 정확히 알지는 못했고 막연하게 '이런 곳에서 일하는 직업을 가졌으면 좋겠다.'고 생각해 대학 학과도 그렇게 정해서 갔어요.

저는 학부는 고고미술사학과를 나왔고 졸업 후에 사립박물관에 잠깐 일하다가 공부가 부족하다고 느껴 영국의 런던 시티대학 예술정책대학원 박물관미술관경영학과에 진학해 석사학위를 받았습니다.

3 큐레이터로서 가장 보람을 느낀 순간은 언제이며, 어떤 일을 하실 때인가요? 이왕이면 좀 자세하게 알려주세요. 후배들이 꿈을 가질 수 있게요.

성공적인 전시를 개최했을 때 가장 보람됩니다. 최근 진행했던 국제설치미술제의 경우 우리(국제설치미술제 운영위원회)가 소개하고 싶은 국내외의 유명 작가들을 그들의 바쁜 일정 중에 어렵게 설득해 섭외해냈을 때 희열을 느꼈습니다. 제한된 예산 비용 내에서 주최 측과 작가 그리고 관람객이 모두 만족하는 전시와 행사 진행을 끌어내는 일은 마치 마법 같다는 생각이 들 때도 있었습니다. 현장에서 순간순간 빠른 판단으로 결정을 내려 진행해야 하는 경우가 많았고 의외의 상황들이 벌어져 수습해야 했으니까요.

왈츠와 닥터만 커피박물관에서 세계 커피그라인더의 역사를 통시적으로 전시하는《커피, 핸드그라인더 展》을 진행했을 때에는 국내 자료가 전무했고, 해외 자료도 단편적이고 정리되어 있는 것이 없어 마치 새롭게 한 권의 역사서를 집필하는 것 같았죠. 정말 고된 작업이었는데, 분산된 자료들을 모아 우리 관이 소장한 소장품과 매치시켜 전시라는 하나의 이야기로 만들어냈을 때 정말 보람되었습니다.

4 전시 혹은 교육 프로그램을 기획할 때
스스로의 한계를 느끼거나 상황의 어려움을 느끼는 순간은
언제이며 어떻게 대처하시나요?

저는 도움을 청하는 데 주저하지 않는 편이에요. 일을 진행하다 보면 분명 제가 할 수 없는 범위의 일들이 있기 마련이거든요. 지금 기억나는 것으로는 자연사박물관에 근무할 때인데요. 저는 자연사나 생물학 전공이 아니었기 때문에 소장품 중에 분류가 되어 있지 않은 공룡화석을 전시하려니 '미상'으로 전시할 수가 없어 고생물학 전공이신 학자분의 도움을 받았어요. 사실 정식으로 자문을 받으면 되는 일인데요. 가난한 사립박물관에서 그런 비용도 부담이고 관장님께 결재를 맡는 일부터가 난관이죠. 국내 몇 안 되는 고생물학자이고 저명하신 분이셨는데 솔직하게 사정을 이야기하고 부탁드렸더니 일면식 없으신 분이 자료사진까지 꼼꼼히 보시고 어떤 공룡화석인지 알려주셨어요. 감사할 따름이죠. 저는 이런 일이 가능한 것이 설립주체가 사립이더라도 근본적으로 박물관이 비영리 공공기관이기 때문이라고 생각해요. 공공을 위한, 관람객을 위한 일이었기에 그런 수고를 자청해 해주신 거죠.

5 앞으로 기획하고 싶은 전시가 있다면 어떤 것인가요?

미술관 전시를 진행할 때 제가 이론 분야 가운데 전통미술을 전공했기 때문에 미술실기를 전공하신 큐레이터 분들과 보는 시각이 다른 부분이 분명 있었던 것 같아요. 저는 우리나라의 정신사나 역사 혹은 다른 전통적인 것에 모티브를 가지고 작업하시는 작가들의 작품에 관심이 많아요. 실제로 해외에서 호평을 받고 있는 국내 작가들의 경우 대부분 이런 경우죠. 서양철학에 기반을 둔 작품들은 서양인의 눈에 차별화되지 않고 그들 속에서 드러나기가 쉽지 않죠. 저는 우리 전통을 소재로 새로운 자신만의 작품세계를 구현하는 국내 작가를 해외 무대에 소개하는 전시를 통해 작가와 제가 함께 성장해나가고 싶은 꿈을 꾸고 있어요.

6 미래의 큐레이터들을 위해 조언하고 싶은 게 있다면 무엇인가요?

큐레이터라는 직업은 최근의 직업만족도 조사(급여와 처우를 제외한 부분에서)에서 1위를 차지하기도 했을 만큼 보람과 만족도가 높은 직업이에요. 그러나 오랫동안 공부를 해야 하는 전문성을 요구하는 것에 비해 몇몇의 경우를 제외하고는 경제적·사회적 보상은 크지 않은 직업입니다. 현실은 힘들고 녹록하지 않죠.

그럼에도 큐레이터가 되고 싶다고 조언을 구하는 후학들에게 제가 꼭 하는 말이 있는데요. 20년 전 우연히 본 신문기사에서 "다가오는 21세기의 최고 유망 직업은 요리사"라는 미래학자들의 연구결과를 기사로 본적 있습니다. 당시 그 기사를 읽으며 20세기를 살던 저는 공감할 수가 없었죠. 무슨 요리사가 21세기 최고의 직업인가 싶었어요. 그런데 요즘 어떤가요? 세계적으로는 제이미 올리버(Jamie Oliver), 고든 램지(Gordon Ramsay) 등 유명 요리사들이 활약하고 있고 국내에서도 TV 채널을 돌릴 때마다 스타 요리사들이 나오죠. 미래학자들은 어떻게 그렇게 정확하게 예측할 수가 있었을까 신기합니다. 최근 4차 산업혁명을 이야기하면서 미래학자들은 인공지능으로 대체되어 사라지는 직업들을 예견하고 있는데요. 큐레이터는 인공지능으로 대체되기 어려워 사라질 확률이 적은 직업군으로 분류되어 있어요. 아마도 여러분이 큐레이터로 활약할 미래의 전망은 밝지 않을까 합니다.

7 후배들에게 보여주고 싶은 선생님의 일하는 모습 혹은 전시장 앞에서 찍은 사진이 있다면 보내주세요.

사진은 자하미술관의 큐레이터로 근무할 당시 장숙 작가의 《늙은 여자의 집》 전을 개최하고 작품 앞에서 찍은 사진입니다. 큐레이터는 작가를 섭외하고 전시가 개막을 하고 진행되는 동안이 가장 행복한 순간이라고 할 수 있습니다.

그림 3-34 :: 전시장에서의 황규진 큐레이터 (자료: 황규진)

6) 문화예술기획 큐레이터

이번에는 뮤지엄 소속이 아니라 문화예술기획사에서 다양한 해외 전시를 국내에 유치하고, 지역의 문화 재생을 기획하면서 다각도의 활동을 전개하는 최보경 큐레이터를 만나 직업에 대한 경험담을 듣고자 한다.

앰허스트 - 최보경 큐레이터

1 선생님이 소속된 기획사를 간단하게 소개해주세요.
선생님께서 진행하신 인상 깊은 전시를 소개해주세요.

저는 문화예술 전시, 행사, 이벤트를 기획하고 운영하는 (주) 앰허스트에서 근무하고 있습니다. 《키스해링전》, 《요셉 보이스전》, 《어린왕자 한국특별전》, 《스테판 사그마이스터전》 등의 전시와 《러버덕》, 《600 판다의 세계여행》 등 공공미술 프로젝트, 《문화샤넬전〉, 《디올정신전》 등 명품브랜드 아카이브 전시 등에서 기획업무를 총괄했고 최근에는 2016년과 2017년에 걸쳐 캠프 그리브스 문화재생사업의 총괄감독을 역임하고, 서울디자인위크 2017을 실행했습니다.

먼저, 미군부대 유휴지인 캠프 그리브스를 다시 활용하고자 한 문화재생사업을 소개하고 싶습니다.[21] 이 프로젝트를 통해 유휴공간 문화재생사업을 통해 민관이 함께 장소를 만들고 공간을 확장하는 경험을 했습니다. 경기도 파주시 군내면 백연리 72-1번지 일원에 위치한

21 이 프로젝트의 의미와 가치에 대해서는 최보경, 「미군기지 유휴공간의 문화재생 사례 연구: 캠프 그리브스 문화재생사업을 중심으로」, 『인문콘텐츠』 46, 인문콘텐츠학회, 2017, 203-226쪽에서 다루었다.

캠프 그리브스는 1953년 7월 30일 미군에게 공여되어 2004년 8월 철수할 때까지 50여 년간 주둔했던 군기지였습니다. 2002년 3월 29일 한미연합토지관리계획 협정(LPP)[22]이 체결되면서 국내 반환 대상 미군기지는 80개소에 달했으며, 이 중 54개 기지가 반환되었고 26개 기지는 반환 예정에 있습니다. 경기도에도 활용 가능한 반환 대상 22개의 미군기지가 있으나, 이 중 사업추진이 비교적 원활한 지역은 동두천 캠프 님블과 캐슬, 의정부 캠프 카일과 시어즈, 파주 캠프 그리브스에 불과합니다. 제가 총괄감독으로 근무했던 곳은 파주 캠프 그리브스입니다. 미군 철수 후 10여 년간 민통선 내 유휴지로 방치되었던 캠프 그리브스는 문화재생사업을 통해 그 가능성을 확인하고 지속적으로 활용되고 있습니다. 2016년 시작된 캠프 그리브스 문화재생사업의 기본 방향은 먼저 공간의 장소성을 수립하고 캠프 내에 위치한 다양한 건물들의 정체성을 부여해 옛 기억을 담고 평화로 나아가는 플랫폼을 구축하는 것이었습니다.

문화재생사업의 일환인 전시는 각각 2016년과 2017년에 개최되었습니다. 첫 전시《평화의 축: 단절에서 소통으로》(2016. 9. 22.~10. 31.)는 단절되고 경색된 DMZ 지역에 위치한 캠프 그리브스가 소통의 매개체가 되어 남북의 평화를 넘어 세계의 평화를 기원하는 공간으로 재탄생하는 의미를 담았습니다. 부지 내 탄약고와 신설된 산책로 등 군과 협의가 우선 이루어진 공간을 중심으로 전시가 이루어졌습니다. 전시에서는 한국전쟁 이후 단절된 사람들의 이야기, DMZ의 긴장감에 대한 이야기 등 작가들의 DMZ와 한국전쟁에 대한 해석을 넘어 현재적 의미의 소통에 대한 이야기와 평화적 메시지를 하늘로 전하는 퍼포먼

22 LPP(Land Partnership Plan)은 96개 미군기지, 7,440만 평 가운데 20개 기지, 144만 5천 평과 훈련장 3개 등 모두 4,044만 5천 평을 2011년까지 단계적으로 반환하고 신규 미군기지터 75만 평을 추가로 제공받는 것을 주요 골자로 한다.

그림 3-35 :: DMZ 캠프 그리브스 문화재생사업 첫 번째 전시 포스터 (자료: 최보경)

그림 3-36 :: DMZ 캠프 그리브스 문화재생사업 두 번째 전시 포스터 (자료: 최보경)

스로 마무리되는 스토리로 제시했습니다.

두 번째 전시 《DMZ 캠프 그리브스: 기억과 기다림》(2017. 5. 17.~6. 30.)은 비무장지대(DMZ)와 2km 거리에 위치한 최전방 캠프 그리브스의 밀접한 연관관계를 알리기 위해 'DMZ 캠프 그리브스'를 전시의 타이틀로 세우고 그 내용으로 '기억과 기다림'이라는 주제를 제시해 공간의 성격과 의미를 규정했습니다.

비무장지대라는 안보의 중심에 위치한 캠프 그리브스의 회복을 통해 평화의 청사진을 제시할 수 있는 전시를 제안하고자 했습니다. 전시는 크게 전시기간 동안 진행되는 기획전시와, 장소성의 기초가 될 콘텐츠가 담긴 상설전시로 구성했습니다. 기획전시에는 젊은 작가들에게 독립적인 전시공간을 배치하고, 신진작가들은 상설전시 공간에 캠프 그리브스의 역사성과 장소성을 해석한 작업을 보여줄 수 있게 했습

그림 3-37 :: 서울디자인위크 2017 주제전 전경 (자료: 서울디자인위크 2017)

니다. 상설전시에는 캠프 그리브스의 형성 배경, 주둔했던 부대의 역사, 문화재생사업의 과정과 미군 주둔 당시의 모습 재현, 그리고 DMZ와 관련한 생태 자료까지 지역과 캠프 그리브스 관련 아카이브의 첫 단추를 꿰고자 했습니다.

다음으로 서울디자인위크 《더 나은 관계를 위한 디자인》이 기억에 남습니다. 서울디자인위크는 디자인재단, 총괄감독, 큐레이터들과 더불어 여름부터 가을까지 진행한 우리나라에서 가장 큰 디자인 행사 중 하나입니다. 컨퍼런스, 워크숍, 디자인 관련 프로그램 및 행사 등을 진행하며, 전시는 디자인위크 기간 내내 대중에게 열려 있는 콘텐츠였습니다. 서울디자인위크의 2017년 주제 《더 나은 관계를 위한 디자인》에서는 나와의 관계, 너와의 관계, 우리와의 관계, 타자화된 우리와의 관계, 새로운 미래형 관계로 나누어 적합한 디자인 사례를 조사하고 선정된 디자인 제품의 디자이너들과 협력해 진행했습니다. 한국은 물론 국제기구, 일본, 덴마크, 스웨덴 등의 디자인 업체와 소통하며 전시를 준비하기도 했습니다. 큐레이터는 이처럼 다양한 위치와 각자의 입장을 배려하며 그 중심을 잡고 실행하는 커뮤니케이션의 중심이기도 합니다.

2 선생님은 어떻게 큐레이터라는 직업에 입문하게 되었나요?
그리고 전공이나 특별하게 수학하신 내용이 있다면 알려주세요.
후배들이 그 길을 찾아갈 수 있게요.

저는 한국외국어대학교 러시아어과를 졸업하고 서양사와 문화콘텐츠에 대해 대학원에서 공부했습니다. 재학 중에 러시아와 관련된 다양한 행사에서 러시아어 통역으로 참여했고, 현재 업무와 관련된 분들과도 많이 만날 수 있었습니다. 학교에서 전공 공부를 하는 것도 중요하지만 만나는 한 분 한 분과의 인연도 중요한 것 같습니다.

3 큐레이터로서 가장 보람을 느낀 순간은 언제이며,
어떤 일을 하실 때인가요? 이왕이면 좀 자세하게 알려주세요.
후배들이 꿈을 가질 수 있게요.

지금까지 전시를 하면서 가장 인상 깊었던 순간은 앰허스트의 첫 번째 전시였습니다. 소마미술관에서 열린《팝아트 슈퍼스타 키스해링전》의 마지막 주 어느 날 비가 많이 와서 우산을 쓰고 표를 사려는 줄이 바깥까지 길게 서 있었습니다. 전시장 안에 너무 많은 사람들이 가득 있어서 입장을 제한할 수밖에 없었는데 관람객들이 모두 부푼 기대감으로 전혀 불편해하지 않는 모습이 지금도 잊히지가 않습니다. 지금도 자주 이야기하곤 하지만 전시를 만드는 사람으로서 관람객이 만족할 때 가장 보람을 느끼는 것 같습니다. 어려운 내용으로 지식을 뽐

내는 전시보다 함께 나누고 공유할 수 있는 전시를 좋아하는 개인적 성향 때문이기도 하겠지요.

4 전시 혹은 교육 프로그램을 기획할 때
스스로의 한계를 느끼거나 상황의 어려움을 느끼는 순간은
언제이며 어떻게 대처하시나요?

가장 중요한 것은 처음 의도한 방향으로 흐름을 끌고가는 것입니다. 일을 진행하다 보면 쉽게 되는 것은 없으며, 언제나 어려움을 겪게 됩니다. 할 수 있는 최선을 해야 하고 그 과정에서 한계를 느끼는 것은 어떻게 보면 당연한 것입니다. 그리고 그런 경험이 없이 진행된 프로젝트는 스스로 만족하지 못합니다. 프로그램이 완료된 후 스스로 돌아보면 한 뼘 더 성장한 자신을 발견할 수 있을 것입니다.

5 앞으로 기획하고 싶은 전시가 있다면
어떤 것인가요?

여러 가지가 있지만 그중 가장 의욕이 생기는 전시기획은 공간과 관련한 것입니다. 왜냐하면 콘텐츠에 대한 사전준비 없이 만들어지는 공간은 사용되지 못하는 또 다른 유휴공간이 될 가능성이 매우 높기 때문입니다. 물리적인 공간뿐 아니라 그 공간들과 가장 어울리는 콘텐츠를 만들어가는 진정한 의미의 문화재생을 위한 전시와 프로그램을 기획하고자 합니다.

6 미래의 큐레이터들을 위해
조언하고 싶은 게 있다면 무엇인가요?

큐레이터가 할 수 있는 영역은 예전보다 다양해졌고 더 다양해져야 합니다. 새로운 영역에 대한 두려움보다 도전의식을 가지시길 바

랍니다. 또한 기획력뿐 아니라 실행력을 가지십시오. 큐레이터는 기획만 하는 사람이 아닙니다. 기획한 내용을 실제로 최선을 다해 실행하며 그 전시에 대해 책임지는 사람이 큐레이터입니다. 여러분이 이러한 경험을 갖기를 기원합니다.

7 **후배들에게 보여주고 싶은 선생님의 일하는 모습 혹은 전시장 앞에서 찍은 사진이 있다면 보내주세요.**

사진은《DMZ, 캠프 그리브스: 기억과 기다림》전시 개막식에서 관람객에게 전시의 주제와 취지를 설명하는 장면입니다. 저는 이 프로젝트를 실행하면서 전쟁의 기억을 간직한 역사문화자원을 바탕으로, 문화를 활용한 재생사업이 실현되기 위해 중앙정부, 지방자치정부 그리고 민간이 서로 협력하는 거버넌스의 구축을 절감하면서 지역의 장소성을 제시하고 관련 콘텐츠를 꾸준히 보여줄 수 있는 큐레이터가 필요하다는 생각을 했습니다. 앞으로 이러한 분야에도 인문학적 소양과 예술적 혜안을 가진 큐레이터가 필요할 것이라고 봅니다.

그림 3-38 ::《DMZ, 캠프 그리브스: 기억과 기다림》전시 개막식을 이끄는 최보경 큐레이터 (자료: 최보경)

지금까지 다양한 현장에서 하루하루 자신의 이상과 현실을 오가며 씨실과 날실을 엮듯이 전시를 기획하고, 대중과 소통하는 12명의 큐레이터들을 통해 그들의 직업 세계를 들여다보았다. 현장감을 높이기 위해서 모든 표현을 가능한 한 그대로 사용하였다. 이론서나 전시 도록에서는 만날 수 없는 그들의 삶의 자취를 따라가다 보면 큐레이터를 꿈꾸는 많은 후학들도 언젠가 그 꿈에 다다르리라 기대하고 소원한다.

EPILOGUE

이 책은 불확실성의 시대를 살아야 하는 미래의 큐레이터를 위해서 집필되었다. AI가 인간의 지적 능력을 시험하고, 로봇이 인간의 노동을 대체할 수 있는 미래가 우리 앞에 놓여있다. 현시대의 큐레이터가 다음 세대의 큐레이터에게 전해줄 수 있는 지혜가 무엇일까를 성찰하면서 연구를 진행하였다. 연구 과정에서는 국내외 선행연구자들의 지혜를 담고자 하였다. 또한 해외 답사를 통하여 보고, 듣고, 느끼고, 생각한 것을 글로 풀어서 신박물관이라는 이름으로 분류되는 다양한 현상들을 보여주고자 하였다. 아울러 현재 우리나라의 박물관 및 학예사 관련 법령과 제도, 채용방법에 대해서도 찾아보고 정리하였으며 박물관 현장에서 기획하고 실행하면서 산출된 결과물을 서술하여 실질적인 도움을 주고자 하였다.

글의 서두에서 밝힌 바와 같이 신박물관은 전시 주체의 변화를 예고하고 있으며, 박물관의 관심을 무형문화유산 분야로 확장하고 있다. 아울러 박물관과 지역사회와의 관계에 있어서 박물관이 사회에 좀 더 주체적으로 영향을 끼치고자 한다. 이 외에도 디지털 기술과 연계하고 이를 적극적으로 박물관의 영역으로 수용하고 있다. 이 책에서 다루는 것은 신박물관의 다양한 현상 가운데 일부이며, 박물관과 박물관 전문인력들은 더 많은 변화와 도전에 직면하고 있다. 이러한 변화 가운데 미래의 큐레이터들은 무엇을 준비하여야 하는가를 고민하였다.

본문에서 서술한 바와 같이 현행법에 따르면 박물관의 큐레이터는 박물관자료를 수집 · 관리 · 보존 · 전시하고, 교육 및 전문적 · 학술적인 조사 · 연구를 수행하며, 기술적인 조사 · 연구를 수행하고, 강연회 · 강습회 · 영사회(映寫會) · 연구회 · 전람회 · 전시회 · 발표회 · 감상회 · 탐사회 · 답사 등 다채로운 행사를 개최한다. 또한 각종 간행물을 제작하고 배포하며, 국내외 다른 박물관과 교류하고, 상호 유기적으로 협력하는 등 박물관의 다양한 사업을 담당하는 전문직이다. 이 책에서는 이러한 활동 가운데 '전시'에 중점을 두고 큐레이터를 이해하고 설명하고자 하였다.

큐레이터라는 직업을 선택하고 이 길을 가고자 하는 이들에게 조금이라도 더 친절하게 안내해줄 수 있다면 좋을 것이라는 생각에서 글을 전개하였다. 그러한 의도를 실현하기 위한 방법으로 12명의 큐레이터를 만나서 그들은 어떻게 이 길을 선택했으며, 그들이 느끼는 보람과 한계, 후배에게 당부하고 싶은 조언들도 서술하였다. 박물관이라는 영역에서 자신의 길을 묵묵하게 가면서 전시와 교육 프로그램을 통하여 대중과 대화하는 이들의 느리지만 위대한 걸음걸이를 보여주고자 하였다.

끝으로 이 땅의 모든 큐레이터와 큐레이터 지망생에게 경의를 표하면서 글을 마치고자 한다.

REFERENCE

▷ 단행본

강경란 외, 『프랑스 박물관 기행』, 2008.

고광석, 『중화요리에 담긴 중국』, 매일경제신문사, 2006.

권영민, 『한국현대문학사 1』, 민음사, 2002.

김경민·박재민, 『리씽킹 서울: 도시, 과거에서 미래를 보다』, 서해문집, 2013.

김억, 『봄의 노래』, 작가문화, 2004.

나탈리 에니히, 『반 고흐 효과: 무명 화가에서 문화 아이콘으로』, 이세진 옮김, 아트북스, 2006.

라이너 마리아 릴케, 『릴케의 프로방스 여행』, 황승환 옮김, 문학판, 2015.

라인하르트 슈타이너, 『에곤 실레』, 양영란 옮김, 마로니에북스, 2005.

마이클 벨처, 『박물관 전시의 기획과 디자인』, 신자은·박윤옥 옮김, 예경, 2013.

박세현, 『김유정의 소설세계』, 국학자료원, 1998.

박순애, 『일본의 문화와 사회』, 시사일본어사, 1998.

박혜숙, 『프랑스 문화와 예술』, 연세대학교 출판부, 2010.

발터 니그, 『빈센트 반 고흐 태양을 보다』, 윤선아 옮김, 분도출판사, 2011.

발터 벤야민, 『기술복제 시대의 예술작품 사진의 작은 역사 외』, 최성만 옮김, 길, 2008.

배기동, 『문화유산과 자연유산 : 현실과 미래 비전』, 주류성출판사, 2006.

배은석, 『에코뮤지엄: 지속 가능한 농촌 희망 프로젝트』, 북코리아, 2013.

백관수, 『경성편람』, 홍문사, 1929.

빈센트 반 고흐, 『반 고흐, 영혼의 편지』, 신성림 엮음, 예담, 2016.

서울대학교 불어문화연구소, 『프랑스 하나 그리고 여섯』, 강, 2008.

서울시립미술관, 『낙원을 그린 화가 고갱 그리고 그 이후』, 한국일보문화사업단, 2013.

세계환경발전위원회, 『우리 공동의 미래』, 조형준 · 홍성태 옮김, 새물결, 2005.

송방송, 『증보 한국음악통사』, 민속원, 2007.

______, 『한겨레 음악인대사전』, 보고사, 2012.

에이드리언 조지, 『큐레이터: 이 시대의 큐레이터가 되기 위한 길』, 문수민 옮김, 안그라픽스, 2016.

오하라 가즈오키, 『마을은 보물로 가득 차 있다』, 김현정 옮김, 아르케, 2008.

오즈 클라크, 제임스 메이, 줄리 아르켈, 『오즈의 프랑스 와인 어드벤처』, 김보영 옮김, 예담, 2008.

와타나베 미노루, 『일본식생활사』, 윤서석 외 옮김, 신광출판사, 1998.

원융희, 『음식으로 찾아가는 47개국 문화여행』, 자작나무, 2007.

______, 『세계의 음식 이야기』, 백산출판사, 2003.

웨이리밍, 『명절』, 진현 옮김, 대가, 2008.

이광수, 『흙』, 신원문화사, 2006.

이보형, 「임방울과 김연수」, 『뿌리 깊은 나무』, 한국브리태니커, 1977.

장홍, 『문화를 포도주병에 담은 나라 프랑스: 프랑스 포도주의 모든 것』, 고원,1998.

정동암, 『미디어 아트, 디지털의 유혹』, 커뮤니케이션북스, 2007.

조지 엘리스 버코, 『큐레이터를 위한 박물관학』, 양지연 옮김, 김영사, 2001.

진중권, 『미디어아트: 예술의 최전선』(UAT 총서 2), 휴머니스트, 2009.

질 네레, 『구스타프 클림트』, 최재혁 옮김, 마로니에북스, 2010.

최난경, 『동편제와 서편제 연구: 박녹주와 박초월의 〈흥보가〉를 중심으로』, 집문당, 2006.

최종호 외, 『한국 박물관 교육학』, 한국박물관교육학회 편, 문음사, 2010.

프레드 리먼 · 알렉산드라 리프, 『고흐의 다락방』, 박대정 옮김, 마음산책, 2011.

피에르 레스타니, 『훈데르트바서: 다섯 개의 피부를 지닌 화가왕』, 박누리 옮김, 마로니에북스, 2013.

한관규, 『보르도 와인』, 그랑뱅코리아, 2002.

한국문학평론가협회, 『문학비평 용어사전』, 국학자료원, 2006.

21세기외식정보연구소, 『외식용어해설』, 백산출판사, 2010.

Carrières de lumières, *Gauguin, Van Gogh: les peintres de la couleur*, Culturespaces, 2012.

Carrières de lumières, *Monet, Renoir… Chagall: Voyages Mediterranèe*, Culturespaces, 2013.

Carrières de lumières, *Klimt et Vienne–Un siecle d'or et de couleurs*, Culturespaces,

2014.

Guy Cogval, *Orsay Museum*, Paris: artlys M'O, 2015.

Janet Marstine, *New Museum Theory and Practice*, Australia: Blackwell, 2011.

Nina Simon, *The Participatory Museum*, California: Museum2.0, 2010.

Paul F. marty and Katherine Burton Jones, *Museum Informatics*, Routledge, 2008.

Peter Davis, *Ecomuseums: A Sense of Place*, London: Continuum, 2011.

Peter Vergo, *The New Museology*, London: Reaktion, 1989.

Raffaella Riva, *Ecomuseums and cultural landscapes*, Santarcangelo di Romagna: Maggioli Editore, 2017.

▷ 논문 · 학술발표문

강성원 외, 「역사환경으로서의 도시조직 변화 연구: 종로구 익선동 도시환경정비구역을 중심으로」, 『한국도시설계학회 춘계학술발표대회발표자료』, 한국도시설계학회, 2006.

강인애, 「박물관(미술관) 교육과 디지털 테크놀로지」, 『한국 박물관 교육학』, 문음사, 2010.

권영옥 외, 「향토문화 분류체계와 전자대전 항목구성체계의 접합 방안」, 『인문콘텐츠』 9호, 인문콘텐츠학회, 2007.

김건희, 「열린 박물관과 열린 사회: 에코뮤제와 지속 가능성」, 『문화예술경영 이론과 실재』 1권, 문화예술경영학회, 2008.

김동윤 · 김기덕, 「유럽 남부지역 문화콘텐츠 탐사: 프랑스 프로방스 지역을 중심으로」, 『인문콘텐츠』 33호, 2014.

김연희, 「스토리텔링을 적용한 박물관 전시 구조에 관한 연구」, 『박물관학보』 21권, 한국박물관학회, 2011, 128쪽.

김진영, 「이주공동체를 활용한 다문화콘텐츠 개발 방안 연구」, 한국외국어대학교대학원 글로벌문화콘텐츠학과 박사학위논문, 2011.

김홍섭, 「클림트의 〈베토벤 프리즈〉에 구현된 빈 분리파의 이념과 그 한계」, 『독일언어문학』 47권, 독일언어문학연구회, 2010.

미셸 L. 스테파노, 「무형유산 보호: 잉글랜드 동북부의 박물관들이 처한 다섯 가지 주요 난관」, 『국제저널 무형유산』 4권, 2009.

민유기, 「국가기억 대 민간기억의 갈등과 대안적 기념문화의 모색: 프랑스 방데 퓌뒤푸의 경우」, 『사회와 역사』 78집, 한국사학회, 2008.

박연희, 「국립중앙박물관 다문화교육: 개발에서 평가까지」, 『박물관과 다문화교육』, 한국박물관교육학회, 2012.

박윤옥, 「박물관과 사회적 역할: 사회 포용」, 『박물관학보』 19권, 한국박물관학회, 2010, 67-86쪽.

박희용, 「창덕궁 정전 영역의 구성과 운영」, 서울시립대학교 박사학위논문, 2008.

배은석, 「지속 가능한 농촌 발전을 위한 에코뮤지엄 모델 연구: 이천 율면 부래미 마을을 중심으로」, 한국외국어대학교대학원 글로벌문화콘텐츠학과 박사학위논문, 2012.

______, 「박물관 속 다문화 전시에 대한 연구: 《어머니의 고향노래》 사례를 박물관 속 다문화 전시에 대한 연구」, 『글로벌문화콘텐츠』 9호, 글로벌문화콘텐츠학회, 2012.

______, 「알자스 에코뮤지엄에 투영된 알자스인의 삶과 문화」, 『인문콘텐츠』 26호, 인문콘텐츠학회, 2012.

______, 「기억의 보존과 상처의 치유를 통한 창조적 모험 크뢰조-몽소 에코뮤지엄」, 『박물관학보』 24권, 한국박물관학회, 2013.

______, 「유럽 말의 시대별 기능」, 『세계의 말문화 Ⅴ』, 한국마사회 말박물관, 2013.

______, 「박물관 고을 영월의 지역자원경영을 위한 영월 에코뮤지엄 가능성에 관한 연구, 『글로벌문화콘텐츠』 13호, 글로벌문화콘텐츠학회, 2013.

______, 「에코뮤지엄의 개념을 활용한 지역의 유산보존과 발전 방안에 대한 연구: 익선동 도시형 한옥 밀집지구를 중심으로」, 『글로벌문화콘텐츠』 15호, 글로벌문화콘텐츠학회, 2014.

______, 「방데의 페모로 광산 센터를 통해 본 에코뮤지엄의 현재적 의미」, 『글로벌문화콘텐츠』 20호, 글로벌문화콘텐츠학회, 2015.

______, 「에코뮤지엄을 표방한 마을 박물관의 실험적 시도: 서울 『익선동 마을박물관』을 중심으로」, 『박물관학보』 28호, 한국박물관학회, 2015.

______, 「코냑 에코뮤지엄 사례 분석을 통한 전통식품 에코뮤지엄 조성 방안연구」, 『박물관학보』 30호, 한국박물관학회, 2016.

______, 「아날로그에서 디지털로, 전시의 두 가지 양상에 대한 연구: 반 고흐 전시를 중심으로」, 『글로벌문화콘텐츠』 25호, 글로벌문화콘텐츠학회, 2016.

______, 「신박물관으로서 프랑스 보르도 '와인의 도시'에 대한 연구」, 『박물관학보』 32권, 한국박물관학회, 2017.

배은석 · 송희영, 「몰입형 전시로서 '빛의 채석장(Carrière de lumière)'에 대한 연구: 〈클림트와 비엔나〉를 중심으로」, 『인문콘텐츠』 43호, 인문콘텐츠학회, 2016.

배철영, 「반 고흐의 회화에서 영적 차원: 하이데거, 샤피로, 그리고 윌버를 중심으로」, 『철학논총』 55권 1호, 새한철학회, 2009.

변명식, 「향토사업 육성전략 연구」, 『장안논총』 25집, 장안대학교, 2005.

신현요, 「에코뮤지엄의 발전과정에 대한 연구」, 『우암논총』 28집, 청주대학교, 2006.

송인호, 「도시형 전통주거의 평면유형에 관한 연구: 가회동 개량한옥지구를 중심으로」, 『대한건축학회논문집』 4권 1호, 대한건축학회, 1988.

송희영, 「지역의 역사문화자원을 활용한 문화콘텐츠기획 연구」, 『예술경영연구』 24집, 한국예술경영학회, 2012.

안드레이 마르티노프, 「한국과 러시아간 문화적 교환 영역에서 독립적인 큐레이터 개인활동이 가지는 역할」, 『2017 영월 국제박물관포럼: 지역사회 상생과 박물관의 미래상』 1권, 영월군청, 2017.

오광호, 「방데전쟁과 '집단학살'」, 『역사와 담론』 53집, 호서사학회, 2009.

유제상, 「문화콘텐츠는 스토리텔링이다」, 안창현 외, 『새로운 문화콘텐츠학』, 커뮤니케이션북스, 2017.

윤학로, 「산업유산과 오르세 미술관: 절충과 전환의 문화공간」, 『프랑스문화예술연구』 32권, 프랑스문화예술학회, 2010.

윤민경, 「서울시 1930년 전후의 가로와 한옥주택의 특성에 관한 연구: 서울시 종로구 익선동, 권농동, 봉익동을 중심으로」, 명지대학교 석사학위논문, 1991.

이대영, 「다문화교육의 매트릭스: 박물관을 중심으로」, 『박물관과 다문화교육』, 한국박물관교육학회, 2011.

이송이, 「종묘제례악의 문화콘텐츠 개발방안 연구」, 단국대학교 경영대학원 석사학위논문, 2011.

이재영 · 이종오, 「프랑스 에코뮤지엄 개념의 형성과 발전과정 연구」, 『EU연구』 28호, 한국외국어대학교 EU연구소, 2011.

이재영, 「프랑스 에코뮤지엄 사례 연구」, 『글로벌문화콘텐츠』 8호, 글로벌문화콘텐츠학회, 2012.

이지민, 「미술관 교육사의 자질과 역량, 역할 수행에 관한 사례연구: 영은미술관 사례를 중심으로」, 『박물관학보』 25호, 한국박물관학회, 2013.

임동욱, 「프랑스 송에뤼미에르 전통을 계승한 몰입형 미술 전시: 레보드프로방스의 '빛의 채석장'을 중심으로」, 『박물관학보』 28호, 한국박물관학회, 2015.

______, 「'빛과 소리의 쇼'를 통한 역사유적의 장소성 극대화: 프랑스 '송에뤼미에르' 콘텐츠의 발전 과정」, 『글로벌문화콘텐츠』 23호, 글로벌문화콘텐츠학회, 2016.

정의진, 「반 고흐의 예술적 모더니티」, 『한국프랑스학논집』 62권, 한국프랑스학회, 2008.

정춘옥, 「박물관 속 다문화」, 『변화하는 세계 속에 뮤지엄 활성화 방안』, 한국박물관학회 학술대회, 2012.

제라드 코세인, 「에코뮤지엄의 이상이 가진 특성: 작은 박물관이 지역의 참여 증진과 미래를 위한 지속 가능성을 바라야 할까?」, 『2017 영월 국제박물관포럼: 지역사회 상생과 박물관의 미래상』 1권, 영월군청, 2017.

지승현, 「다문화 시대의 박물관 외국인 교육 프로그램 개발 운영방안 연구: 국립중앙박물관의 외국인 프로그램을 중심으로」, 중앙대학교 예술대학원 석사학위논문, 2008.

전종한, 「도시 뒷골목의 '장소 기억': 종로 피맛골의 사례」, 『대한지리학회지』 44권 6호, 통권

135호, 대한지리학회, 2009.

천진기, 「박물관 자료와 박물관 미래」, 『박물관학보』 28권, 한국박물관학회, 2015.

최보경, 「미군기지 유휴공간의 문화재생 사례 연구: 캠프 그리브스 문화재생사업을 중심으로」, 『인문콘텐츠』 46, 인문콘텐츠학회, 2017.

최재희, 「에코뮤지엄(Ecomuseum) 개념을 도입한 공예박물관 연구」, 경희대학교 대학원 석사학위논문, 2002.

최종호, 「지역사회에 기여하는 박물관의 역할: 사촌, 학선리, 통일촌 마을박물관 사례」, 『지역사회에 기여하는 박물관의 역할』(제1회 익선동 마을박물관 심포지엄), 떡박물관, 2014.

______, 「초등학교 연계 박물관 교육 프로그래밍의 이론과 실제: 3·4학년 군을 위한 학교 연계 박물관 교육 수업안 설계를 중심으로」, 『박물관학보』 33호, 한국박물관학회, 2017.

황미경, 「다문화가정 아동의 부모애착, 또래애착 및 사회불안과의 관계 연구」, 부경대학교 교육대학원 교육심리전공 석사학위논문, 2010.

ICOM한국위원회, 『문화유산의 보호와 국제적 공조』, ICOM한국위원회, 2011.

Alexandre Delarge, "Network a Wealth to imagine the future," *Forum of comuseums and community museums*, 2016, p. 4.

Andrea Del Duca, "The Strategic Manifesto of Italian Ecomuseums," *Forum of ecomuseums and community museums*, 2016, p. 2.

Eun Sok Bae, Dong-uk Im, and Jong Oh Lee, "The status and perspective of Korean Ecomuseums," *Forum of ecomuseums and community museums*, 2016, p. 8.

______, "The Status and Perspective of Korean Ecomuseums: Suggestion for a New Korean Ecomuseum Evaluation Index," *Ecomuseums and cultural landscapes*, Santarcangelo di Romagna: Maggioli Editore, 2017, pp. 385-391.

Eun Sok Bae, Yoon Ok Park, "Sokcho Saja Noreum: Transition and Transmission of a North Korean Community's Intangible Cultural Heritage," *International Journal of Intangible Heritage*, Vol.13, 2018, pp. 157-171.

Fabien Van Geert, "The Catalan Museum Networks," *Forum of ecomuseums and community museums*, 2016, p. 9.

Herminia Din Phyllis Hecht, "Preparing the Generation of Museum Professionals," *The Digital Museum*, Washington, DC: American Association of Museum, 2007, pp. 9-17.

Kazuoki Ohara, "Challenges of Japanese ecomuseums in the beginning of 21st century," *Forum of ecomuseums and community museums*, 2016, p. 7.

Karen Brown, "A Sense of Place in EU and LAC. The Role of Landscape for Ecomuseums," *Forum of ecomuseums and community museums*, 2016, p. 8.

Katy Deepwell, "Feminist Curatorial Strategies and Practices since The 1970s," *New Museum Theory and Practice*, 2011, Australia: Blackwell, pp. 64-84.

Lianne McTavish, "Visiting The Virtual Museum: Art and Experience Online," *New Museum Theory and Practice*, Australia: Blackwell, 2006, pp. 226-246.

Maggie Burnette Stogner, "The Immersive Cultural Museum Experience: Creating Context and Story with New Media Thechnology," *The International Journal of the Inclusive Museum*, Vol. 3, No. 3, 2011, pp. 211-128.

Michaela Giebelhusen, "The Architecture is The Museum," *New Museum Theory and Practice*, 2011, Australia: Blackwell, pp. 41-63.

Michael Mouw and Daniel Spock, "Immersive Media: Creating Theatrical Storytelling Experiences," *The Digital Museum*, Washington, DC: American Association of Museum, 2007, pp. 45-46.

Rachel Barker & Patricia Smithen, "Conservation in The Twenty-First Century," *New Museum Theory and Practice*, Australia: Blackwell, 2011, pp. 85-105.

Robin Dowden and Scott Sayre, "The Whole World in Their Hands: The Promise and Peril of Visitor-Provided Mobile Devices," *The Digital Museum*, Washington, DC: American Association of Museums, 2007, p. 34.

Yara Mattos, "The social technologies of community ecomuseums and museums," *Forum of ecomuseums and community museums*, 2016, p. 6.

▷ 보고서

문화체육관광부, 「국가별 20대 한식메뉴 개발 사업(홍콩, 베트남)」, 2008.

서울특별시 · 떡박물관, 「어머니의 고향 노래 결과보고서」, 2011.

▷ 인터넷 사이트

건축도시연구지원센터, http://www.auric.or.kr

국립중앙박물관, https://www.museum.go.kr

국제박물관협의회, http://icom.museum/the-organisation/icom-statutes

낙원악기상가, http://www.enakwon.com

농림축산식품부, http://www.mafra.go.kr/main.jsp

동명사, http://www.dmsbook.com

떡박물관, http://www.tkmuseum.or.kr

문화역서울284, http://www.seoul284.org

문화체육관광부, http://www.mcst.go.kr

법제처, http://www.law.go.kr

빛의 채석장, http://carrieres-lumieres.com

서울디자인위크 2017, http://seouldesignweek.or.kr

서울지명사전, http://terms.naver.com

스칸센야외박물관, http://www.skansen.se

영화 〈카페 서울〉 제작노트, http://movie.naver.com/movie/bi/mi/basic.nhn?code=52960

외국인출입국정책본부 통계자료, http://www.immigration.go.kr

주오사카한국문화원, http://www.k-culture.jp/korean/index.php

와인의 도시, http://www.laciteduvin.com/fr

운현궁, http://www.unhyeongung.or.kr

유네스코, http://en.unesco.org

유네스코와 유산, http://heritage.unesco.or.kr

위키피디아, https://fr.wikipedia.org

이비스 앰배서더 서울 인사동, https://www.ambatel.com

익선동 마을박물관, http://ikseon-muse.or.kr

종로구청, http://www.jongno.go.kr

종묘, http://www.jm.cha.go.kr

춘원당한방박물관, http://www.cwdmuseum.com

퀼튀르에스파스, http://www.culturespaces.com

크뢰조-몽소 에코뮤지엄, http://www.ecomusee-creusot-montceau.fr

크뢰조 정보, http://www.creusot-infos.com/news

프랑스 FEMS, http://www.fems.asso.fr

프랑스의 박물관, http://www.culture.gouv.fr/documentation/museo

한국미술박물관, http://www.kartm.co.kr

한국박물관협회, http://www.museum.or.kr

한국사 데이터베이스, http://db.history.go.kr

한국산업인력공단, http://www.q-net.or.kr

INDEX

▷ ㅈ

배은석

문화콘텐츠학 박사, 한국에코뮤지엄연구소장,
한국외국어대학교 문화콘텐츠 전공 겸임교수

한국외국어대학교 프랑스어과를 졸업하였다. 석사는 명지대학교 대학원에서 전통복식을 공부하였고, 한국외국어대학교 대학원 글로벌문화콘텐츠학과에서 박사학위를 받았다.
2001년부터 초전섬유 · 퀼트박물관 학예사, 2002년부터 떡박물관 개관에 참여하여 학예실장으로 재직해왔고, 2010년 정부유공 학예사 문화체육관광부 장관 표창을 받았다. 떡박물관의 개관 학예사로 활동하면서 전통 문화와 음식을 결합한 다수의 국내외 전시, 음식을 테마로 축제, 문화원형사업, 식문화교육프로그램 개발, 향토음식자원화 사업, 한국음식 현지화 사업 등 음식문화콘텐츠를 연구 · 집성하였다. 문화체육관광부 한스타일박람회 한식자문위원, 전통문화산업육성진흥방안 연구 포럼위원, 박물관 길 위의 인문학 심사위원, 경기도 맛집 선정위원으로 활동했고, 농협중앙회 쌀박물관을 개념설계하였다.
박사학위 논문「지속가능한 농촌 발전을 위한 에코뮤지엄 모델 연구: 이천 율면 부래미 마을을 중심으로」를 필두로 하여 지역문화유산과 에코뮤지엄에 관한 연구를 계속하여 진행하면서 이론을 현실에 적용하는 다양한 실험을 하고 있다. 2012년 한국에코뮤지엄연구소를 개소하였으며, 본 연구소는 에코뮤지엄의 명명자인 위그 드 바린(Hugues de Varine)이 2017년에 발표한 저서 *L'écolusée singulier et pluriel: Un témoignage sur cinquante ans de muséologie communautaire dans le monde*(에코뮤지엄 하나 그리고 여럿: 세계의 공동체 박물관학 50년을 망라한 증언)에 소개된 바 있다.
"Smart Ecomuseum App for Efficient Management of Local Resources",「에코뮤지엄의 개념을 활용한 지역의 유산보존과 발전 방안에 대한 연구: 익선동 도시형한옥밀집지구를 중심으로」,「박물관 고을 영월의 지역자원 현황과 영월 에코뮤지엄 가능성」 등 다수의 논문이 있다. 저서로『에코뮤지엄: 지속 가능한 농촌희망 프로젝트』,『근대 한식의 풍경』(공저), 그리고 세계의 에코뮤지엄 학자들과 함께 집필한 *Ecomuseums and cultural landscapes: State of the art and future prospects*(공저) 등이 있다.

신박물관학 시대의 큐레이터

초판 인쇄 2018년 8월 25일
초판 발행 2018년 8월 30일

지은이 배은석
펴낸이 이찬규
펴낸곳 북코리아
등록번호 제03-01240호
주소 13209 경기도 성남시 중원구 사기막골로 45번길 14
우림2차 A동 1007호
전화 02-704-7840
팩스 02-704-7848
이메일 sunhaksa@korea.com
홈페이지 www.북코리아.kr
ISBN 978-89-6324-619-2 93060

값 22,000원

* 이 책은 교육부 및 한국연구재단의 대학 인문역량 강화사업(CORE) 지원에 의해 출판되었습니다.